반야의 집에 가까이 가는길은
여기 만화로 엮은 심경이...

만화로 보는
정통 반야심경

편저 김용진

법문북스

만화로 알기쉽게 엮은

般若心經
반야심경

반야심경을 씀에 있어서
나를 인도하여 주신
성스러운 영에게
경의와 감사를 올립니다.

著者 씀

觀世音菩薩像

머 리 말

만화 「반야심경」 서문에 즈음하여 ──

이 책을 제작하는 과정에서 여러번 생각하고 느낀 사실을 그냥 넘길 수 없어 먼저 서문을 통하여 소개하고저 한다.

이 책은 일본과 중국의 만화제작을 참고하여 편찬·제작한 것이다. 너무나 많은공이 들고 노력한 점이 군데군데 숨겨져 있어 번역의 과정과 제작의 과정에서 항상 저자의 훌륭한 솜씨에 감탄하지 않을 수 없었으며 이 「만화반야심경」은 원문에 있어서 산스크리트語의 原意를 확인한 다음에 저자 자신의 체험에 비유하여 해석한다는 많은 노력이 숨어있었고 이책이 많은 불교인들을 위하여 반야심경을 이해하는데 있어 크게 도움될 것이며, 반야의 곳으로 가는데 지름길을 안내해 주는 안내자로서 역할에 고마움의 마음을 머리숙여 감사드린다.

원래가 「반야심경」은 대승불교의 精髓를 압축한 경전이므로 그 意義를 해석한다는 것은 그리 쉬운 일이 아니며 또한 그것이 설득하는 깨달음을 충분하게 체험한다는 것이 一朝一夕에 성취되는 것은 아닙니다.

이 책의 그림과 문장이 노련하고 친절하더라도 그것만으로서 단순에 반야의 道通에 도달하기에는 크게 힘드는 것이다. 거기에 「心經」은 간결한 경전이므로 그 해석도 결코 한가지로서

3

만 결정되는 것이 아니다. 그래서 이 책의 해석은 나름대로 독특한 해석의 방법임에는 틀림이 없으나 그 이외 다른 여러가지로도 해석도 될 수 있음을 미리 말하여 둔다.

「般若心經」은 진실로 이러한 깨달음의 책이며 마음의 고통을 치료하는 책이기도 하다. 전문이 근근히 260자의 짧은 경문이나 그것은 넓게 세상에 전해지고 많은 사람들이 암송을 하고 있다. 그러나 진의를 해석하기에는 그렇게 간단하지는 아니하였다.

이 경전은 원래는 인도의 고전어 산스크리트어서 쓰여지고 그것을 漢文音으로 번역된 것이 현재 유통되는 책이다. 더우기 현재에는 한역문을 原文 그대로 棒語하므로서 그 의의가 不分明함이 오히려 당연할 것이다.

그러나 이러한 여러가지 여건과 고통을 감지하면서 귀중한 보물을 세상 많은 사람들의 고통해결을 위하여 세상에 내 놓게 됨에 따라 미흡한 점이 있더라도 많은 지도와 편달을 바라면서 이 책을 세상에 펴내게 된데 대하여 특히 용기를 주시고 감수하여 주신 석인왕 스님의 고마움에 깊은 경의의 뜻 표하는 바입니다. 수많은 중생들이 사바세계에 살아가는데 있어 이 「심경」이 고통해결에 조금이라도 도움이 되었으면 하는 마음으로 이 서문을 기록합니다.

1月 10日

編譯者 씀

목 차

제1장 색즉시공에의 여행길

운명과 숙명에 대한 "엣세이"	一三
반야심경이란 무엇인가?	一八
제명(題名) 반야심경의 의미	三九
마하(摩訶)란 것은	四〇
반야(般若)란 것은	四一
바라밀다(波羅密多)란 것은	四四
심경(심경)이란 것은	四六
관자재보살행심 반야바라밀다시 조견오온개공 도일체고액	五一
관자재보살(觀自在菩薩)이란?	五三
보살(菩薩)이란?	六三
오온(五蘊)이란?	六八

공(空)이란 것은? ……………………………………… 七三

공의 명상(瞑想) ………………………………………… 八三

공과 진언(眞言) ………………………………………… 九六

공과 반야바라밀다와 진언관계 ……………………… 一〇九

사리푸도라(舍利子)와 관자재보살의 의미(意味) …… 一一一

색즉시공 공즉시색 수상행식 역부여시 ……………… 一二〇

색즉是空 空即是色 受想行識 亦復如是

공의 탈선(脫線) ………………………………………… 一四一

관념의 공과 실감(實感)의 공 ………………………… 一五七

공과 반야바라밀다 ……………………………………… 一七四

수상행식 역부여시(受想行識 亦復如是) …………… 一八八

제1장의 끝맺음 ………………………………………… 一九八

서문과 후미문에 대하여 ……………………………… 二〇二

제2장 갈마가 조성하는 운명과 숙명

오해의 발단 ·· 二〇五
제1장의 정리 ······································· 二〇八
반야심경의 키포인트!! 관자재보살 ·········· 二二三
경문 뒤에 숨겨진 가르침 ·························· 二二六
사리자시제법공상불생불멸 불구부정 부증불감 ·· 二三六
(舍利子是諸法空相不生不滅 不垢不淨 不增不減) ·· 二四一
방편(方便)과 마음의 정화 ························ 二四五
제법공상(諸法空相)과 운명(運命)에 대하여 ·· 二五九
공(空)이란 존재의 법칙 ·························· 二六九
제법공상(諸法空相)과 숙명(宿命)에 대하여 ·· 二七六
인간은 죽음으로서 모든 일이 끝나는 것이 아니다 ·· 二八八
성령(聖靈)으로부터의 메세지 — 공(空)과 색(色) ·· 二九八
불생불멸 불구부정 부증불감(不生不滅 不垢不淨 不增不減) ·· 三〇三
경문 뒤에 숨겨진 생명의 실상 ·················· 三一〇

성령으로부터의 메세지 — 마음 …………………………………………… 三一六

시고공중무색 무애상행식 무안이비설신의
무색성향미촉법 무안계 내지무의식계 …………………………………… 三一八

영혼과 미신 ……………………………………………………………………… 三三三

십이인연 ………………………………………………………………………… 三四一

십계와 육도윤회 ……………………………………………………………… 三四八

지옥이라 함은? ………………………………………………………………… 三五六

수라계의 영성 ………………………………………………………………… 三六四

축생계의 영성 ………………………………………………………………… 三六七

아귀계의 영성 ………………………………………………………………… 六七〇

지옥계의 영성 ………………………………………………………………… 三七二

인계의 영성 …………………………………………………………………… 三七三

천계의 영성 …………………………………………………………………… 三七七

영성·영질·영격 ……………………………………………………………… 三八五

제2장의 끝맺음 ………………………………………………………………… 三九六

제3장 혼의 깨달음

사람은 무엇때문에 살고 있는가 …… 四〇
성령에서 얻어진 반야심경 전문의 의미 …… 四〇二
고집멸도·사체 …… 四一
"생존은 고(苦)이다" …… 四二
저아(아의식)과 진아(혼) …… 四二六
삼위일체가 되는 일대심령 …… 四三〇
팔정도 …… 四四六
팔정도와 여덟개의 계율 …… 四六二
팔정도를 거꾸로 더듬으면 …… 四六六
정견에 눈뜨고 진아에 눈뜨고 …… 四八四
보살의 정신「육바라밀」 …… 四八六
무지역무득이무소득고 보리살타 의반야바라밀다고
심무가애 무가애고 무유공포 원리일체전도몽상 구경열반。
삼세제불 의반야바라밀다고 득아뇩다라샴막삼보리。…… 五〇

진실불허고설 반야바라밀다주 ……………………………… 五一六

아제아제바라아제바라승아제보리승사바하 …………… 五二○

불의 지혜에서 발생된 "주문" ……………………………… 五二三

"주문" 중의 세가지 비밀 …………………………………… 五二七

원래의 진언과 한역의 진언 ………………………………… 五三○

공이라는 명상 ………………………………………………… 五三三

반야심경명상법 ……………………………………………… 五三九

챠쿠라의 출현 ………………………………………………… 五四六

생명의 신비현상 군다리니 ………………………………… 五四九

혼의 진화라는 것은 ………………………………………… 五六三

진화의 제일단계 · 감각이라는 생명 ……………………… 五六七

진화의 제이단계 · 감정이라는 생명 ……………………… 五六九

진화의 제삼단계 · 정신이라는 생명 ……………………… 五七二

진화의 제사단계 · 혼의 깨달음 …………………………… 五七九

무한히 계속되는 혼의 진화 ………………………………… 五八五

성령으로부터의 메세지 ……………………………………… 五九六

第1章 色即是空에의 여행길

만화엣세이로 엮은 「반야심경」

과거의 인을 알고저하면
현재의 과를 보라
미래의 과를 알고저하면
현재의 인을 보라

운명은
목숨을 운반하다
라고 쓴다
숙명은
목숨이 깃든다
라고 쓴다

내가 인간으로 태생하여
스스로가 "목숨"을 운반하는
가운데에서
여러가지 사연이 있었다
인생길 중에서
여러가지 사연이 기다리고 있었다
그러한 모든 일이 운명이다.
운명이란 것은 스스로가
"목숨"을 나르는데서
일어나는 현실이다.

그러나 내가 자신의 「목숨」을 나르기 전에 숙명이란 걸을 가지고 있었다. 탄생할때 이미 피할수 없는 「목숨」의 규정을 지니고 있었다.

우선 나는 인간이란 이름의 동물이다.
마음대로 안되는 육체를 대로 가지고 있다.
남자라는 성(性)을 받아있다.
여러가지로 버리지못할 욕망을 가지고 있다.
가려낼수 없는 환경속에서 탄생하였다. 덮어놓고 늙어지고 병에 시달리고 언젠가는 죽어간다.

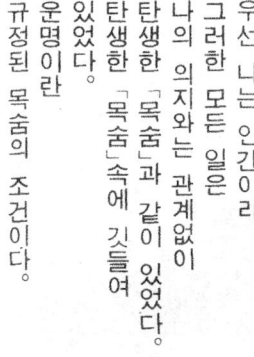

우선 나는 인간이라 그러한 모든 일은 나의 의지와는 관계없이 탄생한 「목숨」과 같이 있었다.
탄생한 「목숨」속에 깃들여 있는 운명이란 규정된 목숨의 조건이다.

한 사람 한 사람의 운명도 여러가지이고 한 사람 한 사람의 숙명도 여러가지이고 행복한 사람과 불행한 사람과 그 구별은 갈마(업보)로서 나타난다고 말한다.

갈마라함은…… 마음에 무엇을 생각하고 행동할때 그것은 어떠한 결과가 되어서 자기에게로 돌아오는 원인과 결과를 이어주는 원인의 법칙!! 그것이 갈마이다.

원인에 이어서 당장 결과가 나타나는 수도 있다. 몇일 지나서 인연에 따라서 나타나는 수도 있다. 또한 몇년, 몇십년 지나서 엉뚱한 결과가 되어서 나타나는 수도 있다. 원인도 잊어버릴듯할때 나타나는 수도 있다. 갈마의 모습은 여러가지이다.

더우기 갈마는 이 일생을 지내서 다음 일생중에도 나타난다고 한다.

말하자면 숙명이란 갈마가 나타난 것이다. 사람은 그 갈마와 같이 운명을 더듬어 간다. 운명중에서 미래의 갈마를 만들고 더우기 내세의 숙명이 되는 갈마도 운명과 같이 만들어 진다.

그러므로 나쁜 갈마는 만들지 않아야 한다. 나쁜마음을 가져서는 안된다. 성내는것, 미움, 투기심 등 거기에 따른 행동은 모두가 나쁜 갈마에 연결되어간다. 나쁜 갈마가 미래의 운명을 더욱 나쁘게하여 무한히 계속되는 숙명의 고통이 충만하게 한다. 그야말로 피할수 없는 지옥의 정체인 것이다.

16

명상중에 있어서
무엇인가가 나에게
가르쳐 준다.
사람의 죽음이
모든 끝이 되는 것이
아니란 것을…… 라고
지금 이렇게 살아있는 것도
까마득한 과거세로부터
계속 되어온 갈마가
나타난 것…… 이라고

지옥으로 가는 갈마는 끊어야 한다.
이 일생중에서 전생에서 이어지는
나쁜 갈마를 끊어버릴 지혜를
가져야 한다.
그 지혜가 반야경에 쓰여있다.
「반야경」을 이해함으로서
과거의 현자의 지혜를
자신의 마음에 살릴 수 있다.
그 지혜에 의하여 이 세상에서
일어나는 고뇌를 제거한다.
거기서 나쁜 갈마는 끊어진다.
그것이 깨달음(悟)이다.
「부처님」의 지혜이다.

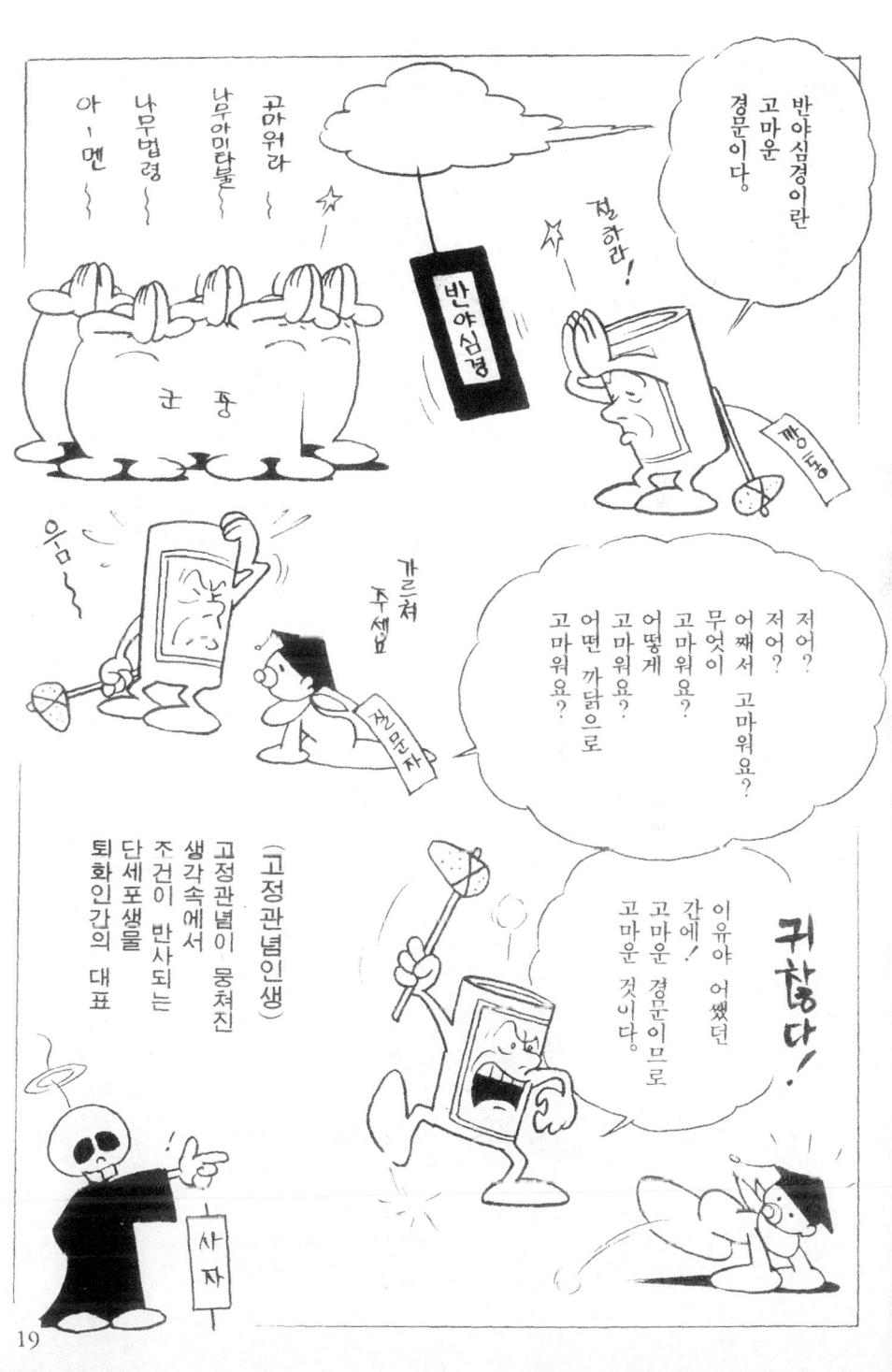

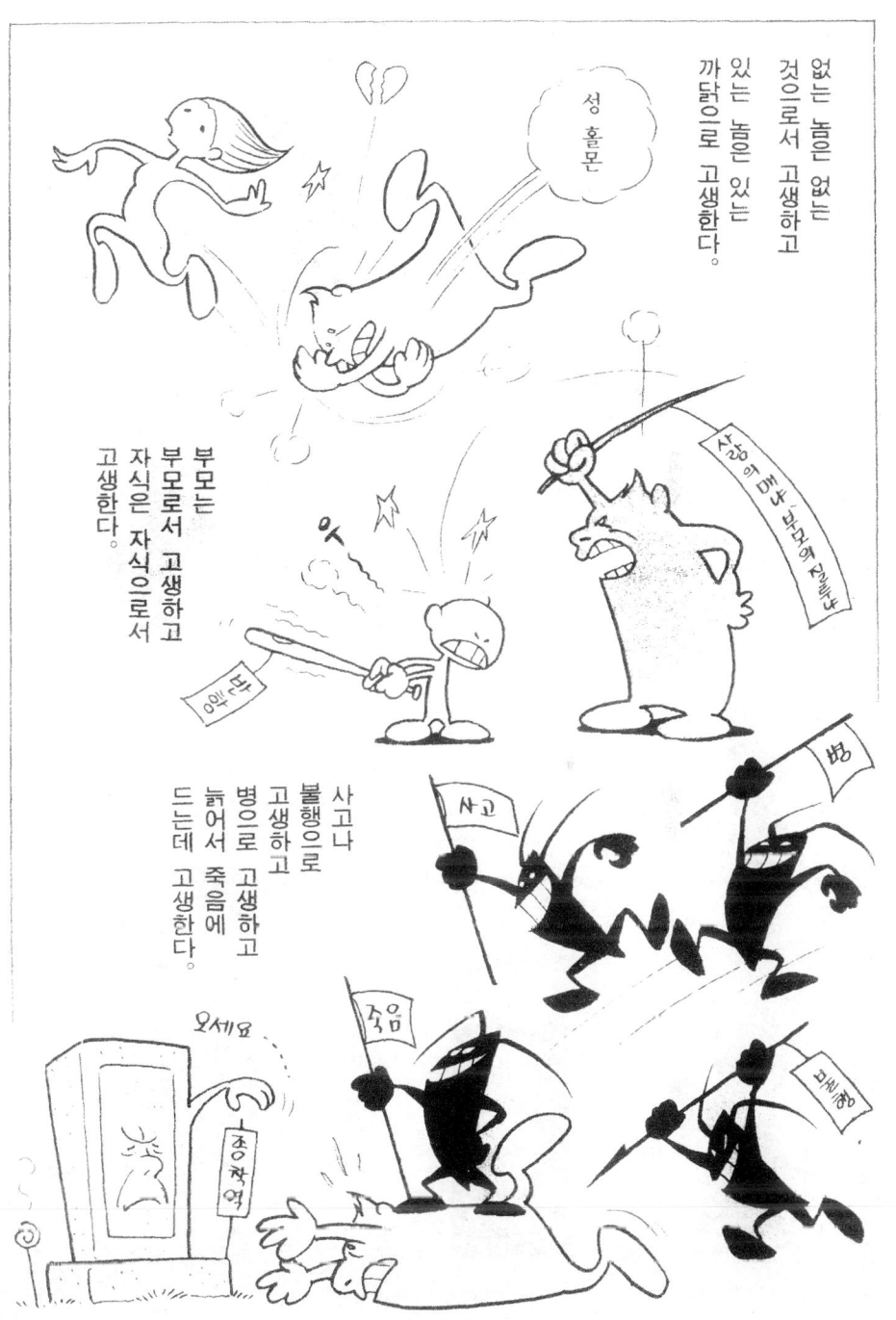

반야바라밀다심경

관자재보살은
깊은 반야바라밀다를 행할때
오온이 모두 비었음을 비추어보고
모든 괴로움을 여의였느니라

사리자야
물질이 허공과 다르지 않고
허공이 물질과 다르지 않으니
물질이 곧 허공이요
허공이 곧 물질이며
감각, 지각, 의지, 계속되는 생각
최후에 있어도 그러하느니라

사리자야
이 모든 법은 비어있는 상으로서
생기는 것도 아니고
없어지는 것도 아니고
더러운 것도 아니고
깨끗한 것도 아니고
늘어나는 것도 아니고
줄어드는 것도 아니니라.

보세요!
반야바라밀다의
수행이란 것이
무슨 말이요?
오온이란
무슨 말이요?

가르쳐주세요

오온이라함은
존재를 성립
시키는 다섯가지의 요소
색, 수, 상, 행, 식
이라는 말이다.

색 — 모든 물질적 현상
수 — 고락을 느끼는 감각
상 — 감각에 응하는 상념
행 — 행동을 재촉하는 의지
식 — 인식, 지식 등의 의식

반야바라밀다수행이란 것은 지금 내가 수행하는 것이다.

지혜의 완성의 수행

그러므로 공한 가운데 물질도 없고
감각, 지각, 의지, 계속되는 생각
최후의 인식도 없고
눈, 귀, 코, 혀, 몸 의지도 없으며
빛과 모양 소리 향기 맛닿음 법도 없고
눈의 객관과 인식의 객관까지도 없으며
무명에서 늙고 죽을때까지 아무것도 없으며
괴로움 번뇌 열반 수도도 없고
지혜도 없고 아예 얻을것도 없나니
얻을 것이 없기 때문이다
보살이 반야바라밀다를 의지하여
마음에 걸림이 없게되므로
걸림이 없게되고
두려움이 없게 되어
뒤바뀐 망상을 여의고
마침내 열반을 이루며
삼세의 모든 부처님도
반야바라밀도 의지하기 때문에
위없이 높고 깊고
이룩하였느니라
그러므로 알아라 반야바라밀다는
거기에 신기로운 주문이고
가장 밝은 주문이고
동등함이 없는 주문이니
모든 괴로움을 없애 주고
진실하여야 허망되지 않느니라.

반야바라밀다심경

(한역과 산스크릿드 원전과의 엉클린 대목을 연결 해석함)

성스러운 관자재보살이 그쪽에 가는 지혜를 구명할 때 모든 존재를 성립시키고 있음은 다섯 요소(오온)이며 그 다섯 요소의 실상은 「공」이라고 구명되었다

(이 다음은 관자재보살이 구도자 사리자에 말한것)

사리자야! 이세상에 있어서의 물질적현상(색)은 「공」으로서 성립되어 있다 「색」과 「공」은 별것이 아니다 「공」이 물질적 현상이 되어서 나타나 있는 것이다.

공이라는 것은 비어있다는 뜻이 아니다

공이란 것은 결코 아무것도 없다는 뜻도 아니다!

다같이 고락을 감수하는 감각도 감각에 응하여 나타나는 상념도 행동을 촉하는 의지나 인식이나 지식등의 의식도 모두가 「공」의 움직임이다 사리자야!

모든 존재의 법칙성이 「공」인 것이다.

「공」은 발생할 수도 멸할수도 없다. 더러움과 청정함을 추월한 것이다. 모자라지도 완전하지도 않는다.

그러므로서 사리자야!

「공」의 차원에는 어떠한 물질적 현상도 없고 모든 감각기관도 없고 그러한 움직임과 움직임의 대상도 없다.

눈의 영역에서 의식의 영역까지 모두가 아무것도 없다.
깨다름에서 어리러움도 없고
무명에서 노사로 들어서는 윤회도 없다 「윤회」
그기에는 고생도 없고
고생의 정지도 없고
고생을 제지할 길도 없고
알아보는 일, 얻어지는 일도 없다.
그기에 이르러 술도자는
「반야바라밀다」와 더불어
마음을 가리는 모든 번뇌로부터 해탈해서
드디어는 「열반」이 달성된다!
과거, 미래, 미래에 있어서 현재, 「열반」을 달성한 모든 부처님도
「반야바라밀다」에 의하여
완벽한 깨다름에 눈뜨게 된다.

반야심경은 단순한 관념론 같은 것이 아니다.

반야심경은 반야바라밀다의 구체적인 실천 방법을 우리들에게 당장 알아볼 수 있도록 가르치고 있다.

야~ 읎다!

그러므로 사람들은 알아야 한다.
「반야바라밀다」의 커다란 진언을
이야말로 깨다름에 이르는
진언이며
다시없이 비할수 없는 진언은
일체 고뇌를 제거하기를
진실하게 거짓없이 한다
반야바라밀다에 의하여
그 진언은 다음과 같이 설교되었다.

가데 gate

가데 gate

파라가데 paragate

파라상가데 parasamgate

보데 bodhi

스바아하 svāhā

(가자 가자 강건너편으로……
진실로 강건너편에 가서 깨달을지이다 성축)

여기에 강건너편에 도달한 지혜가 완성된다.

반야바라밀다는
공의 이상을 말한다.

그리고 이진언이야 말로
공의 이상에 가는
부처님의 영력이
숨겨진
주문인
것이다.

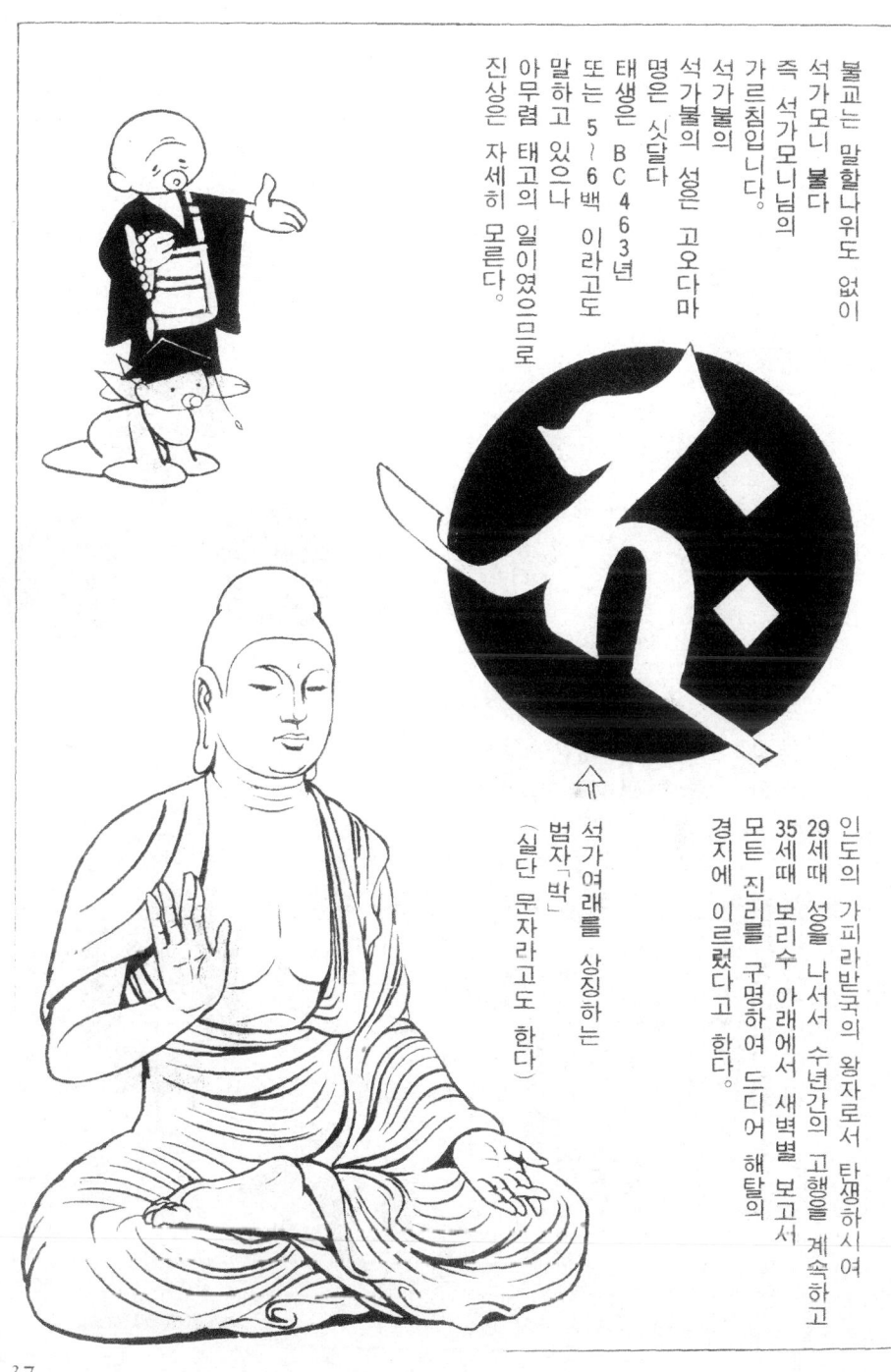

불교는 말할나위도 없이 석가모니 불다 즉 석가모니님의 가르침입니다.

석가불의 성은 고오다마 명은 싯달다 태생은 BC463년 또는 5~6백 년이라고도 말하고 있으나 아무려면 태고의 일이였으므로 진상은 자세히 모른다.

인도의 가피라반국의 왕자로서 탄생하시여 29세때 성을 나서서 수년간의 고행을 계속하고 35세때 보리수 아래에서 새벽별 보고서 모든 진리를 구명하여 드디어 해탈의 경지에 이르렀다고 한다.

↑
석가여래를 상징하는
범자「박」
(실단 문자라고도 한다)

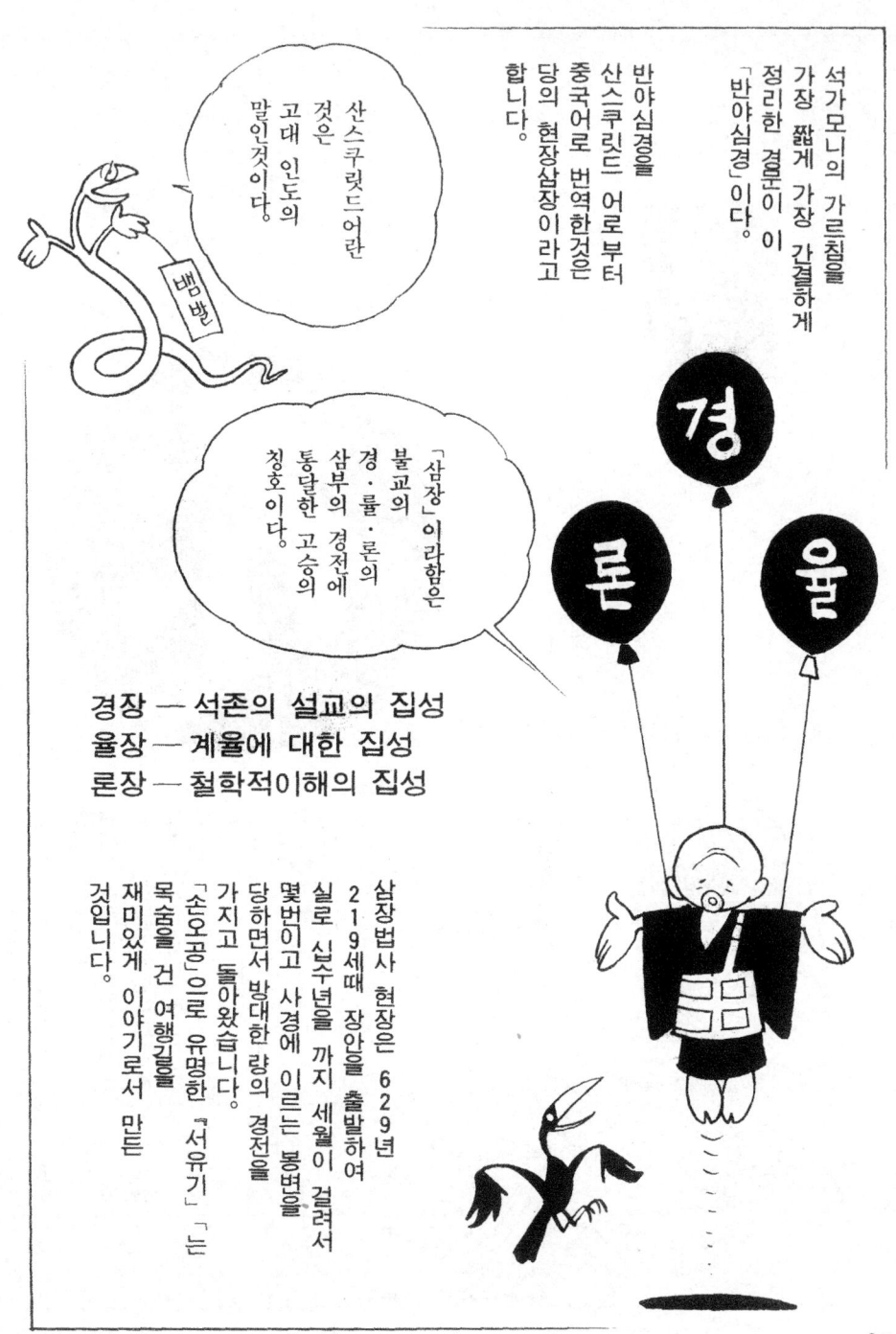

석가모니의 가르침을 가장 짧게 가장 간결하게 정리한 경문이 이 「반야심경」이다.

반야심경을 산스크릿드어로부터 중국어로 번역한것은 당의 현장삼장이라고 합니다.

산스쿠릿드어란 것은 고대 인도의 말인것이다.

「삼장」이라함은 불교의 경·률·론의 삼부의 경전에 통달한 고승의 칭호이다.

경장 — 석존의 설교의 집성
율장 — 계율에 대한 집성
론장 — 철학적이해의 집성

삼장법사 현장은 629년 219세때 장안을 출발하여 실로 십수년을 세월이 걸려서 몇번이고 사경에 이르는 봉변을 가지고 하면서 방대한 량의 경전을 가지고 돌아왔습니다.
「손오공」으로 유명한 「서유기」는 목숨을 건 여행길을 재미있게 이야기로서 만든 것입니다.

「般若」라 함은 ―

산스쿠릿트어로서는 (prajna) 그리고 속어의 파아리어로서는 (panna)의 음역이고 생명의 근원적인 곳에 깨어나는 지혜…… 郡佛知……를 말한다.

어떻게 다릅니까?

지혜 / 지식

지식과 지혜는 다른 것이다.

지식은 자신의 외부 세계에서 긁어 모아서 머리속에 쌓아 넣는 것이다.

지혜는 생명내부 활동중에서 자연히 솟아나오는 것이다.

지혜

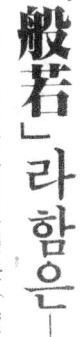

이 반야와는 관계가 없습니다.

지혜라함은 원래가 인간의 영성중에 숨겨져 있는것 그것이 바르게 눈뜨게 되면 「理」를 깨닫는 성이 되어서 스스로의 영성을 본래 모양(여래)으로 높여간다.

그러나 지혜도 비뚤어진 마음속에서 나쁜 지혜가 육성되어서 노와 탐 그리고 우와 더불어 자신과 자신의 둘레에 한정없는 불행을 만들고 자신의 영혼을 지옥으로 몰아 넣는다. 더구나 자신 생각으로서는 현명한 생활을 하고 있다고 착각하고 있으니 자신의 비극을 느끼지 않는다

「반야」란 것은 「공」에서 깨닫는 지혜를 말한다.

공에서 눈뜨는 지혜 이것이야말로 생명의 근원적인 움직임으로서 모든 인간중에 잠자는 불성의 반야의 지혜이다. 이것은 곧 영혼이 눈뜨는 것이다.

「바라밀다」라는 것은

(pāramitā)

강건너에 도달하는 상태라고 하는데 그 중에는 이 현실세계의 문제와 생사를 초월한 세계의 의미가 깊으다.

이 현세에 있어서의 의미로서는 번뇌와 어지러움에 고생하는 것이 이쪽 강가이고 번뇌가 사라지고 깨다름을 얻는 세계를 강건너에 도달한다고 한다.

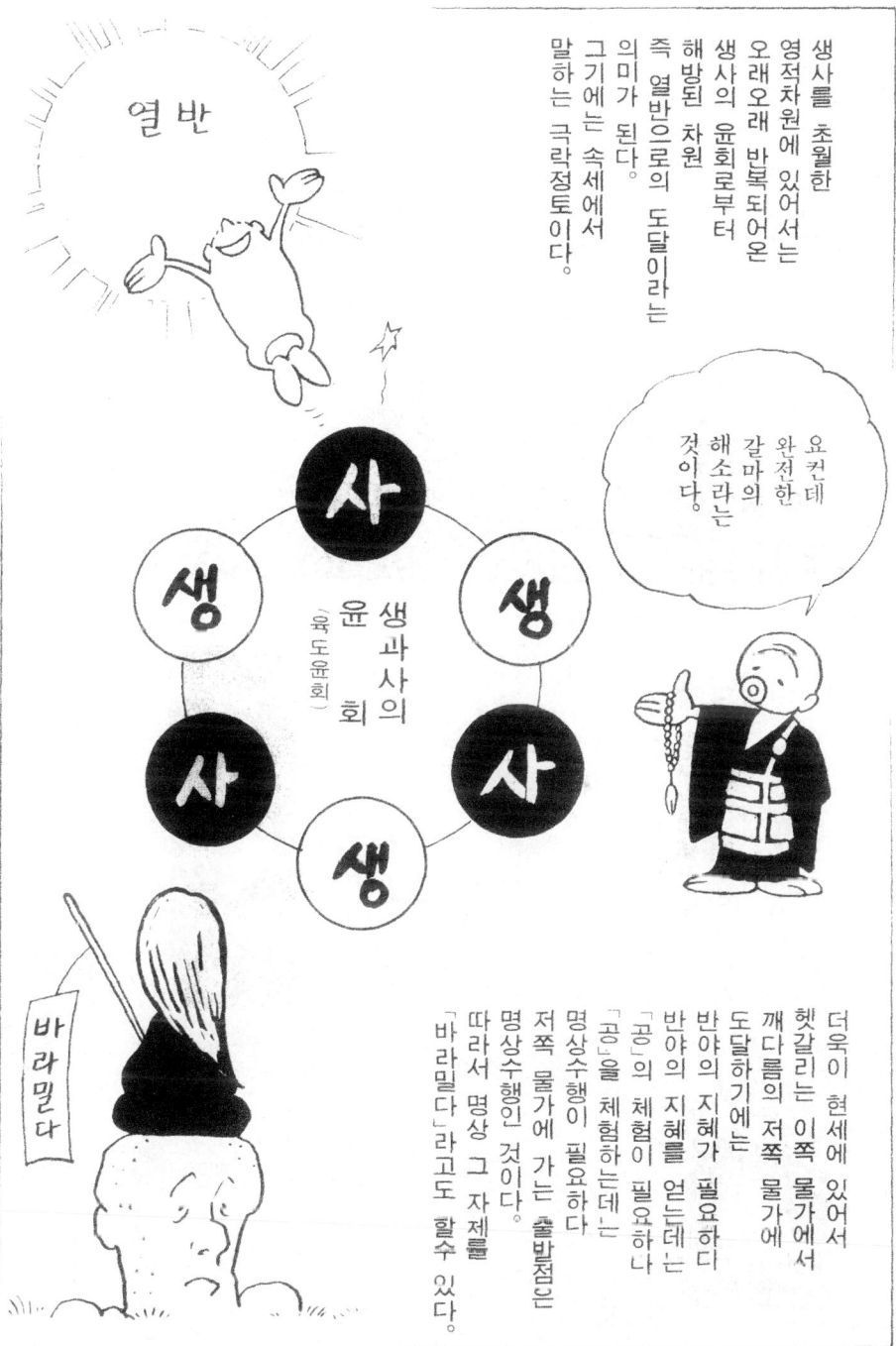

생사를 초월한 영적차원에 있어서는 오래오래 반복되어온 생사의 윤회로부터 해방된 차원 즉 열반으로의 도달이라는 의미가 된다. 그기에는 속세에서 말하는 극락정토이다.

요컨대 완전한 갈마의 해소라는 것이다.

더욱이 현세에 있어서 헷갈리는 이쪽 물가에서 깨다라믐의 저쪽 물가에 도달하기에는 반야의 지혜가 필요하다 반야의 지혜를 얻는데는 「공」의 체험이 필요하나 「공」을 체험하는데는 명상수행이 필요하다 저쪽 물가에 가는 출발점은 명상수행인 것이다. 따라서 명상 그 자체를 「바라밀다」라고도 할수 있다.

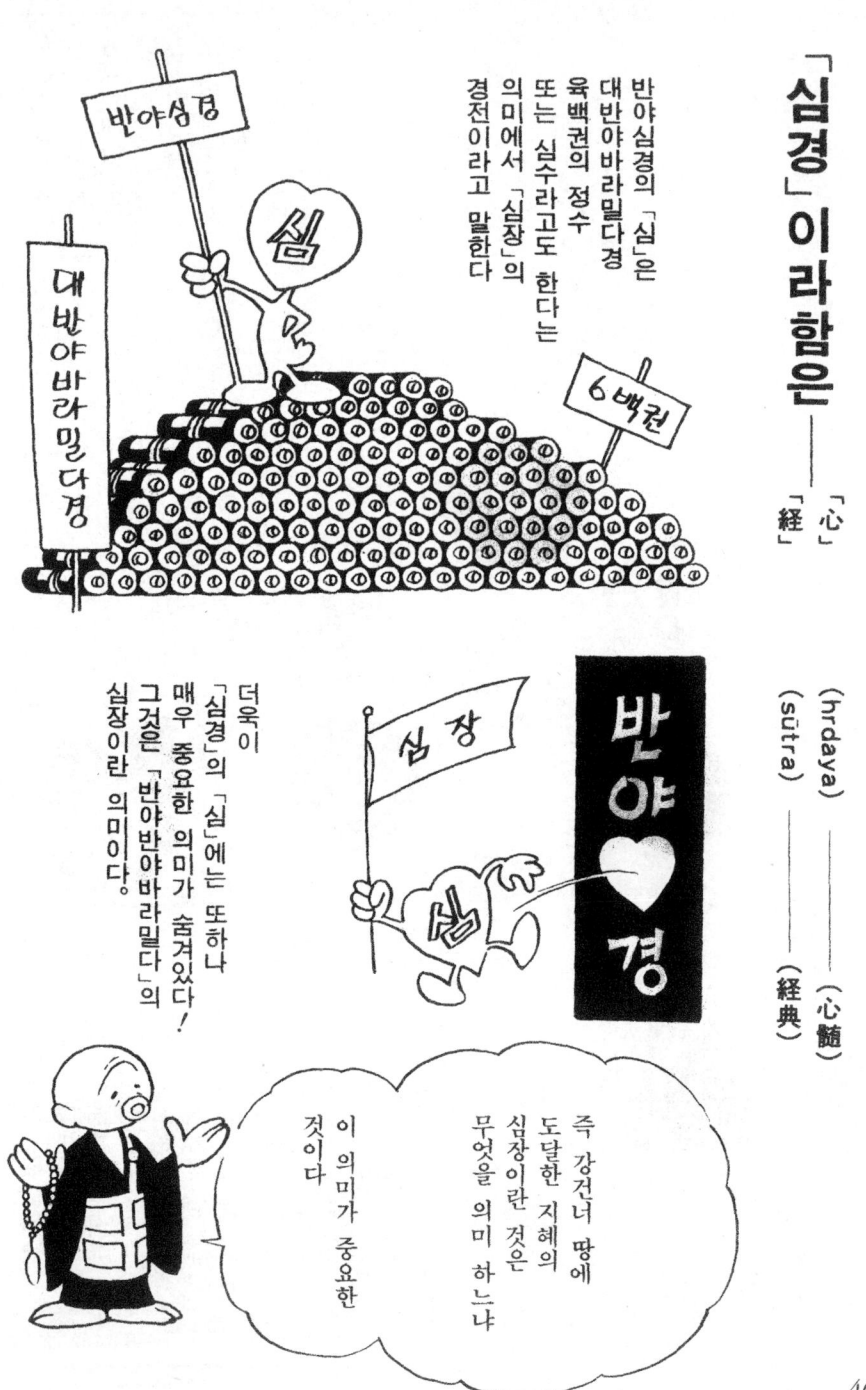

경문의 길손에 「공은 무엇이고」「무는 이렇고」등등으로 길게 계속되는 「공」「공」소리는 반야바라밀다의 결과의 설명에 불과하다.
그 「공」은 우리들이 진언에 숨겨진 부처님의 지혜의 인도로서 반야바라밀다가 실현된다면 자연히 알 수 있는 일이다.

「공」의 명상이 실현되면 영혼은 부처님의 영력에 감응해서 의식은 「나를 떠나서 공이란 차원에 도달한다」 거기에 있어서 생명속에서 잠자는 반야가 자동적으로 눈을 뜨게 된다.

즉 진언이 심장이 되어서 의식이 「공」으로 송달되고 「공」의 실감과 더불어 「반야」가 발생한다. 「반야」에 의하여 「공」이 이해가 되고 「공」의 이해가 깨달음이 되어서 理의 성이 발육되어서 그 혼은 구극으로 열반으로 성장해 간다.

반야심경의 「심」이 진언을 의미한다는 것은 그러한 이유인 것이다.

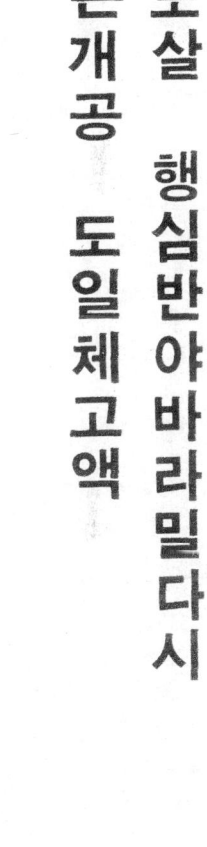

관자재보살 행심반야바라밀다시
조견오온개공 도일체고액

Om namo Bhagavatyai
Arya-Prajnaparamitayai!

성스러운
영의
커다란 지혜에
감사와 경의를
……

관자재보살
(Avarokiteśuvara)

관자재보살을
상징하는 범자「사」

관자재보살이라는 것은 모두가 알고 있는 관음님이시다.

관음보살이라 함은 도통의 지혜를 의미한다. 불에 탄다는 것은 번뇌를 표시 한다. 불에 탄다는 것은 번뇌에 사로잡힘을 의미한다. 큰물에 떠내려 간다는 것은 세상에서 피할수 없는 여러가지 어려운 일이다. 사람은 이세상에 살면서 싫거나 좋거나간에 여러가지 고생을 만나야 한다. 그러할때 깨다름을 구하는 마음이 있으면 (즉, 관음보살을 염송한다면) 거기에 발생되는 깨다름의 지혜에 의하여 번뇌의 불에 타지도 않고 고통에 빠지지도 않고 고뇌를 최소한도로 줄일 수가 있다. 라고 설교하여 있다!!

그 사람 그 사람의 고통에 응하여 자유·자재로 변화하여 구원의 손길을 뻗혀 주신다.

따라서 관음보살님의 모습도 여러가지이다. 三十二종의 모습으로 화신하신다.

「성관음」→
이것은 관자재보살의 평상시의 모습이시며…… 아귀도에서 고생하는 사람들을 구원하실때의 모습이다.

아귀도란 것이 무엇입니까?

아귀가 지나가는 길……통학로 앗! 거짓말!

아귀도라 함은 육도윤회중의 고통이 충만한 세계중의 하나
육도윤회 란은 지옥계·아귀계 축생계·수라계 인계·천계로 부터 생명의 모습인데 성립된 번뇌를 둘러산 자세한 것은 뒷면에 설명하겠다.

(보) (보) (기쿠)

「준제관음」
범명 슌디를 음역한 이름으로서 준제불모 라고도 한다.

「불공견색관음」
사람들에게 이익을 베푸는 일을 본원으로 하는 관음

「여의륜관음」
불타의 설법 전법륜이 자유롭게 할수 있고 천계라도 구원할수 있는 관음

이를 이외로 삼십삼관음이라 하는 여러가지 이름과 모습을 가지신 관음보살이 있다.

그러나 듣는 것은 무엇일까 어째서 음을 본다고 할까

질문자

요가중

마음의 소리는 귀로서는 들을 수가 없다
관음보살은 사람의 마음소리를 신통으로서 잡는다
신통안이란 마음의 눈이다
영혼의 눈이다
외형을 보지않고 그 본질파동을 보는 것이다.
그래서 음을 본다는 표현이 쓰여진다.
「관음」이란 호명의 칭 깊은 뜻이 거기에 있다.

음 　　　　　　　색

명상한다면 실감하는 것이나 음을 들을때 색을 볼때 색중에도 음이 있다. 그러므로 음을 음색이라고 하고 성도 성색이라고 한다. 음과 색은 다른 것이 아니다. 그것은 한개의 면의 양면이다.

항 (유)

弥勒菩薩
(마이다레야)

광음보살 이외에도 많은 보살님이 계신다. 모두가 여러가지 각도에서 각자가 모든 사람을 구조하기 위하여 이 세상에 나타나신 부처님의 화신이다.

현재는 정토아률천이라는 천계에 계신다 그리고 오십육억칠천만년의 미래에 사람들을 구하기 위하여 인간세계에 탄생하여 오신다고 한다.

 앙

 가

地藏菩薩(지장보살)

석가 입열후 마이다레야보살이 오실때까지 의무불시대에 있어서 사람들을 구원하신 보살

(보현보살)

諸惑을 꿇고서 理・定行덕을 다스리는 보살

「문수보살」

삼명이 모이면 문수의 지혜라고 하듯이 지혜의 보살

62

세지보살
(마하수도하 마프라프타)

지혜의 광명을 가지고
일체를 비추고
사람들 마음속에 숨겨진
선을 지키고 그것을
육성하는 보살

이 이외에 허공보살과
일광보살·월광보살
반야보살·약왕보살
금강보살·다라보살
묘견보살·향옥보살
오비밀보살 등
셈하여 보면 끝이
없다.
보살이란
어떤 의미입니까

보살이란
어떤 의미입니까?

「보살」이라 함은 ─

정식으로는 보제살수라고 하며 이것은 산수쿠릿트어의 보디삿토비 해(bodhisattva)의 음력으로서 그것을 생략해서 보살이라 한다. 그 의미는 「깨다름을 술하는 자」라는 의미인데 지금까지 소개하듯이 사람을 구원코저 하는 부처님의 화신도 보살이라고 한다.

다음으로 제이의 보살이라 함은…
이미 여래의 본성을 가지면서
이 세상에 태생하는 사람이다.
그는 이미 도통을 하고서
회전의 세계에서 해방되어 있다
그러므로 이세상에 태생하여
이세상의 고생을 맞볼
필요가 없는 것이다.
그래서 그는 스스로가 원해서
이세상에 태생했다.
왜냐하면 보살의 자애는
이세상에 고생하는 사람들을 버리지 않는다.
설혹 자신도 같이 고생하더라도
있는 그 사람이 고생하는 이세상에
있는 그 사람을 구하기
위하여 재차로 이세상에 다시
태생한다.
이것이 제이의 보살이다.
왜가모니 부처님
그러하였다 그리스도도 그러하였다
기타 많은 성자들도 그들이
보살으로서 살아있을 때 제이의
보살으로서 살은것이다.

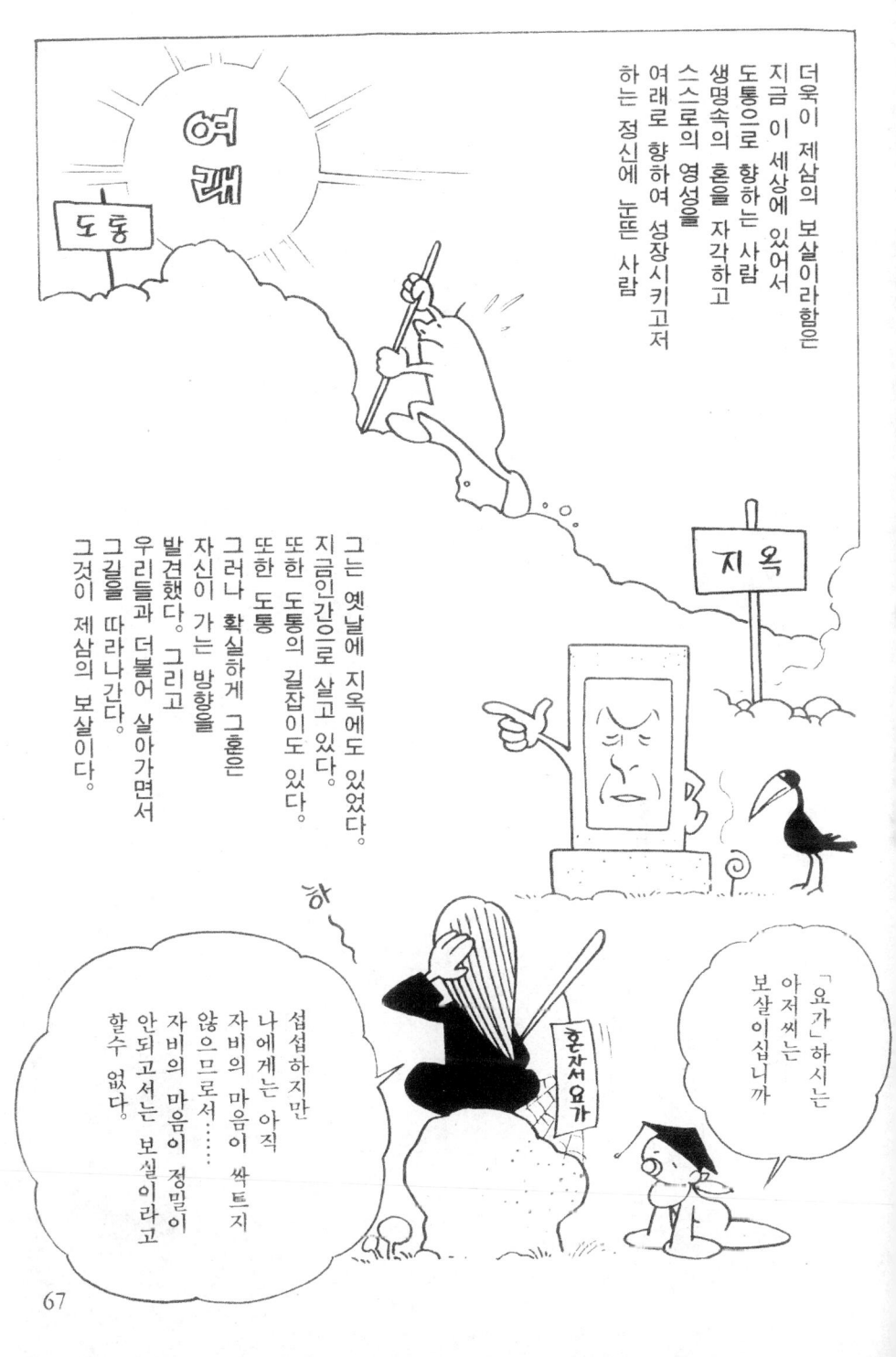

그리고 상념은 행동을 최정한다. 여기에 있어서 기쁨을 사랑으로 분노는 증오로 변화된다. 이것이 「행」이다.

그리고 이들의 체험중에서 종합적인 지식이나 관념이나 판단력이 의식화되어 발생한다. 가령 진, 선, 미라든가 위, 악, 추라는 관념등이 바로「식」인 것이다.

이와같이 모든 물건이 근원적인 것부터 나타나서 쉴사이 없이 변화되어 간다.

색을 토대로한 수, 상, 행, 식의 오온도 또한 쾌와고라는 근원적인 의식에서 여러가지 의식을 형성하여 가고 있다. 그 모든 것의 근원이 「공」이란 것이라고 한다

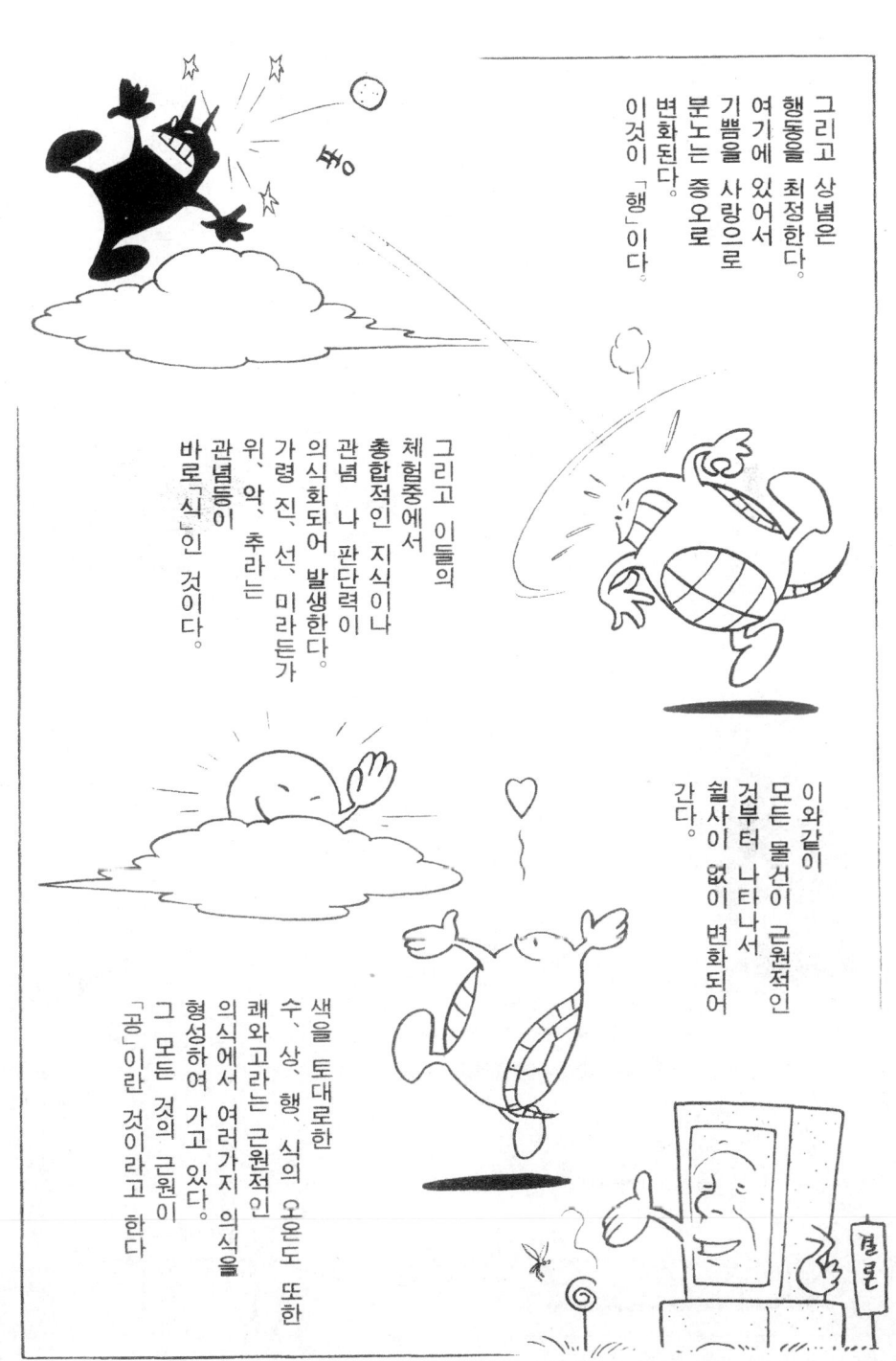

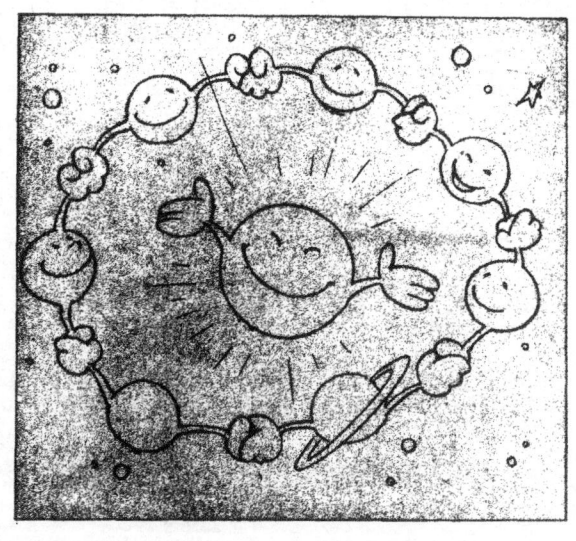

박사님! 박사님!

무엇이? 박사라고?

나는 김첨지란 사람이다. 사람 잘못 본것이다.

아니 그런게 아니고 「공」이란 말을 학적인 각도로 한마디 부탁 드립니다……

흠…… 「공」이란 말인가!

공이냐 공것이냐……

가령 우주가 있고 태양이 있다. 그 둘레를 지구를 비롯하여 여러가지 혹성이 돌고 있다. 각자의 인력으로 움직여서 태양계라는 하나의 형을 형성 하고 있다. 그것을 성립시키고 있는 보이지 않는힘 즉 「공」이란 것이다.

76

空이라 함은

「공」이라함은 숨겨지고 정밀한 것이며
「공」이라함은 「색」의 뒤에 숨겨진 힘.
「공」이라함은 보이지 않는 차원의 움직임.
보이지 않아도 존재를 총괄하여 존재하는 것.
그러므로 「공」은 「신」이라고도 한다.

「공」이란 존재의 성립의 理이다.
「공」이란 현상을 표현하는 법칙성이다.
「공」이란 「연」으로서 움직이는 힘
그러므로 「공」은 「법」이라고도 한다.

「공」으로부터 모든 것이 나타나며
「공」으로서 모두가 성립되고
「공」속에서 모두가 변화되어 간다.

「공」이라 함은 생명현상을 나타내는 신의 의지인 것이다.

신이란 것은 「공」의 인격적 표현이다.

「공」이라함은 「인」에 움직이는 「연」의 힘이다.

내일, 날씨 많아라~!

거기에 있어서 우주가 있고
자연이 있고 생명이 있으며 무상이 있다
모든 현상의 본질이 「공」인 것이다.

「공」 — 그것은
생명현상의 근원적인것
거기는 개별로 나누어져 있는 혼의 고향
거기에는 신이 있고 불이 있으며
영이 있고 혼이 있다.

모든 물건구성 이전에 「공」이 있고
모든 물건은 「공」으로서 성립되고
모든 것이 「공」이 표현된 것이고
모든 것이 「공」으로부터 시작되고
그리하여 「공」으로 돌아간다.

「공」이라 함은
생사라도 초월한
차원의 표현이다.

공, 공, 공,
이라고 매우
집념이 강하구나

하여간
반야심경은
공의 의미를
모르면 이해
안되는 것이다.

단연주먹

결론

80

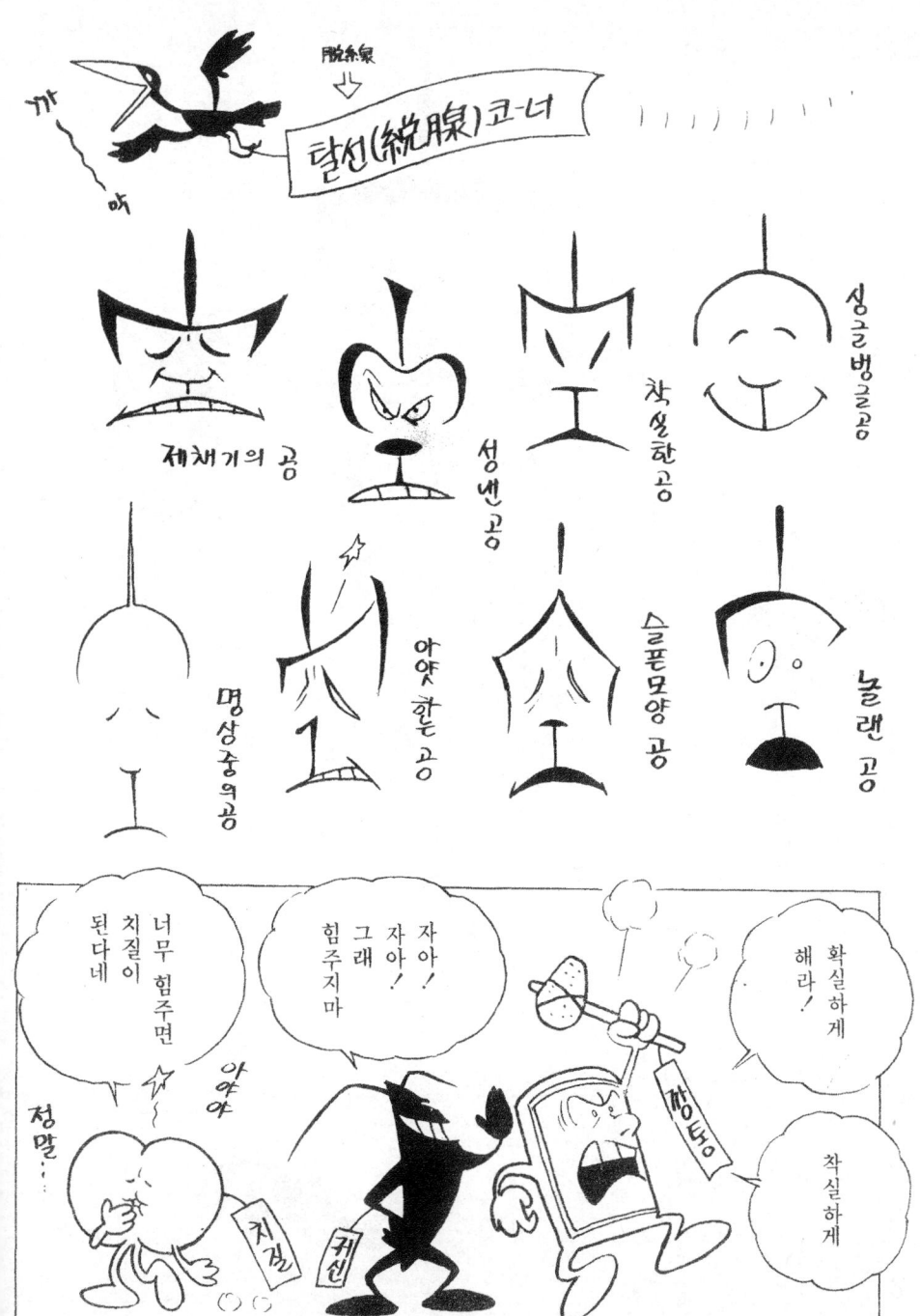

반야바라밀타　　　(paññā pāramitā) 般若波羅密多
보디삿도바　　　(bodnisattva) 菩提薩埵
닐바나　　(nirvāna) 涅槃
아눗타라 삼욕 삼보디
　(anuttarā samyak sambodni) 阿耨多羅三藐三菩提

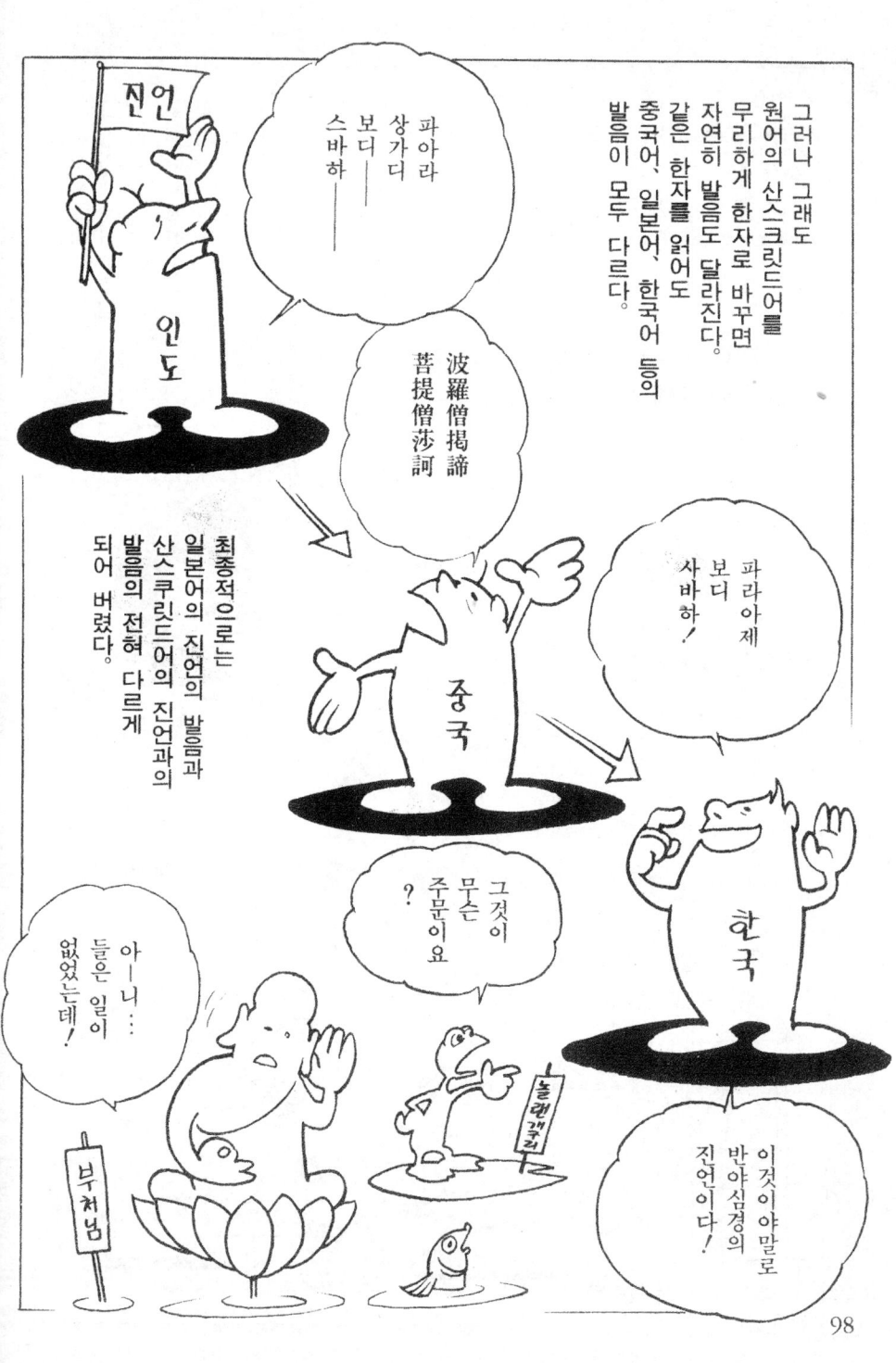

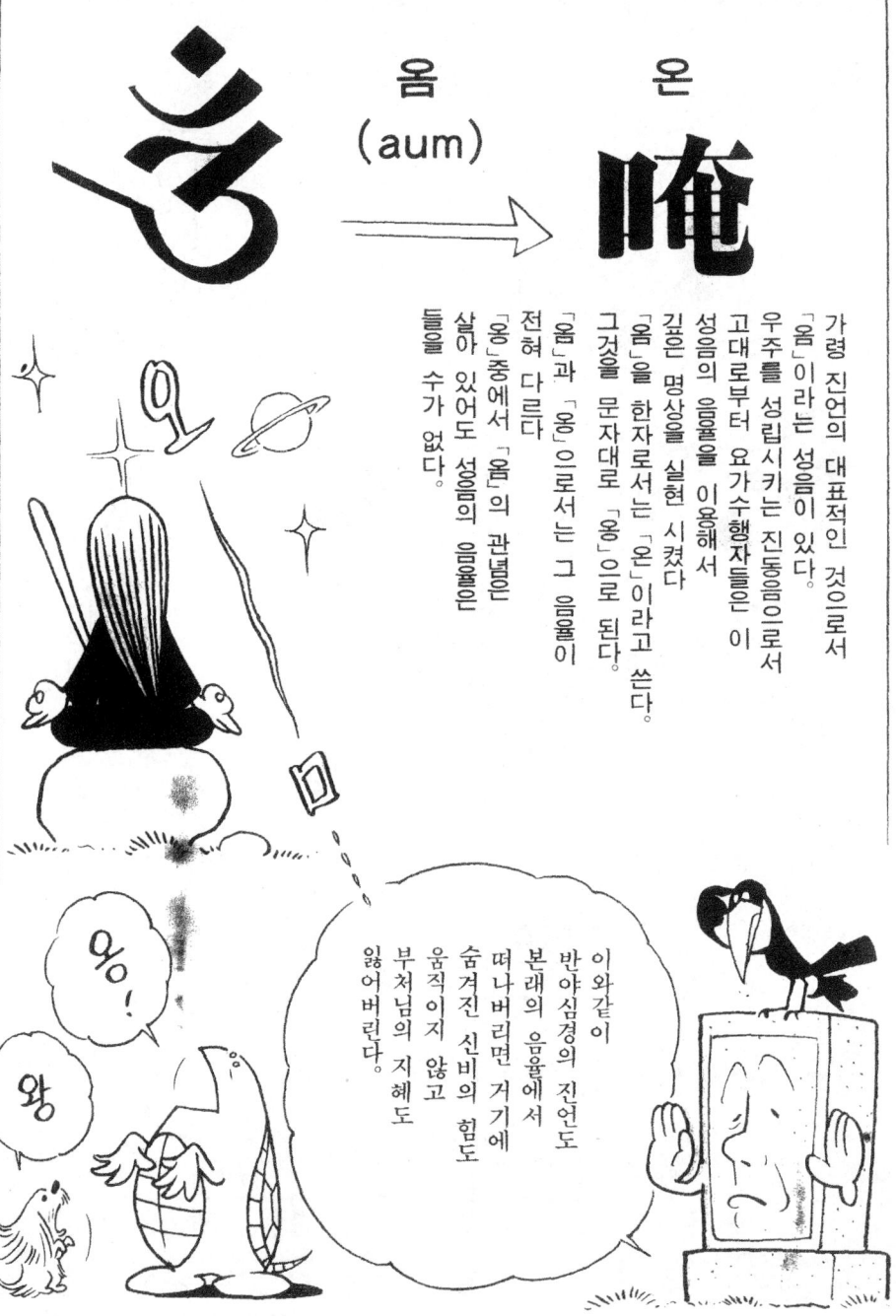

瞑想에 나타난 차쿠라

우선 호흡법에 따라서 차쿠라 라고하는 발광체가 생명 안쪽으로 반짝거리기 시작한다. 의식전체가 차쿠라를 중심으로 한 우주로 화한다!

드디어 어느때……체내에 이상한 역력이 충만되고 돌연이 강렬한 쾌감이 등뒤로 소용돌이 모양으로 올라간다. 이것은 "군다리니" 라고 하는 신비의 현상이다!!

"군다리니" 는 상승하고서 두계의 정점에 도달하여 두개의 황금색의 광체가 되어서 작렬한다.

그 순간 의식중의 「나」는 부서지고 거기에는 생이나 사를 초월한 생명의 근원만이 실감된다. 「그것이야말로 「공」의 사원과의 일체화가 나타난다.

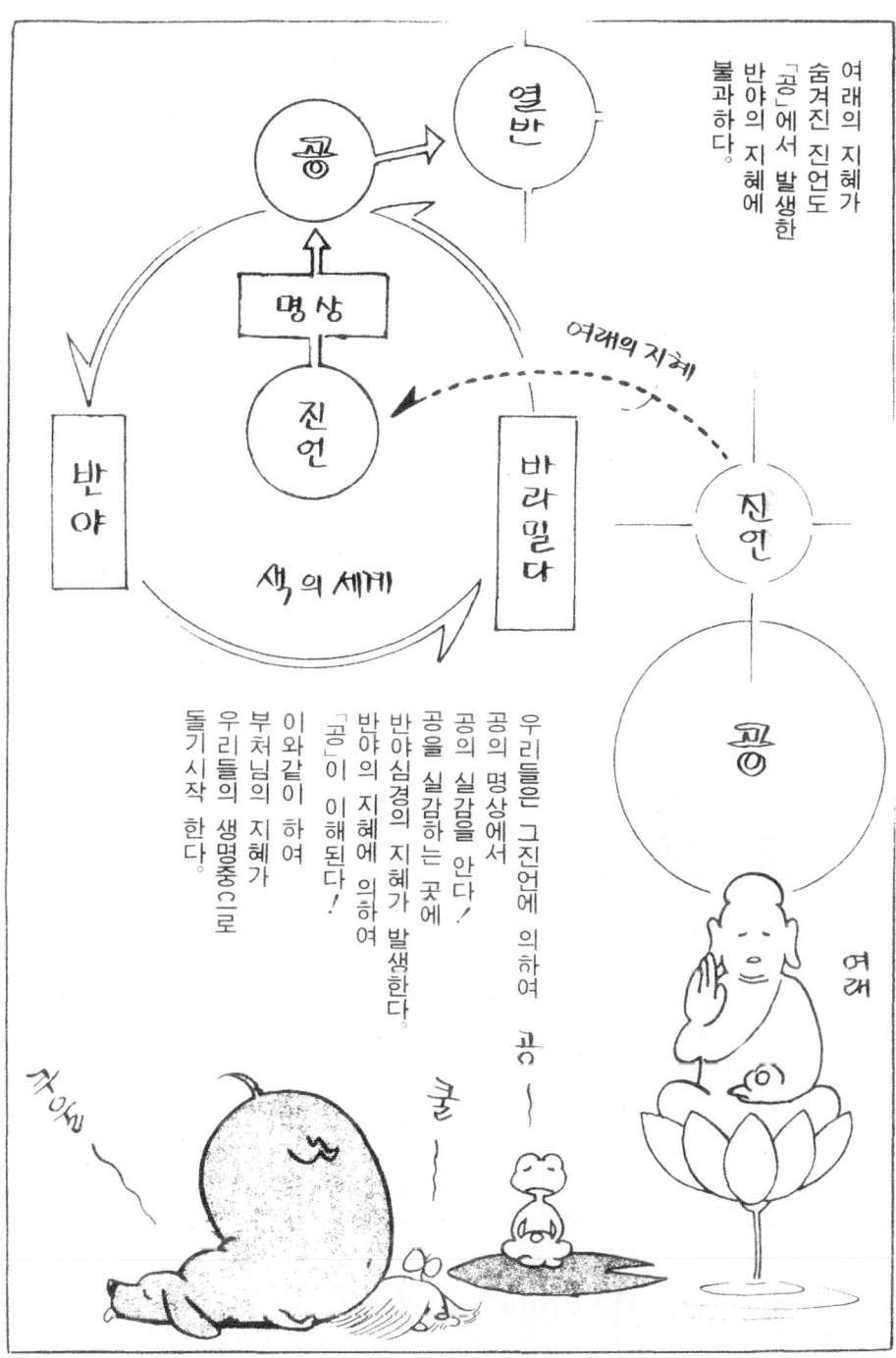

관자재보살
행심반야바라밀다시
조견오온개공
도일체고액

이와같이
관자재보살도 또한
공의 명상에 의하여
오온은 모두가
공이라는 것이 확인되었다.
그리고 그러한 일을
수행자의 사리자에게
이야기 말을 하였다.
그것이

「사리자
색불이공 공불이색
색즉시공 공즉시색
수상행식 역무여시
……」
로 계속되어가는
경문으로 되어있다.

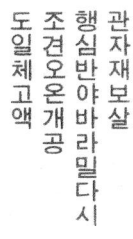

여기서 등장하는
샤리부도라 라고
하는 분은……
석가부처님의
십대제자라고
말하는 분들중의
한사람으로서
실존하신 사람이다.

그러나 관자재보살은
공의 실상을
샤리부도라에게만
가르친것이 아니다.
샤리부도라를 통하여
우리들 모든 인간에게
이야기 하고 계시는
것이다.

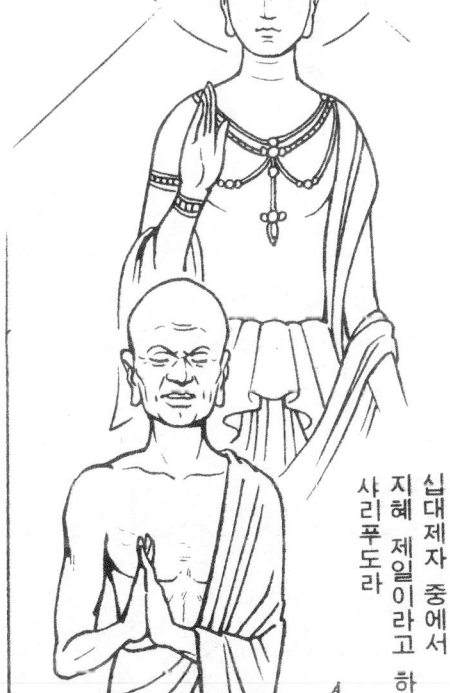

← 십대제자 중에서
지혜 제일이라고 하는
샤리푸도라

관자재보살이 사리자에게 말하신다는 것은 「공」의 명상수행과 거기에 눈뜬 반야의 지혜의 관계를 사리자와 관자재보살을 배치하여 표현하다.

「사리자야!」하고 말을 시작한 것은 「공」의 명상중에 있어서 부처님의 지혜가 솟아 나오는 상태를 말한다

「공」의 명상중에서 솟아 나오는 지혜라 함은 자신이 생각하는 일이 아니고 정말로 부처님의 성령에서 무엇인가 암시 받는다는 실감이 따른 것이다.

명상중에서 부처님의 영은 그러한 모습으로 나타나는 것이다. ……

반야심경에서는 그것이 「사리자야」라고 「공」에 대하여 말하는 관자재보살이란 모습으로 표현되어 있다

어떻게 하면 반야심경속의 숨겨진 의미를 이해할수 있을까

공의 명상을 실천 하여라 즉 그것이 행심 반야바라밀다 라고!

우선 무엇보다도 석가모니 부처님도 지식에 의하여 「법」을 설교한 것이 아니다. 「공」의 명상을 통하여 생명의 실상이 감응된 것이다. 그것을 인계 받아서 반야심경을 정리한 성자들도 또한 「공」의 명상에서 얻어진 「공」을 반야바라밀다에 의하여 「공」을 표현했다! 그것이 반야심경이다.

즉! 공의 명상의 실감중에서 발생되는 감성에 의하여 반야심경의 깊은 의미가 자연히 알수 있게 된다! 왜냐하면 반야심경 그 자체가 공의 실에서 발생된 감성으로 인한 「공」의 표현 그자체인 것임니다.

우리들도 또한 그것을 이해하기에는 「공」을 실감하는 반야심경은 불교지식 만으로서 이해되지 않는다. 「공」의 명상중에 있어서 「공」이란 차원의 성명의 파동을 감응하고 공명하는데부터 자연히 반야심경이 숨겨진 의미가 보여지는듯 하게 된다.

118

舍利子
色不異空空不異色
色即是空空即是色
受想行識亦復如是

샤리부도라야!
모든 물건이
「공」으로서 성립되어
있다
색과 공은
별다른 것이 아니다
색이란 공에 의한
물질적 현상이다
공이란 색을 표현하는
근원적인 것이다

반야의 감수도
감각에 응하는 관념도
행동에 연결되는
의지나 충동도
그러한 물건에서 발생한
인식이나 지식도
모든 것이 「공」에서
나타나 있다

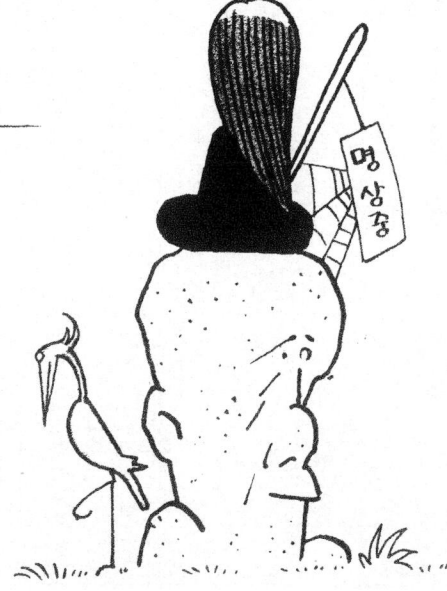

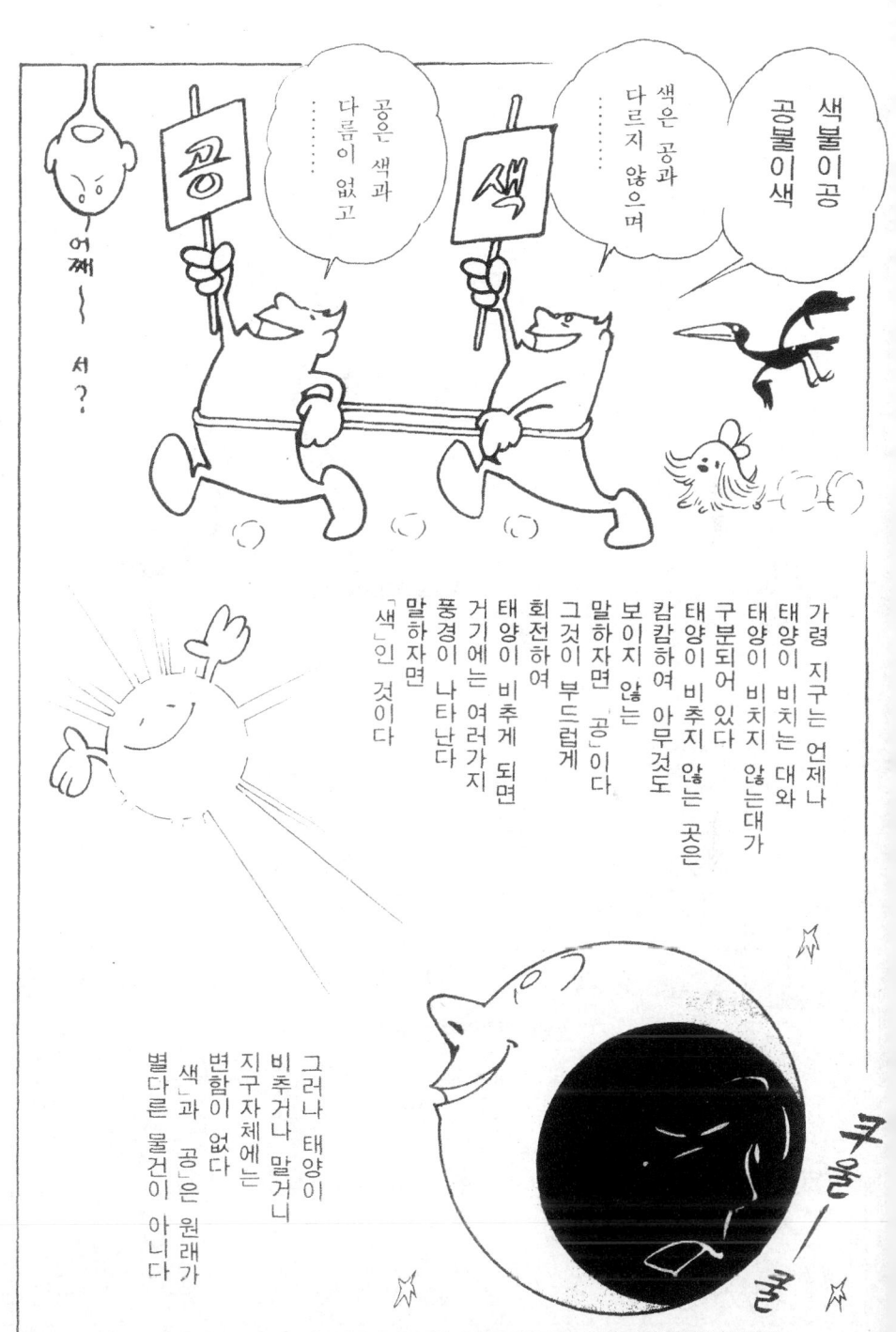

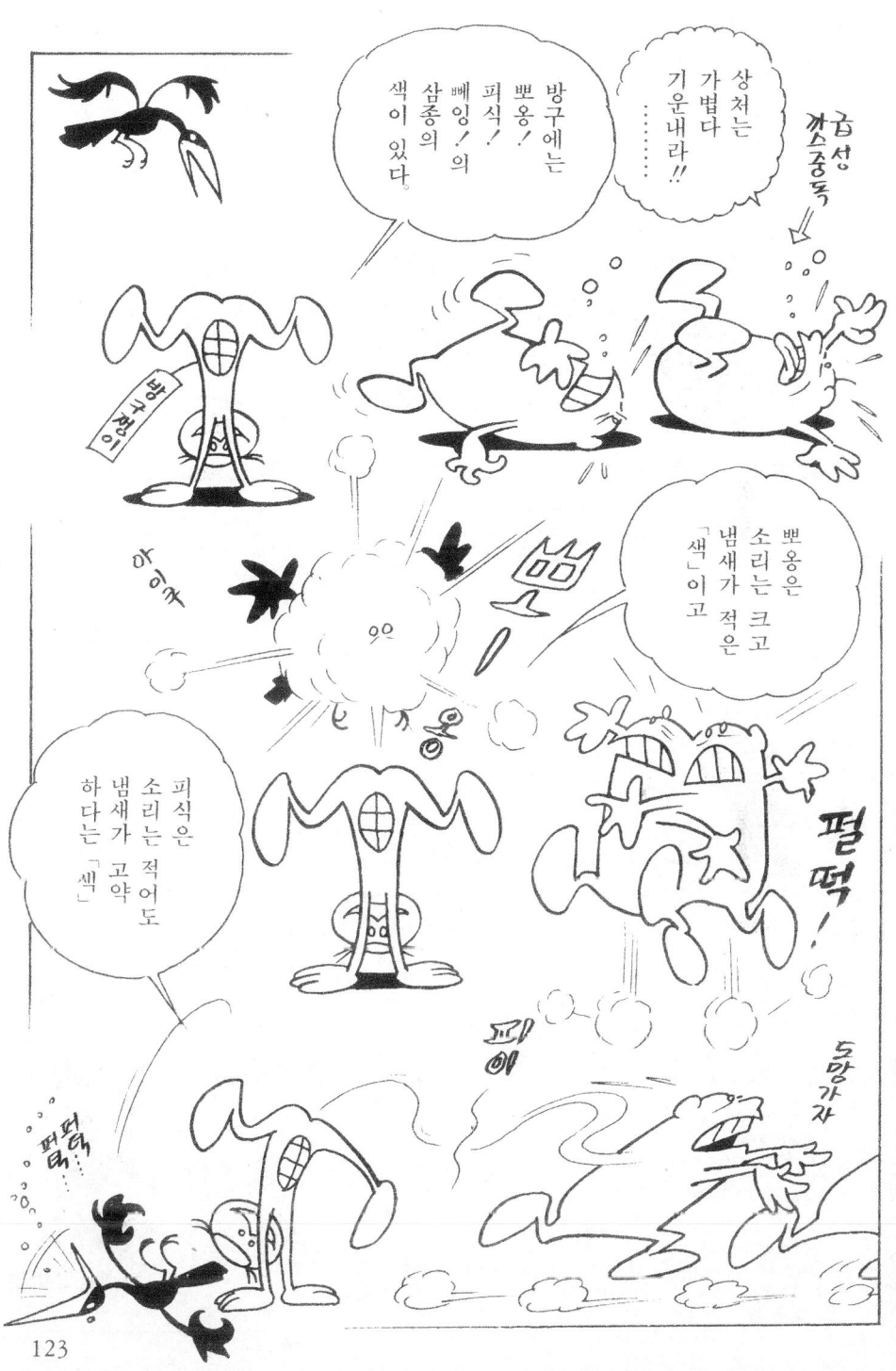

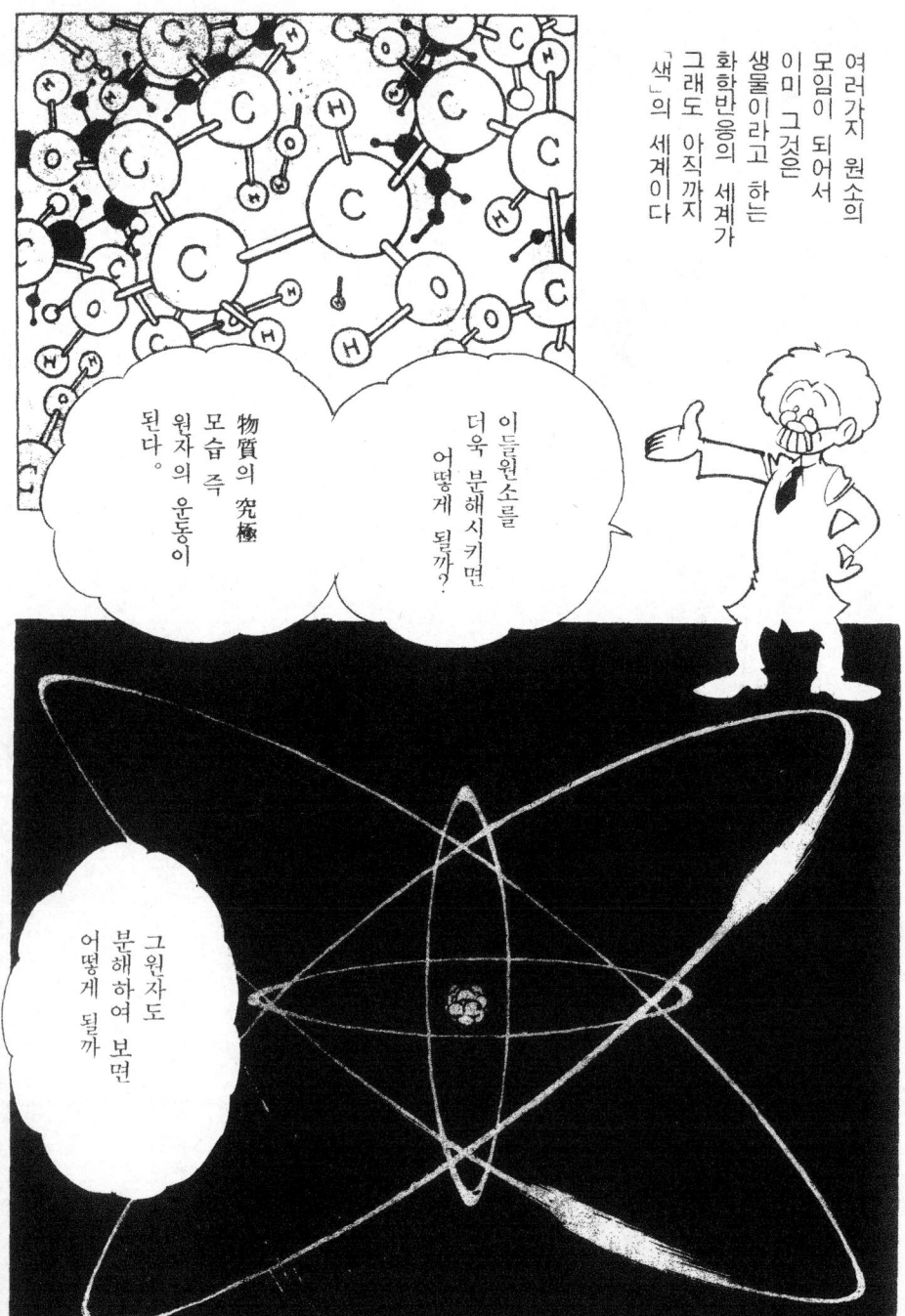

꼼짝하지도 않는 대암석도 오랜 세월이 지나면 자연 붕괴하여 모래가 된다.

장수의 원소인 우라늄도 그 내부에 있어서 방사성 원소의 붕괴라는 형식으로 변화해간다.

지구의 상전인 태양도 오억년이 지나면 다 타버리고 보잘것 없는 죽음의 별이 된다.

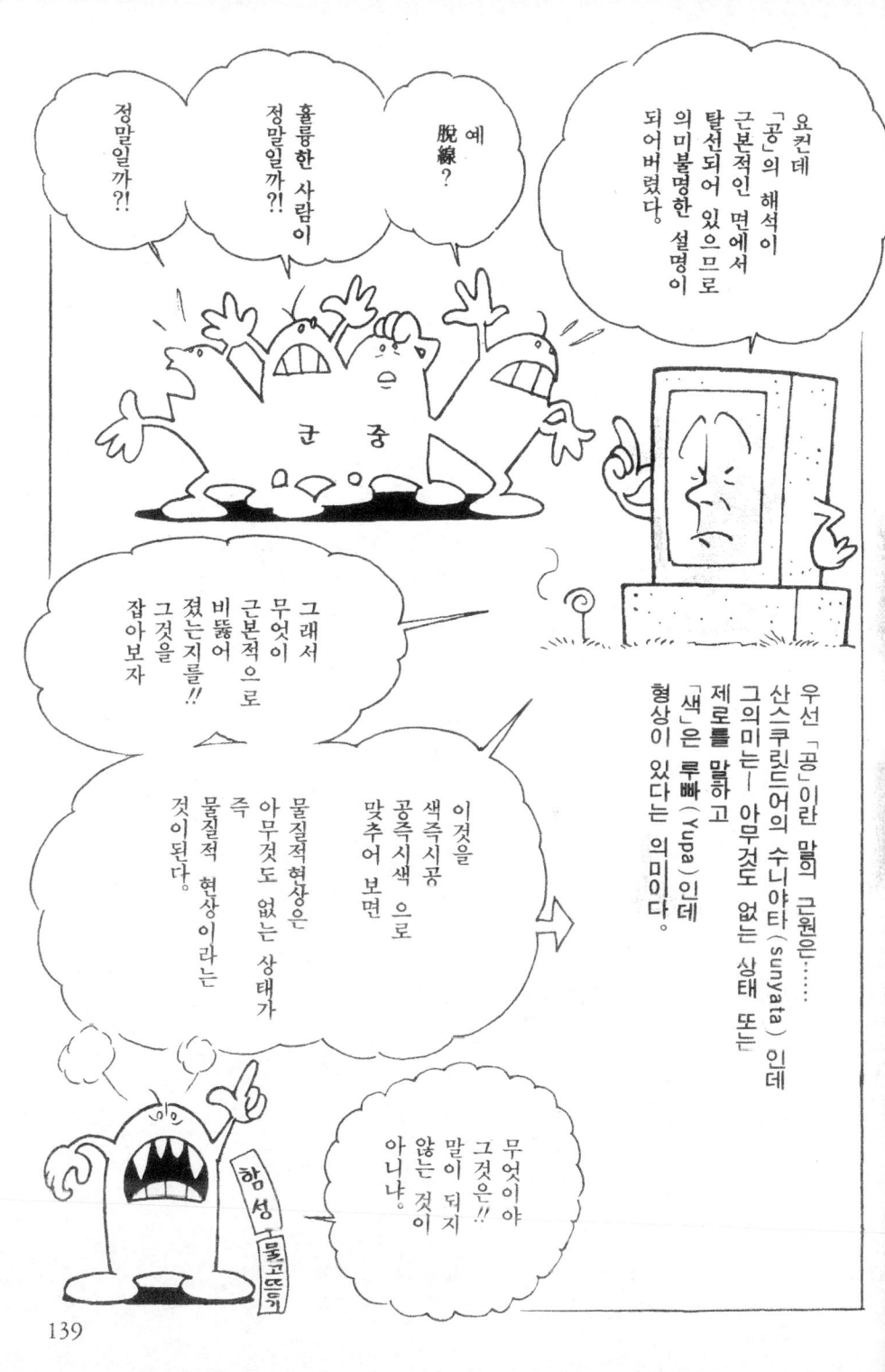

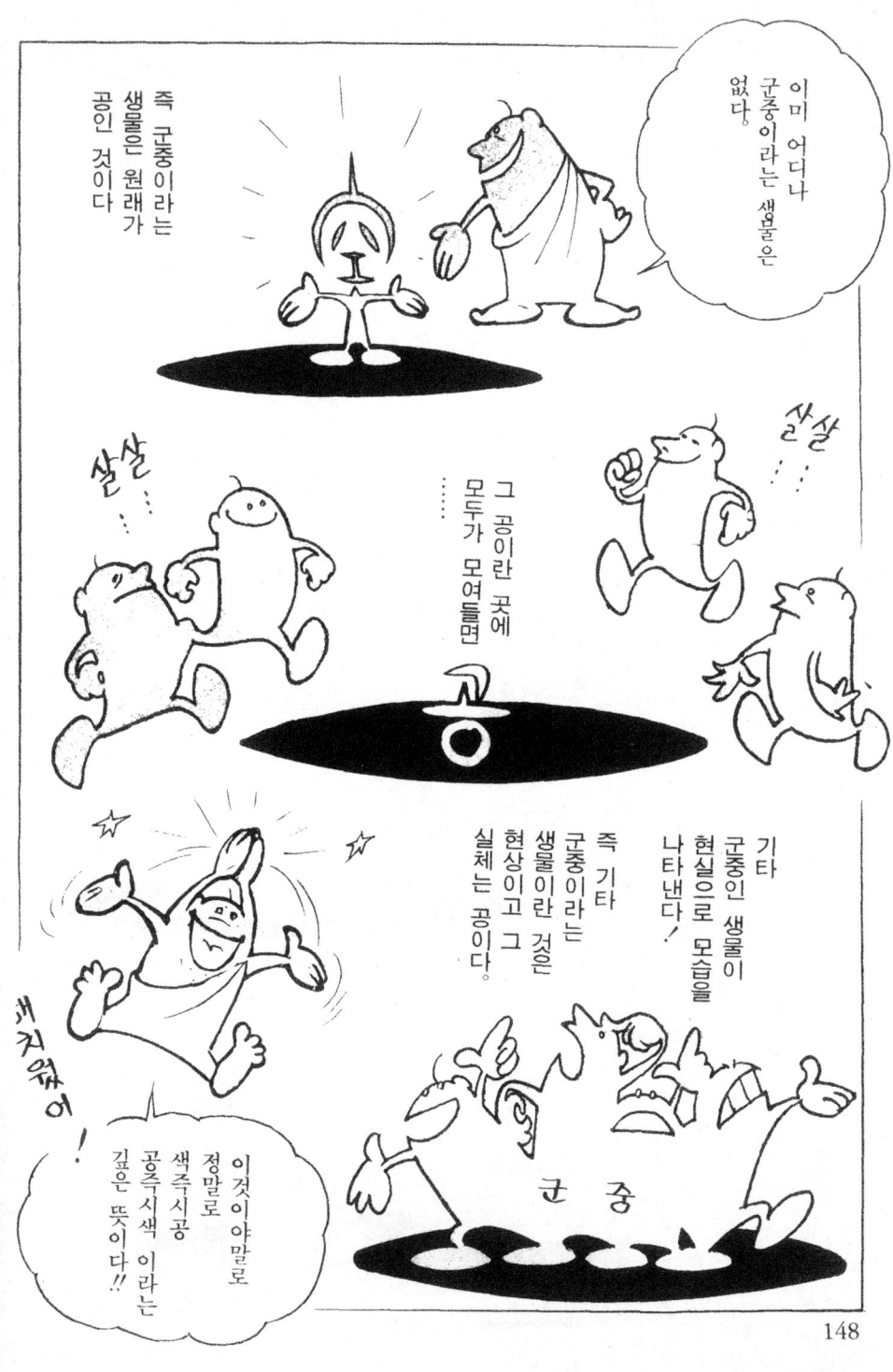

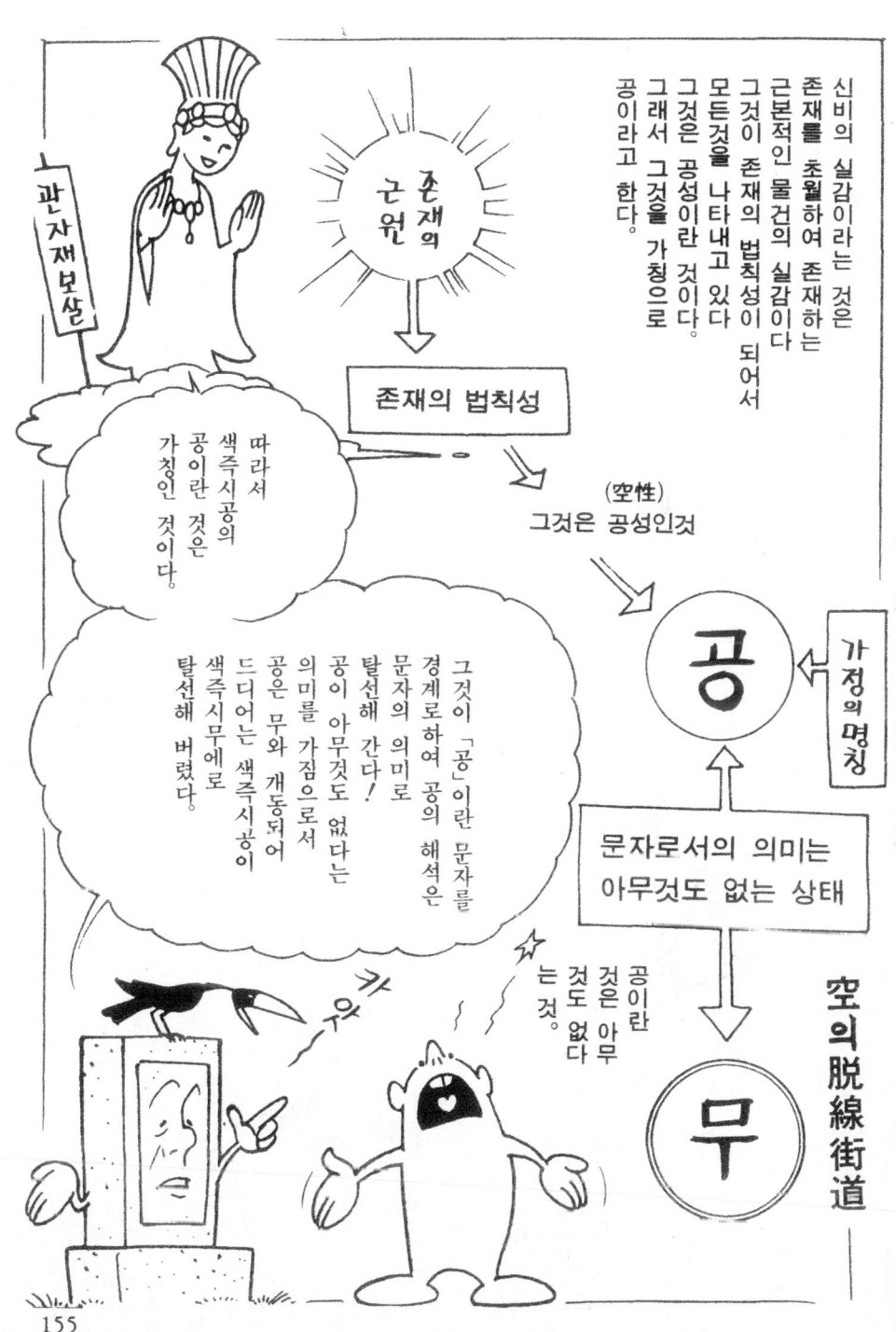

생사를 초월한 생명현상의 실상이란 것은 생과사를 둘러싼 윤회의 정체란 것은…… 운명과 숙명의 성립…… 더욱이 "갈마"란 것은

그러한 근원적인 문제가 "색즉시공"이란 말에 숨겨저 있다!!

우리들은 그것을 이해하므로서 더욱이 거기에서 발생되는 지혜를 인생중에 살려낼수가 있는 것이다!

거기에 無明인 까닭으로 일부로 스스로가 조작하는 불행에서 자신을 구활수가 있는 것이다!

무명이란 지혜의 빛이없는 상태?

한마디로 말한다면 바보이다 버려버리라

멍청이

도일체고액

천수보살

994개 생략

독설

무명이므로 "색즉시공"의 탈선 이해가 일어난다! 탈선된 색즉시공으로서 설명된 말을 본다면 있는(색)것이 없는(공)것이라고 말하는 말씨의 모순을 이유를 달아서 모순 되지 않도록 하는것 뿐이며!

그것을 납득하여도 인생속에 아무런 가치도 표시하지 않는다.

공을 실감한다면 공이 아무것도 없는 비여있는 것이라는 탈선된 해석으로는 절대로 안된다.

공과 반야바라밀다

공을 실감하면 어찌하여 반야의 지혜가 발생할까요?

어찌하여?

?

어째서?

어떻게 해서?

군중

「공」의 실감중에서 발생되는 것…… 그것은 생명의 근원에서 솟아나는 지혜! 즉 반야의 지혜.

공의 명상에 의하여 근원적인 생명의 움직임이 뇌리속에 자동적으로 일어난다. 그것은 「공」이란 차원에 감응되는 감성을 깨우치고 거기에서 생명의 실상을 알고 지혜가 발생한다. 그것이 반야바라밀다이다 「공」이란 차원은 「공」이란 차원은 반야바라밀다만으로서 이해되는 것이다.

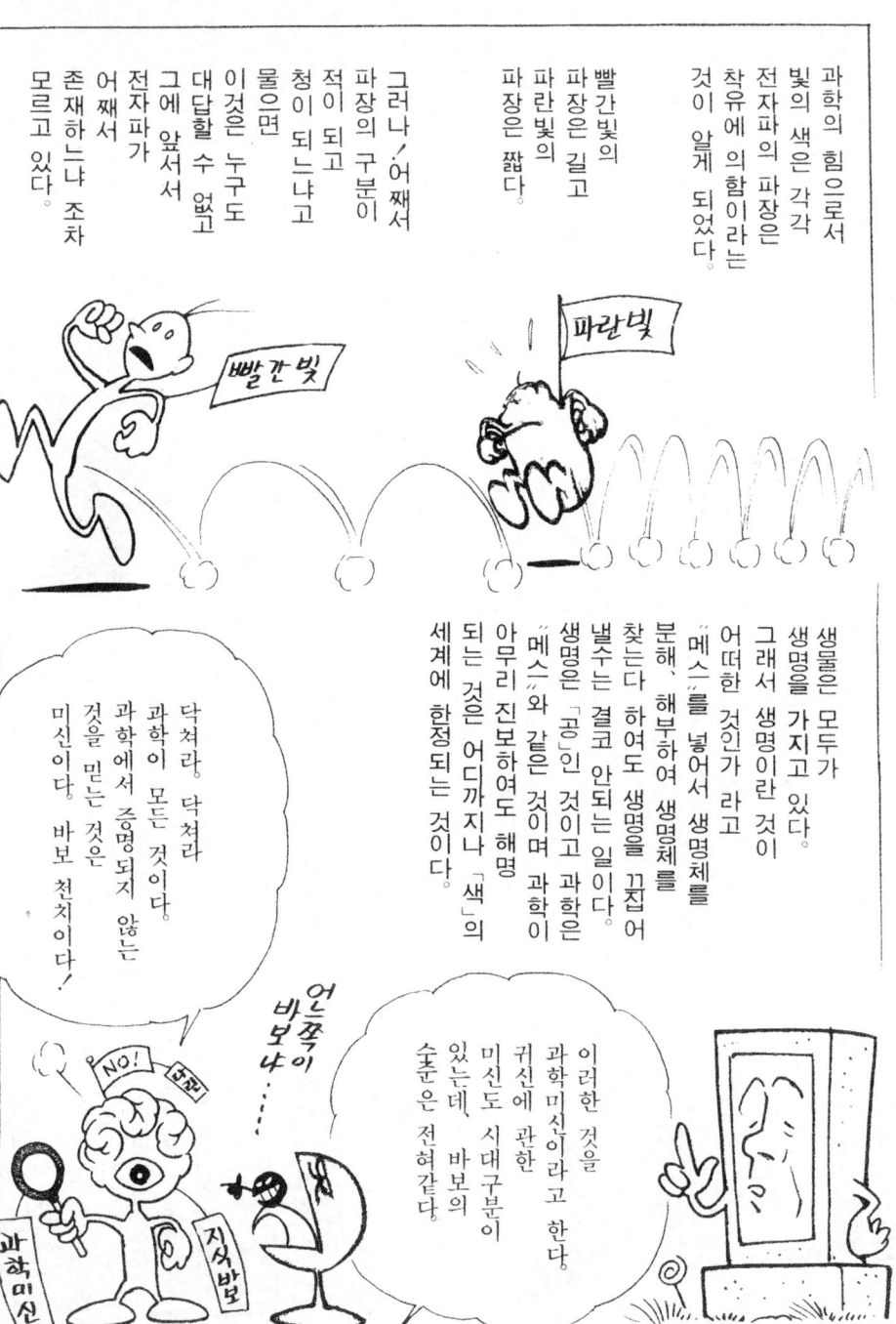

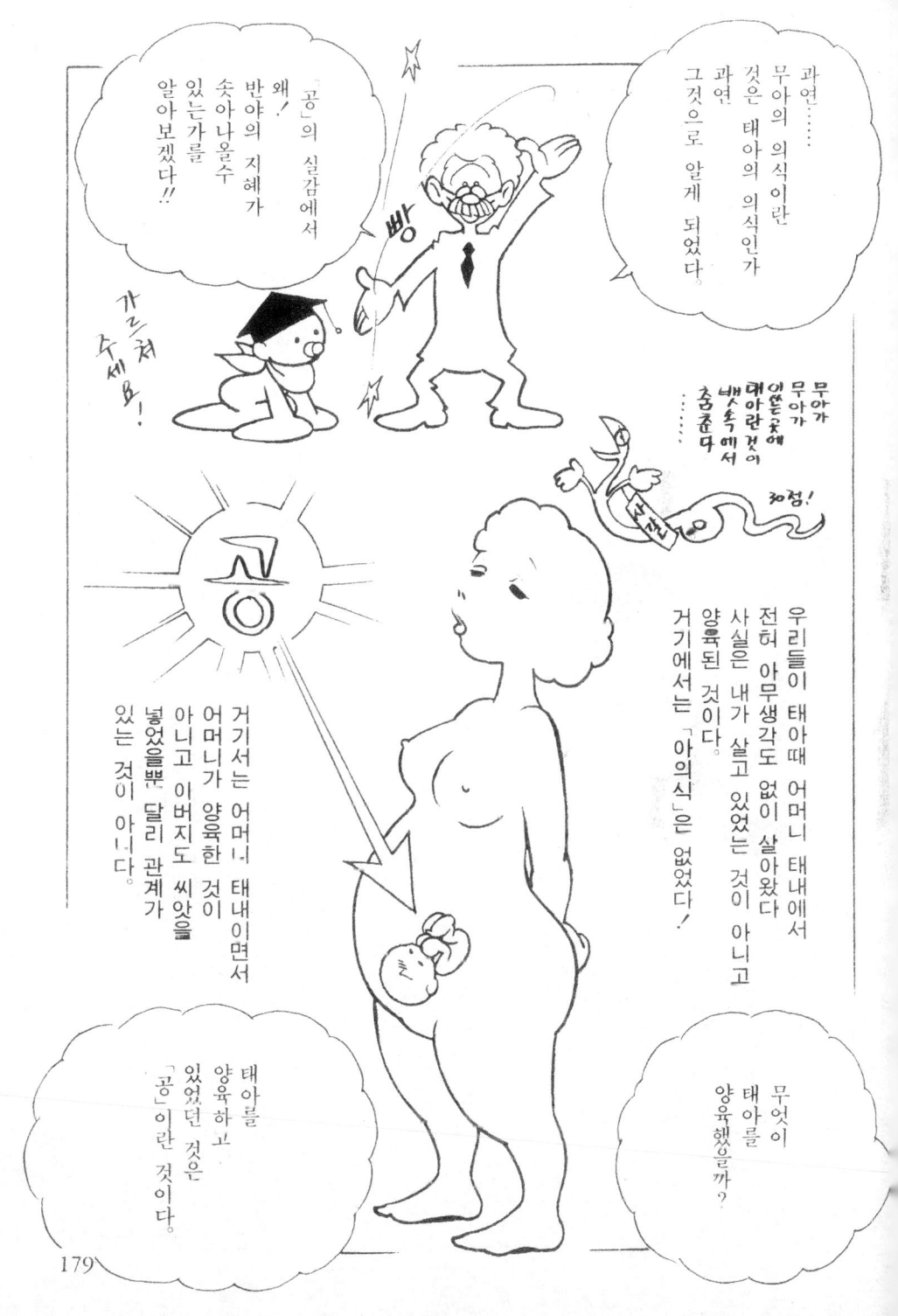

돌이켜보면 태아는 모태중에서는 생명의 근원적인 힘으로 지켜지고 있었다. 그기에는 거의가 「고」가 없었다. 그러므로 「아의식」도 없었다.

그러나 태아가 탄생한 그 순간부터 무수한 「고」가 특기하고 있다.

「응아―」하고

「고」와 더불어 아의식이 싹트고 「고」의 체험중에서 아의식도 육성되어간다.

어쨌든 사람만치 강렬하고 비뚤어진 근성을 가진 생물이 또다시 없는 것이다.

포콩이―

응아―

응아―

이응아―

그리고 이 비뚤어진 비뚤림이 항상문제를 일으킨다!!
삐뚤어진 비뚤림…… 그것은 아의식이 생명의 「고」에 노출되어 비뚤어진 것이다.

좋은 태아가 비뚤어지면 병신어 된다 병신이 된다 2점!

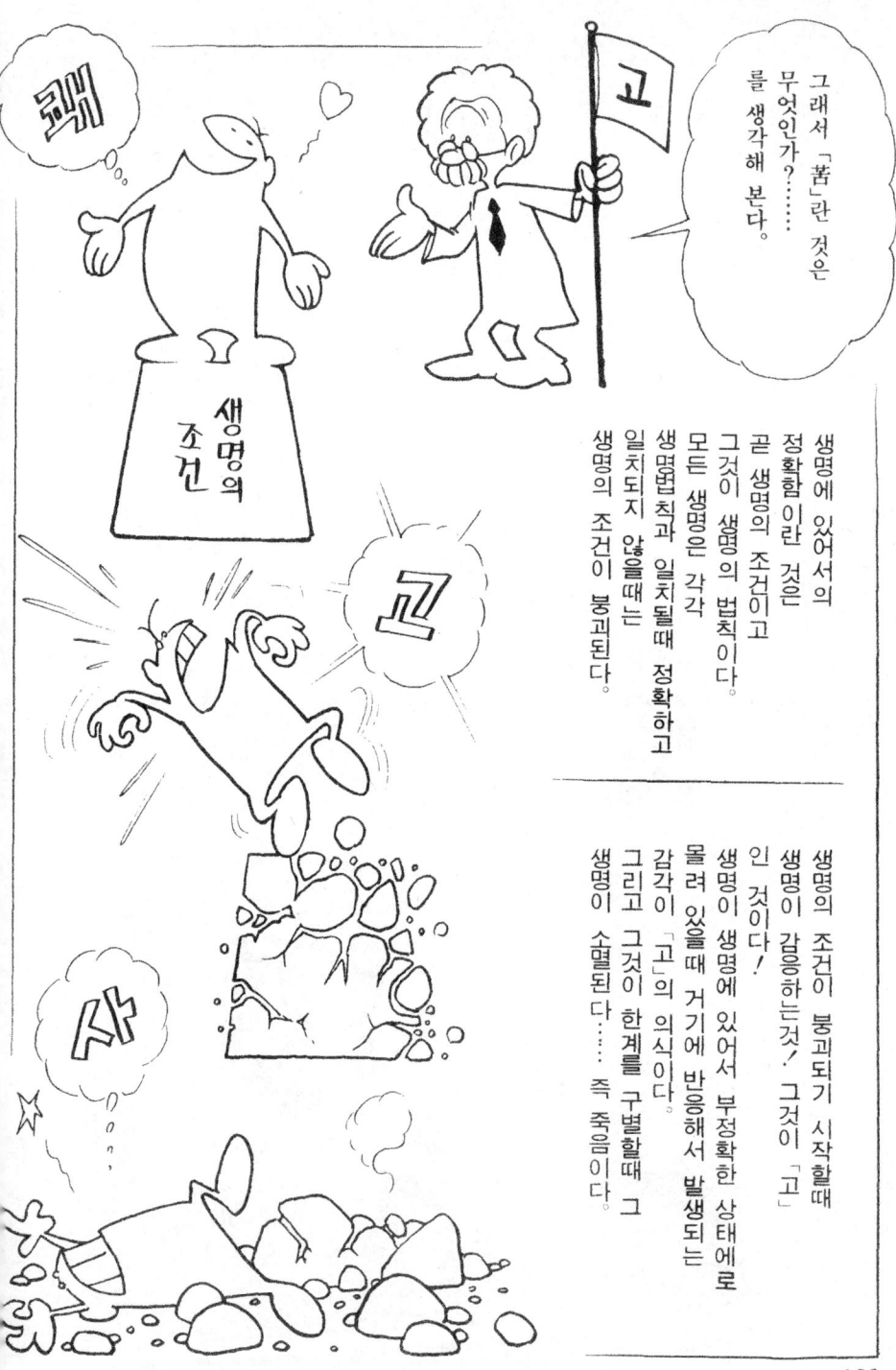

그래서 「苦」란 것은 무엇인가?……를 생각해 본다.

생명에 있어서의 정확함이란 것은 곧 생명의 조건이고 그것이 생명의 법칙이다. 모든 생명은 각각 생명법칙과 일치될 때 정확하고 일치되지 않을때는 생명의 조건이 붕괴된다.

생명의 조건이 붕괴되기 시작할때 생명이 감응하는것! 그것이 「고」인 것이다! 생명이 생명에 있어서 부정확한 상태에로 몰려 있을때 거기에 반응해서 발생되는 감각이 「고」의 의식이다. 그리고 그것이 한계를 구별할때 그 생명이 소멸된다…… 즉 죽음이다.

그러나 생명에는 살리고져 하는 근원적인 움직임이 항상 있다! 거기에 「아의식」라는 것이 싹트고 「아의식」도 살리고져 하는 생명의 움직임이다. 그러나 그 출발점은 「고」라는 올치못한 물건에서 발생하여 온다.

「고」는 파괴의 에너지이다. 생명에 발생된 고가 중지되지 않을때 「고」는 분노의 의식으로 돌아가서 무언가를 파괴한다.

분노의 에너지가 외부로 향하면 다른 생명을 파괴한다! 다른 사람의 마음을 파괴한다! 다른 사람과의 사랑을 파괴한다.

특히 「분노」는 자신의 운명을 결정적으로 나쁘게 한다.

인간은 분노의 양만치 틀림없이 불행하게 된다.

분노와 불행은 절대의 법칙성으로서 연결되어 있다.

그것을 느끼지 않고 마음내킨대로 분노하고 광태를 벌리는 것은 어리석기 짝이없는 것이다! 분노중에는 우직과 탐욕도 포함되어 있는 것이다.

따라서 분노에서 발생한 「아의식」은 그것이 필요이상 움직이는 곳에는 우직하고 탐욕하고 분노가 항상 따르는 법이다.

이와 같이 어머니의 태내에서 생명의 조건 즉 올바르게 있던 생명도 외계로 나감과 동시에 더불어 여러가지 「고」를 맛보고 분노와 같이 마음을 상하게 하여 거기서 싸우는 마음이 발생되어온다 즉, "에고"라는 아의식이 발생되는 것이다.

그 아의식의 내막이 오온중에서 「색」을 제거한 수상행식인 것이다.

고락의 감수도 감상에 응한 상념도 행동에 연결되는 의지나 행동도 그러한 것을 총합한 인식이나 지식도 모두가 「공」이란 차원의 근원적인 것의 표시된 것이다.

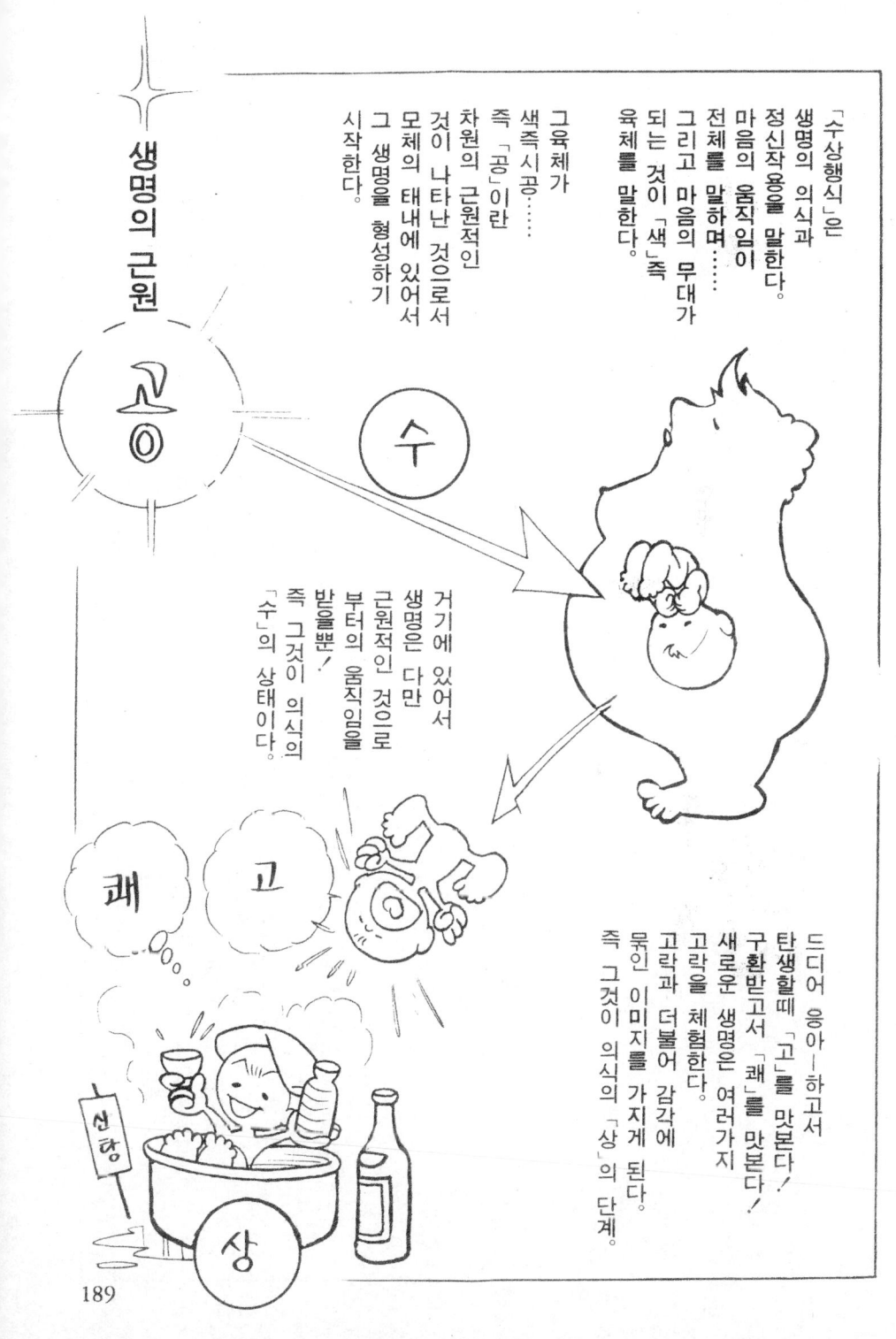

거기에서 생명은 타인과 자신을 분리하는 의식을 가지게 된다. 자아가 형성되어 간다. 그리고 자기의지로서 행동을 개시한다! "에고"도 여기서 발생한다. 즉 그것이 의식의 「행」의 단계이다.

「행」과 더불어 생명은 그 주변에서 여러가지를 알기 시작한다. 특히 아의식의 「고」에 원인과 결과의 관계나 선과 악의 구별이나 판단이 붙기 시작한다. 즉 그것이 「식」에의 진전이다.

이러한 의식의 발전단계에서 각자의 생명의 운명이 조성되어 간다. 특히 아의식의 「고」에 의하여 그 행동은 본래의 올바름에서 비뚤어지고 더욱이 스스로의 「고」를 증대시키고 자기 주변에도 한정없이 「고」를 조성시켜 간다! 그것이 비뚤어진 "에고"의 마음이 더듬어 가는 운명이다.

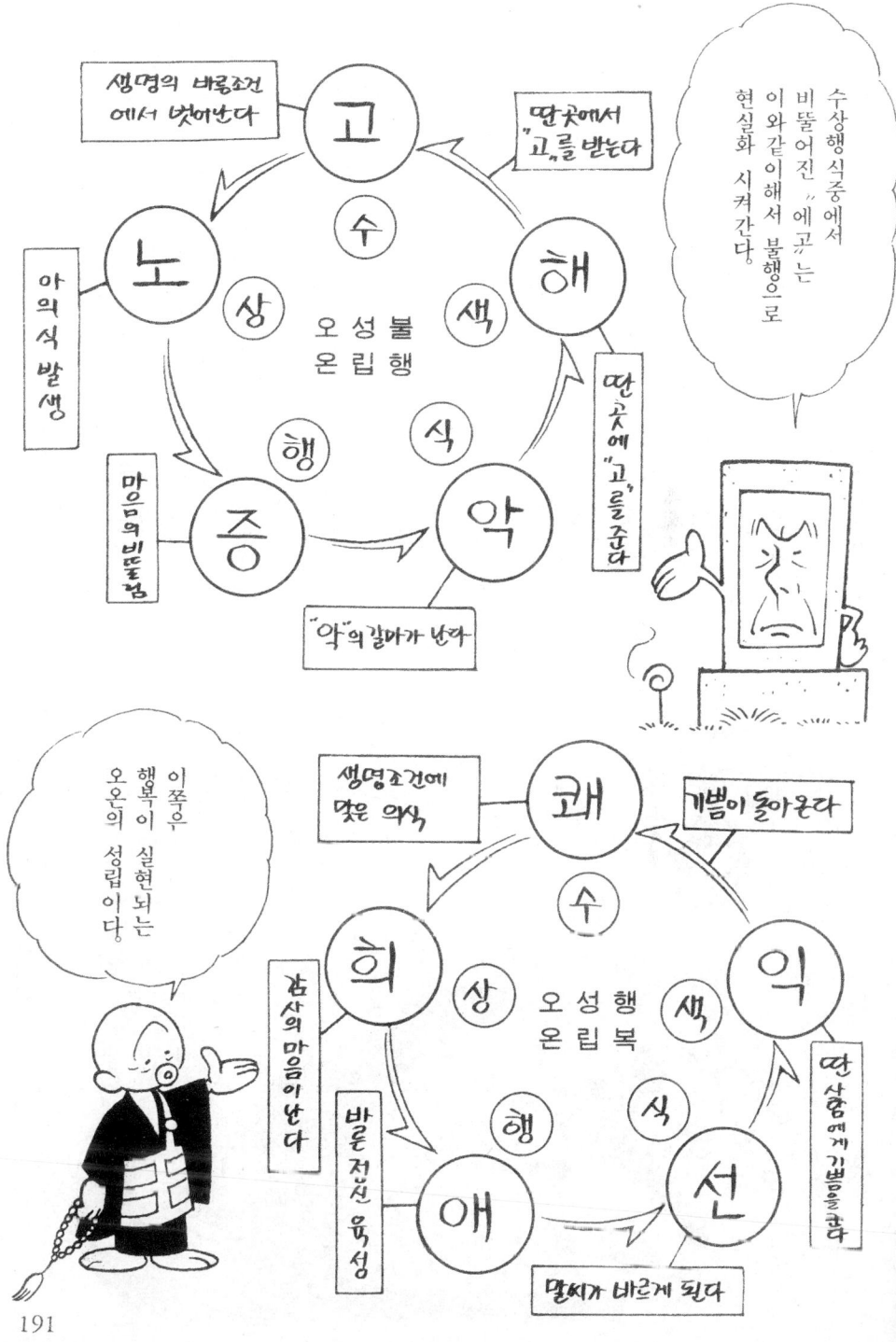

「에고」라는 것은 생명이
「수상행식」중에서
본래의 올바름에서
멀어져버렸는데
발생된 인간의 의식!!
생명본래의 올바름
그것은 생명의 법칙!
그것은 생명의 근원!!
서양식으로 표현하면
하느님의 의지이고
동양적으로 말하면
여래의 법이다.

태아의 「무아」는
그 법칙과 정확하게
연결되어 있었다.
여래의 법의 정확함과
같이 있었다.
그러나 아의식과 더불어
여래의 법과의 연결이
끊어진다.
아의식이 움직이는 곳에
여래의 정확성이
소멸되어간다.

그래서 아의식은
더욱 과실을 겹쳐서
보다 더 무거운 「고」에로
자신의 수명을 진행해간다.
그리고 점점 마음이 비뚤어지고
한정없이 악순환의
끝장까지 도달하는 곳!
그곳이 생과 사를
초월한 차원에서의
지옥인 것이다.

아의식은 보기가 흉하다. 모든 사람의 마음을 불쾌하게 한다. 아의식은 어리석다! 자신 마음이 추함을 모른다.

아의식은 어리석음과 추함을 계속해서 표현할 뿐이다.

현실생활중에 있어도 「아」를 주장하고서 고집을할때 자신의 마음의 어리석음과

거기에는 아무런 이로운 것도 없고 가치가 있는 일 등이 무엇하나도 흡수되지 않는다.

아의식은 올바름을 거절한다. 올바름에 대하여 분노로서 저항한다. 괴실을 과실그내로 고집 통과한다. 승부투쟁에 매달려서 싸움하는 마음에서 떠나지 않는다. 그 모든 일이 생명의 올바름에서 벗어나 있다. 출발점의 「고」를 더욱더 증대시킬 뿐이다. 거기에는 올바른(여래)힘과 연결되는 것은 아무것도 없다.

아의식이 육성될수록 자아고집도 증대한다. 아의식이 움직일수록 성격도 기울어지고 있다. 아익식이 강활수록 정신연령은 유치하다. 그리고 아의식이 비뚤어지면 운멍을 결정적으로 불행하게 조심해 간다!!

"에고"라는 아의식은 암세포와 같은 것이다. 자기존재를 확립시키기 위하여 존재의 조건 그자체를 파괴한다. 그리고 자기도 마지막에는 자멸한다.

"에고"나 "암세포"도 그러한 숙명을 가지고 있다. 지금의 인류가 그러한 숙명을 가지고 있다. 지금의 인류가 그러한 경향이 있다.

이 아의식을 일시적이나마 억압시키는 행위 그것이 「공」의 명상이다. 공의 명상이 실현되면 의식은 공을 실감한다. 공의 실감이란 것은 일시적으로 아의식이 제거된 상태이다. 거기에는 일체의 아의식이 움직이지 않는다. 의식이 있어도 생명 원래의 의식만이다.

그것은 태아가 태내에 있을때 있을때와 같은 의식이다. 올바른 생명조건에 맞을때의 의식이다.

제2장부터는 드디어 「십이인연」에 숨겨진 혼과 영과 현실의 실상에 대하여 이해가 가도록 한다!

이야말로 우리들의 숙명이나 운명과 같이 있는 행, 불행과 밀접하게 관계되는 "갈마"의 문제다. 이것을 이해한다면

미신으로 생각되는 지옥이 실은 어떠한 의미로 된것인가를 알수 있게 되고 덮어 놓고 무시할수가 없게 된다.

그뿐아니라 지금살고 있는 이 현실중에서 자신의 생명과 그 생존법에 대하여 적극적으로 책임을 느끼게 되는 것이다.

그리고 「팔정도」중에서는 단지 「바른견해」라고하는 의미로서 처리되어 있다. 「정견」이란 말이 얼마 우리들의 실생활중에서 중대한 문제를 제기하여 있는가를 느끼게 될것이다.

얼마나 세상의 상식이나 도덕이란 것이 광기관념, 광기의 가치감을 토대로해서 성립되어 있는가를 느끼고 놀랄것이다.

더구나! 현실에 세상은 거기에서 해결되지 않는 비극과 불행을 한정없이 조성하고 있다. 모든 것이 무명인 까닭이다

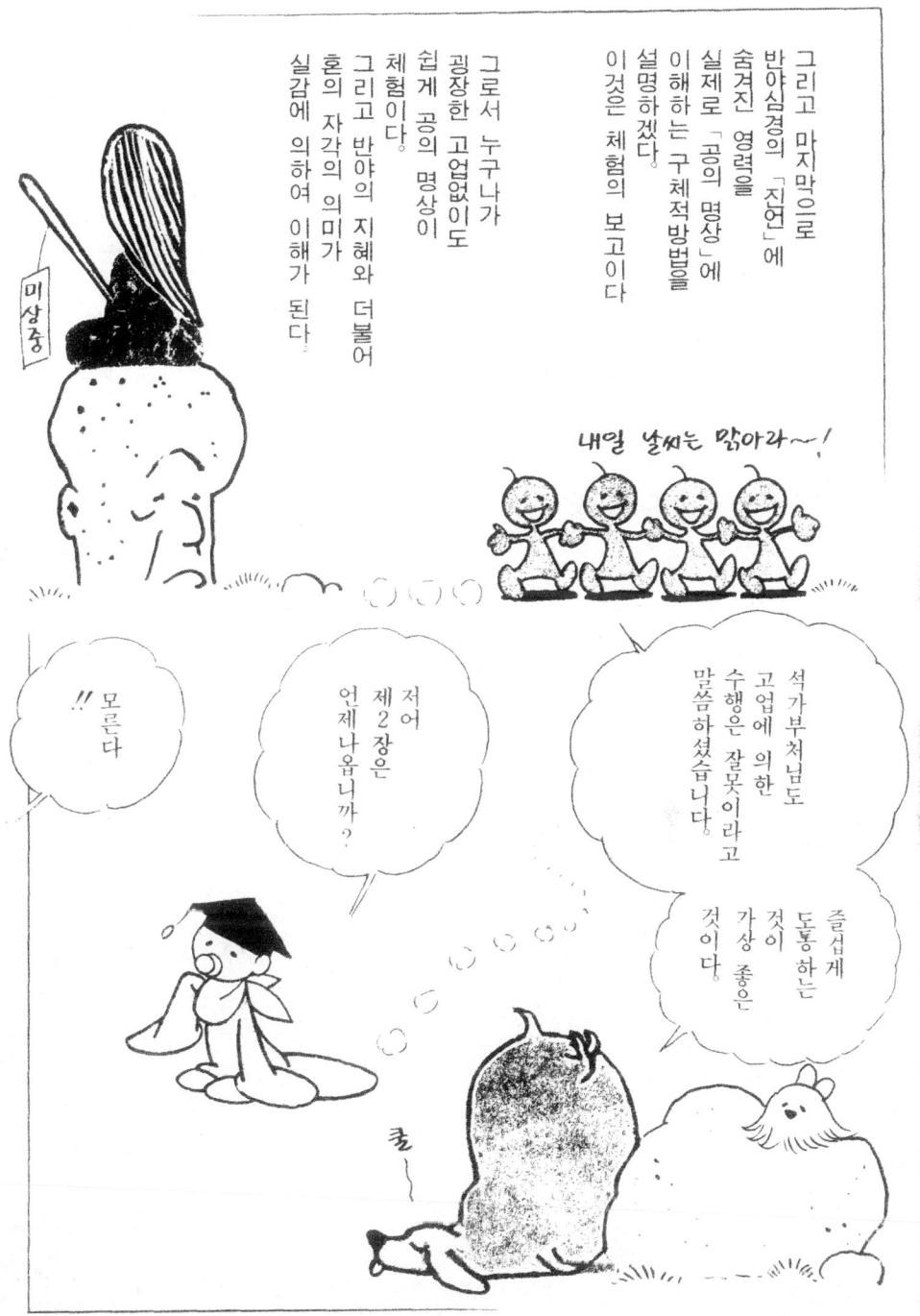

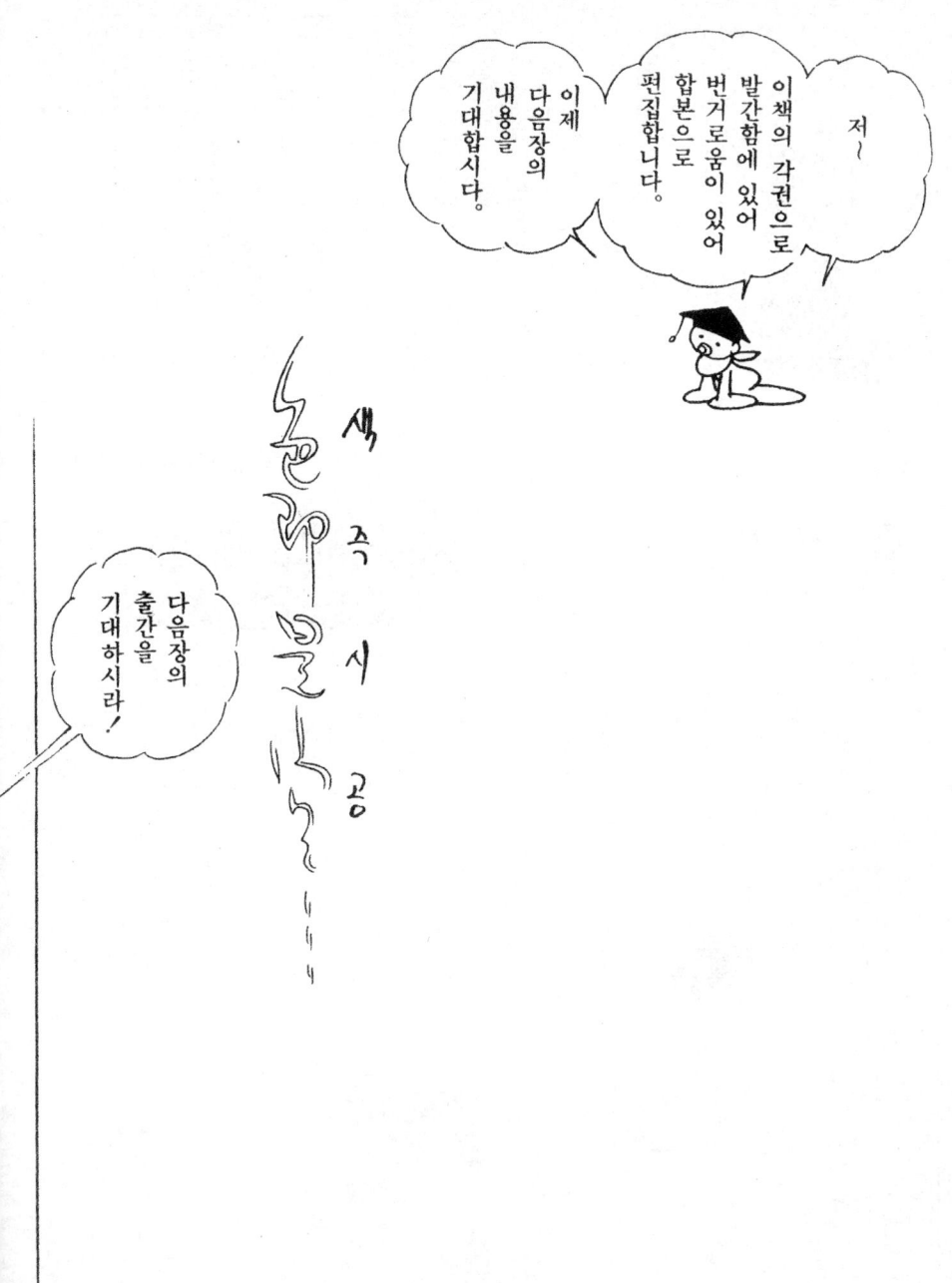

만화 엣세이로서 엮은 「반야심경」

第2章 갈마가 造成하는 運命과 宿命

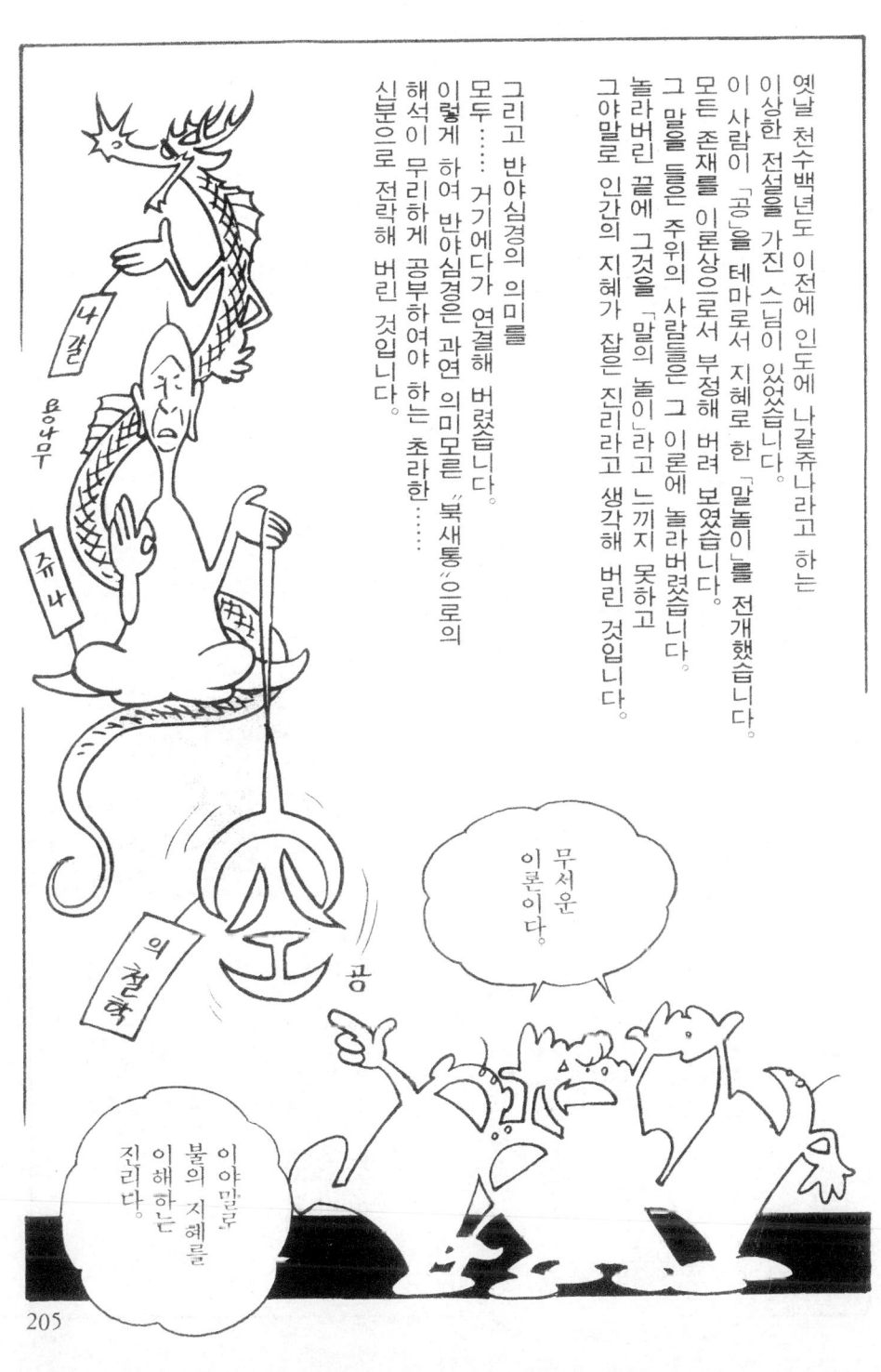

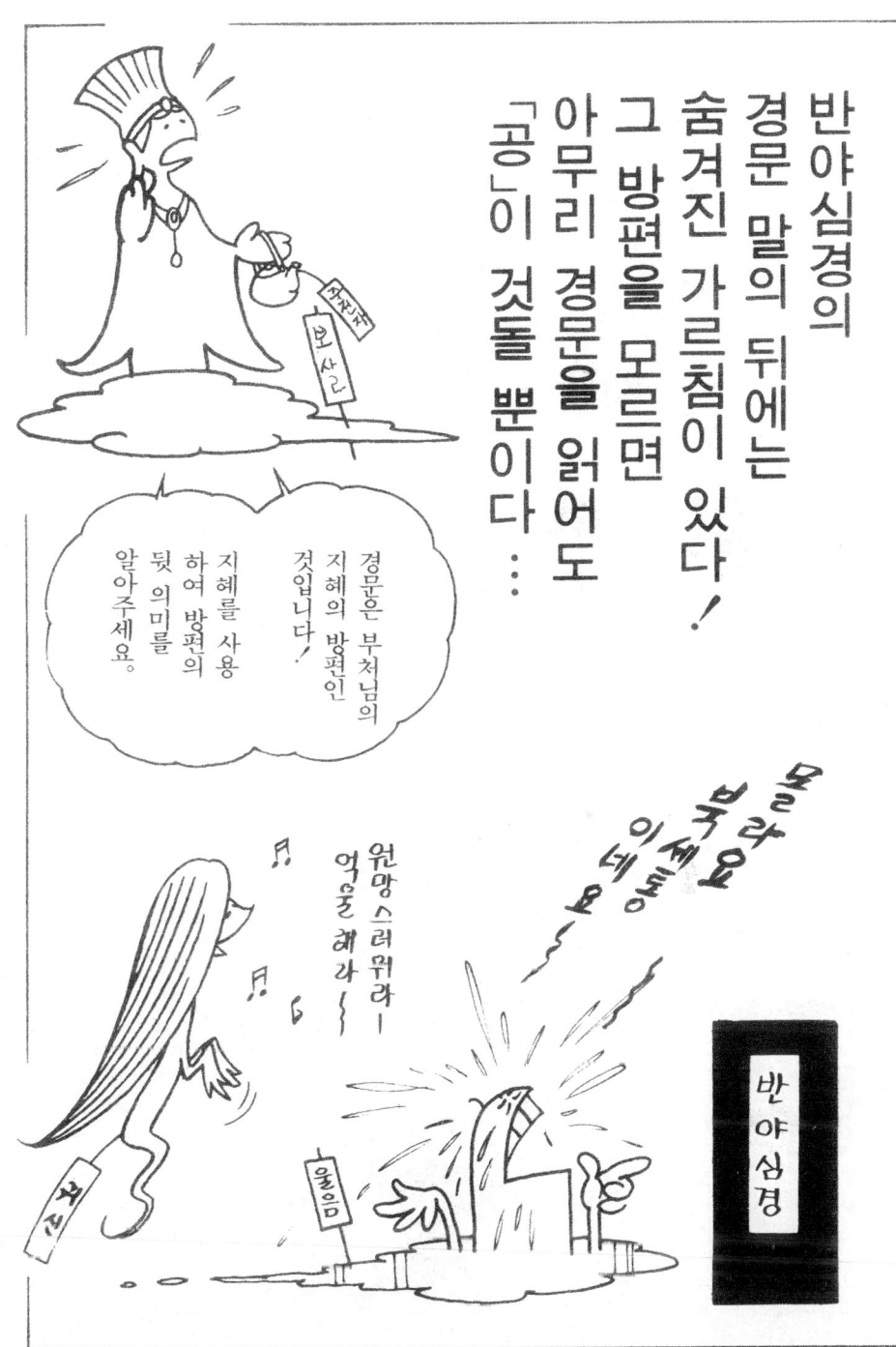

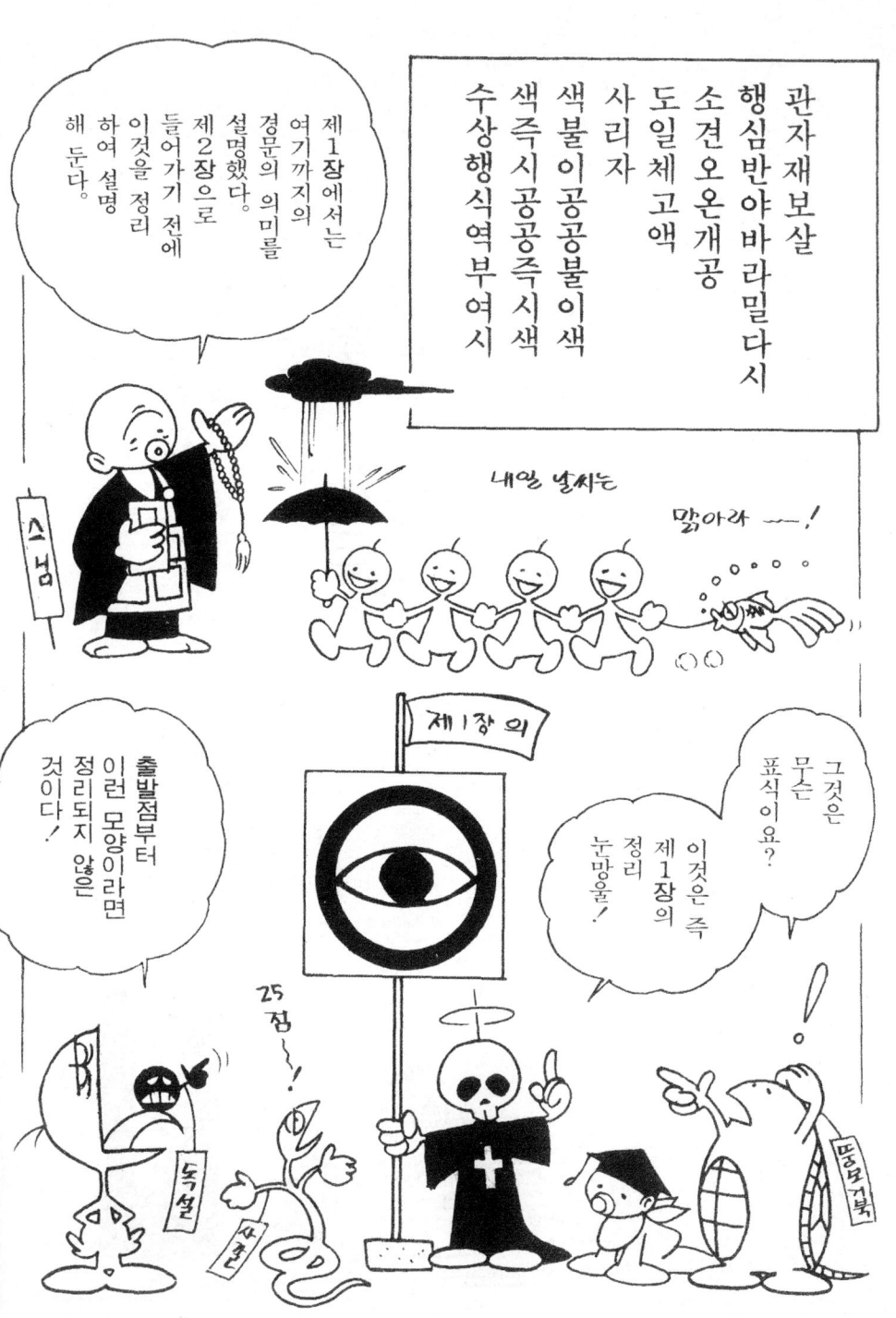

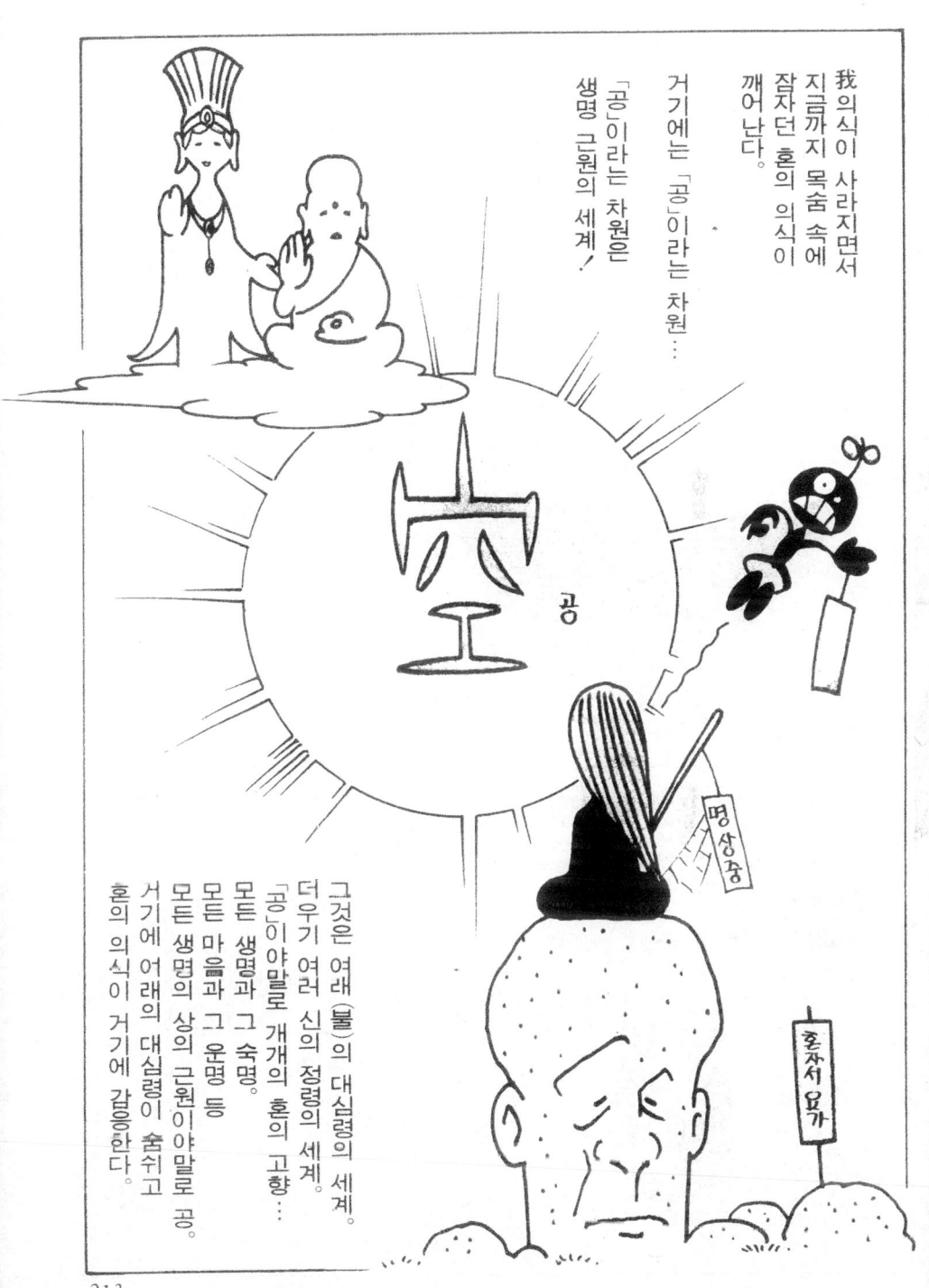

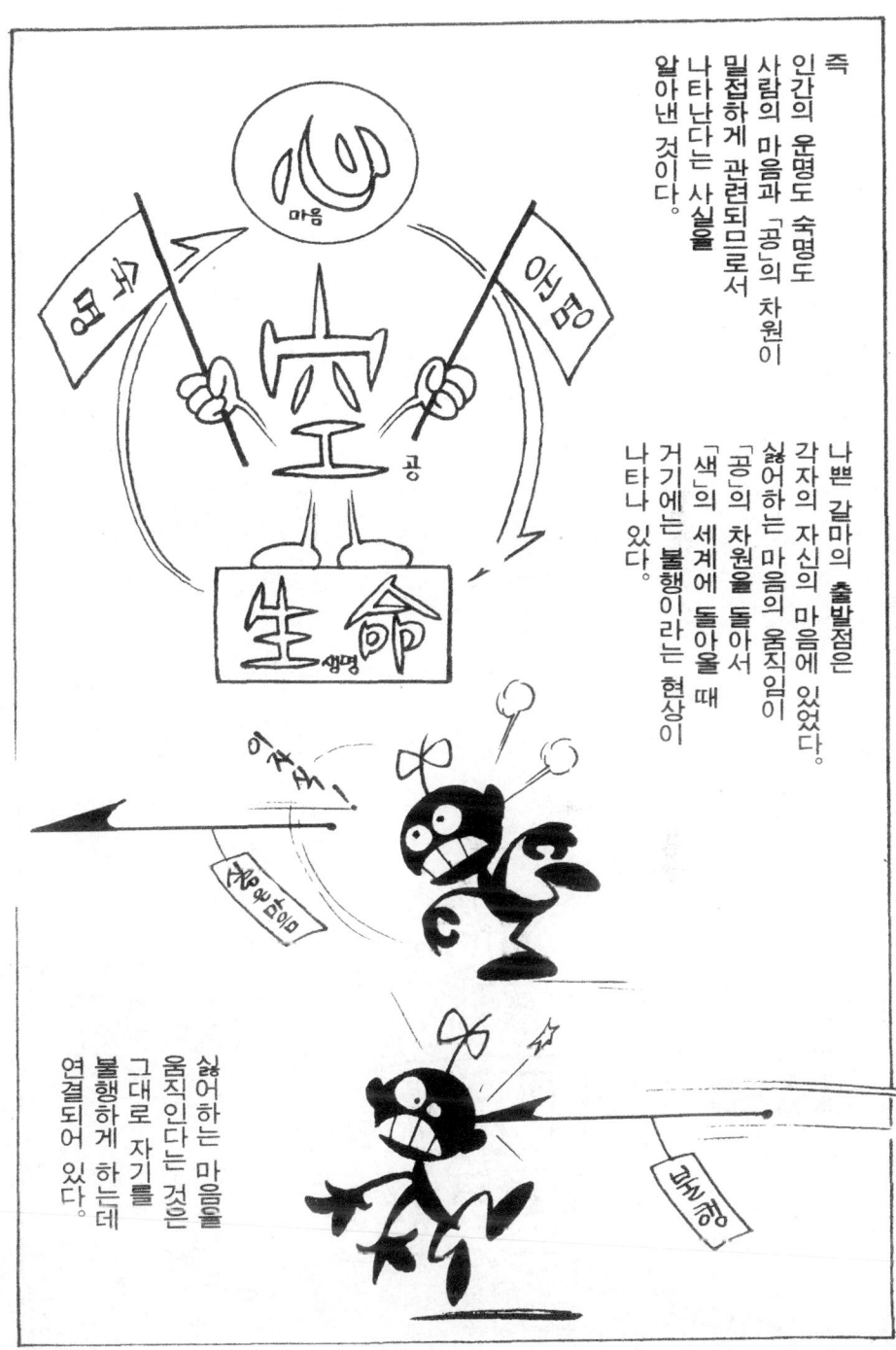

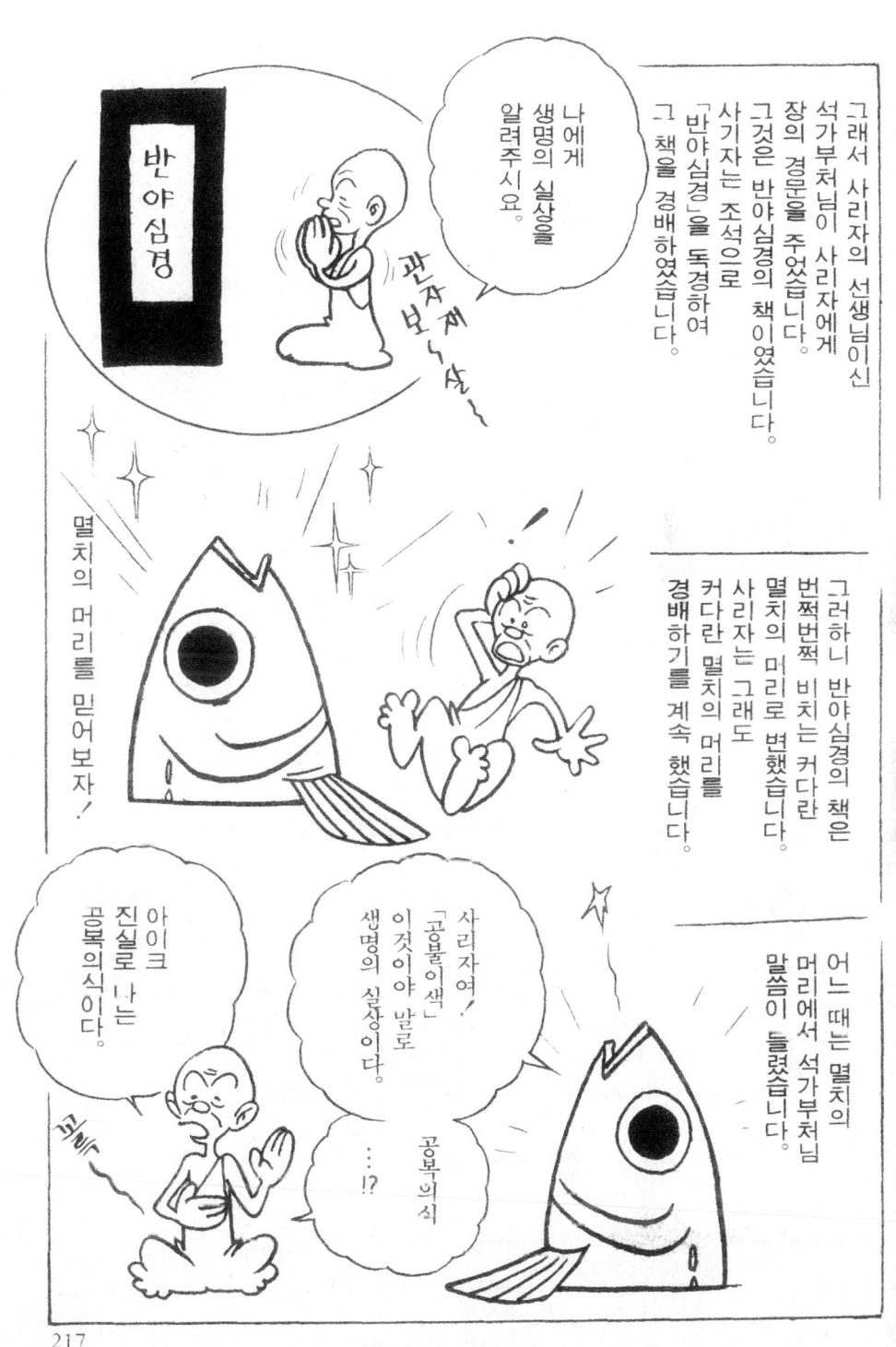

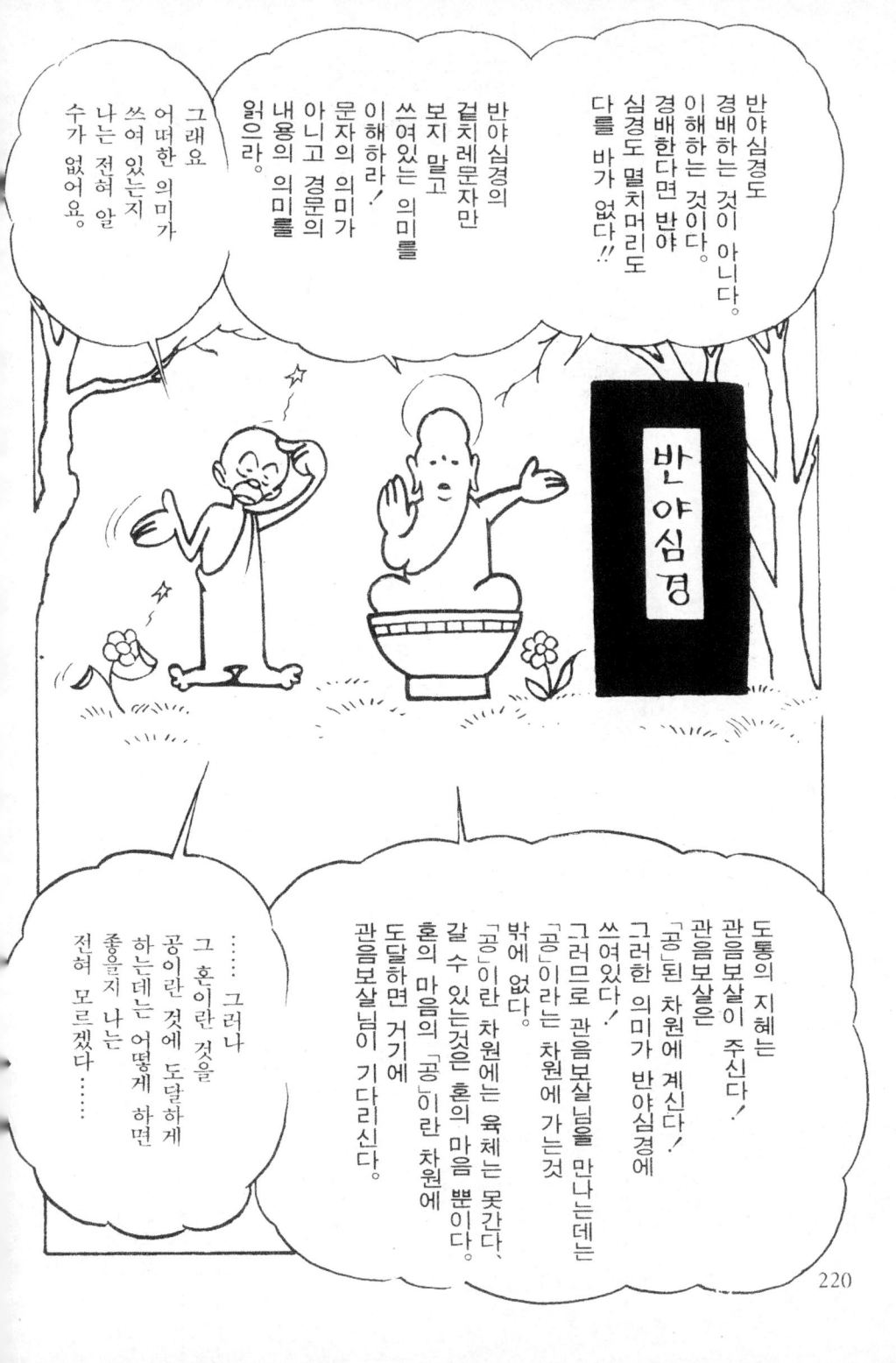

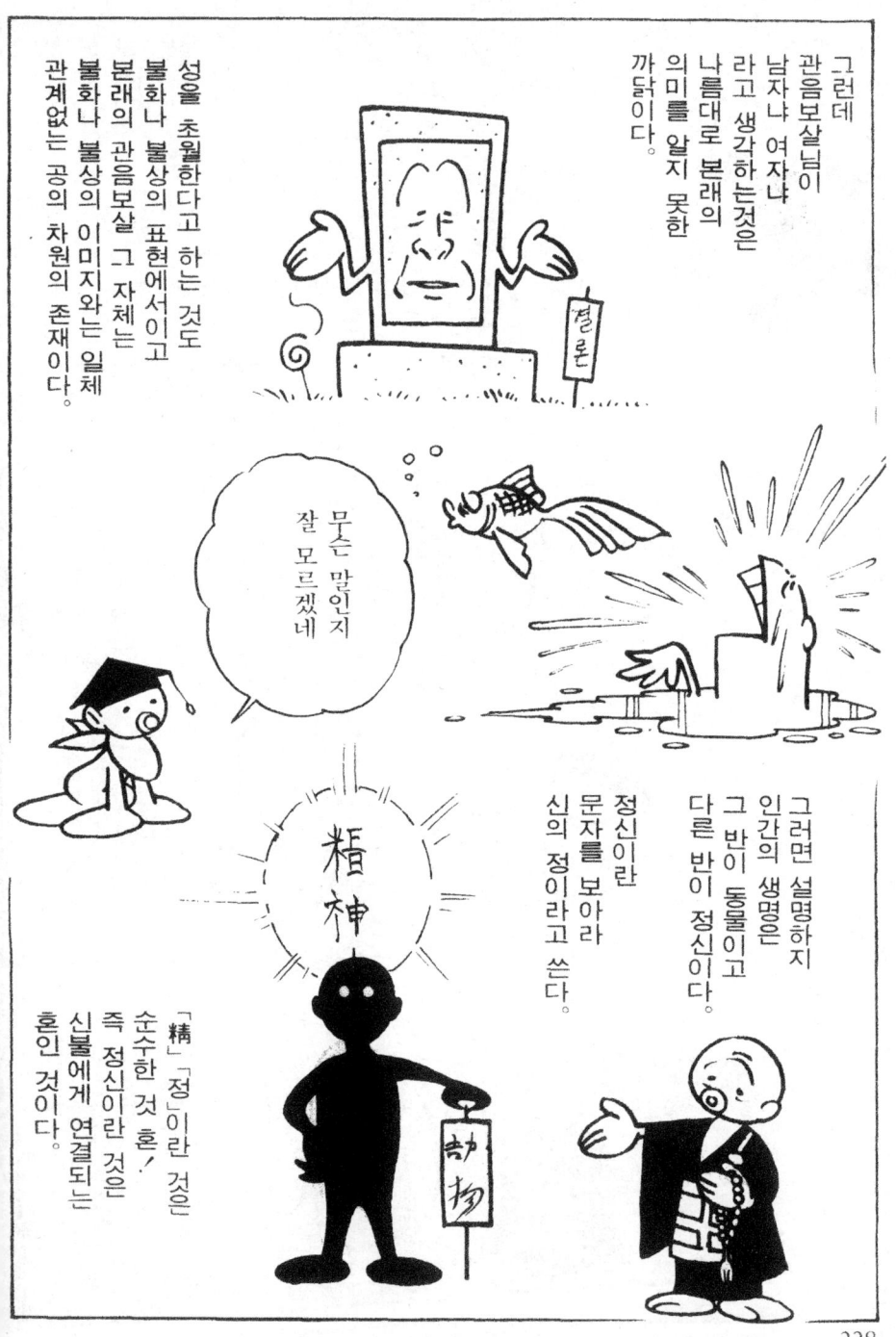

그런데 관음보살님이 남자냐 여자냐 라고 생각하는것은 나름대로 본래의 의미를 알지 못한 까닭이다.

성을 초월한다고 하는 것도 불화나 불상의 표현에서이고 본래의 관음보살 그 자체는 불화나 불상의 이미지와는 일체 관계없는 공의 차원의 존재이다.

무슨 말인지 잘 모르겠네

그러면 설명하지 인간의 생명은 그 반이 동물이고 다른 반이 정신이다. 정신이란 문자를 보아라 신의 정이라 쓴다.

精神

「精」「정」이란 것은 순수한 것 혼! 즉 정신이란 것은 신불에게 연결되는 혼인 것이다.

한편으로 남여의 성은 인간의 동물면의 나타남이다.

관음보살님은 확실하게 인간의 모습으로 표현되어 있으나 거기에 표현되는 것은 어디까지나 인간의 정신면이다. 거기에 인간의 동물면과는 일체 아무런 관계도 없다.

즉 「성」과는 전혀 관계가 없는 것이다.

모습이 인간의 남·여로서 표현되었다고 하여 보는이가 거기에 인간의 동물면까지 첨가해서 생각한다면 이것 역시 바보같은 탈선이 된다.

그래… 그렇다면 어째서 불도나 불상에서 관음보살님이 남·여로 표현되어 있읍니까?

음…… 그것은 바야흐로 관음보살님의 본래의 의미에 연결되는 좋은 질문이네

부처님의 자비는 이지의 화신으로 되어 있다. 자비심은 이미지로서 모성적이다. 그리고 이지는 부성적이다.

그러하므로 관음보살님도 남자나 여자로 나뉘어져서 표현된 이유이다.

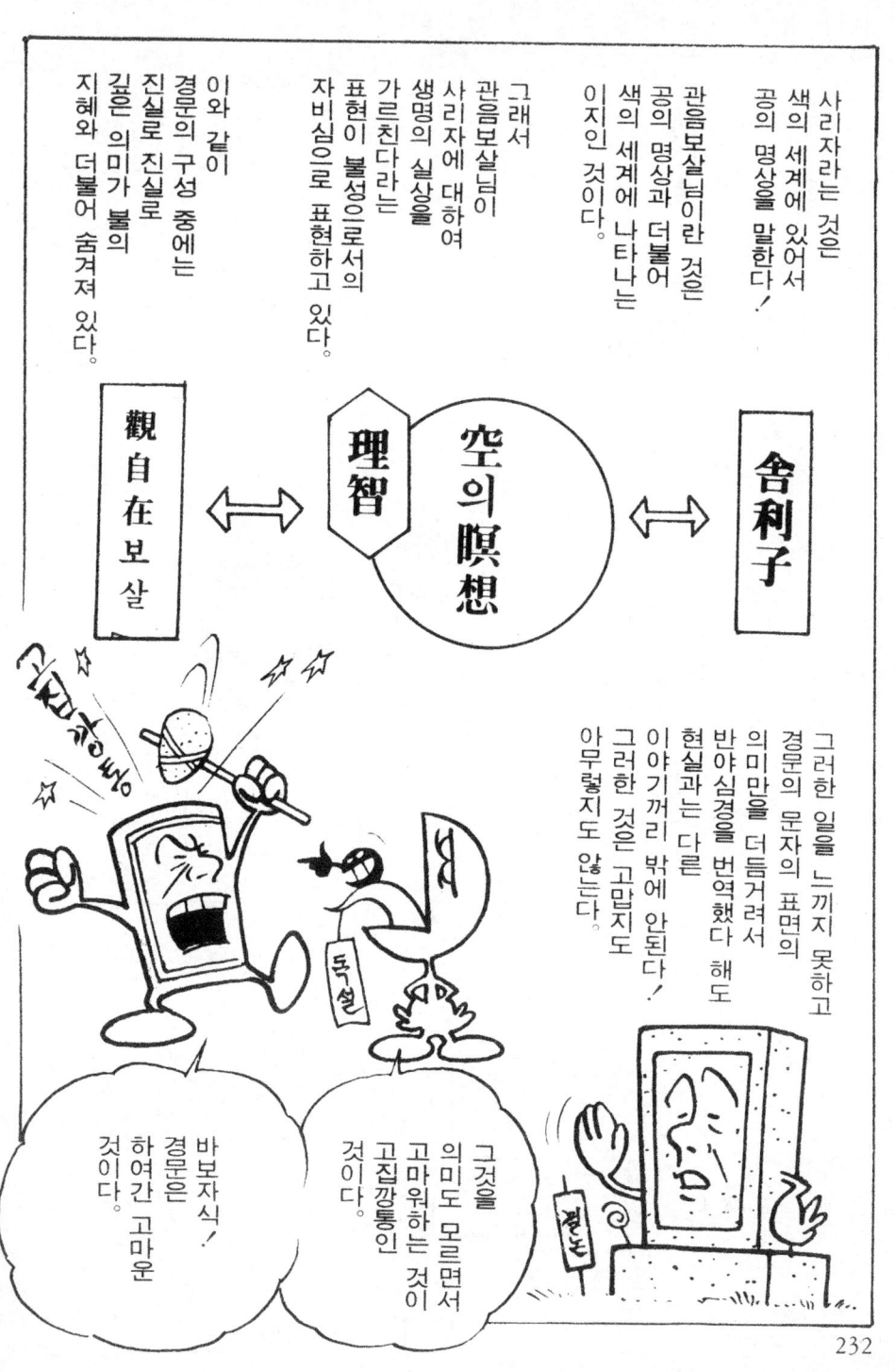

관자재보살
행심반야바라밀다시
소견오온개공
도일체고액
사리자
색불이공공불이색
색즉시공공즉시색
수상행식역부여시

이야말로 경문 뒤에 숨겨진 부처님의 가르침이다.

모든 인간의 마음 속에 숨겨진 「불성」은 명상수행과 더불어 눈을 뜨게 된다.

불성으로서 나타나는 이지는 생명의 근원인 「공」을 이해하고 인간본래의 올바른 정신으로서의 자비심을 육성하여 간다.

모든 생명과 그 숙명은 「공」이란 차원에서 나타나고 있다.

모든 마음씨와 그 운명도 「공」이란 차원에 연결되어 있다.

그말 하고저 하는 것은 명상수행이야 말로 「공」을 아는 길이고 공을 아는 것이 생명의 실상을 이해하는데 연결되는 것임을 가르치고 있는 것이다.

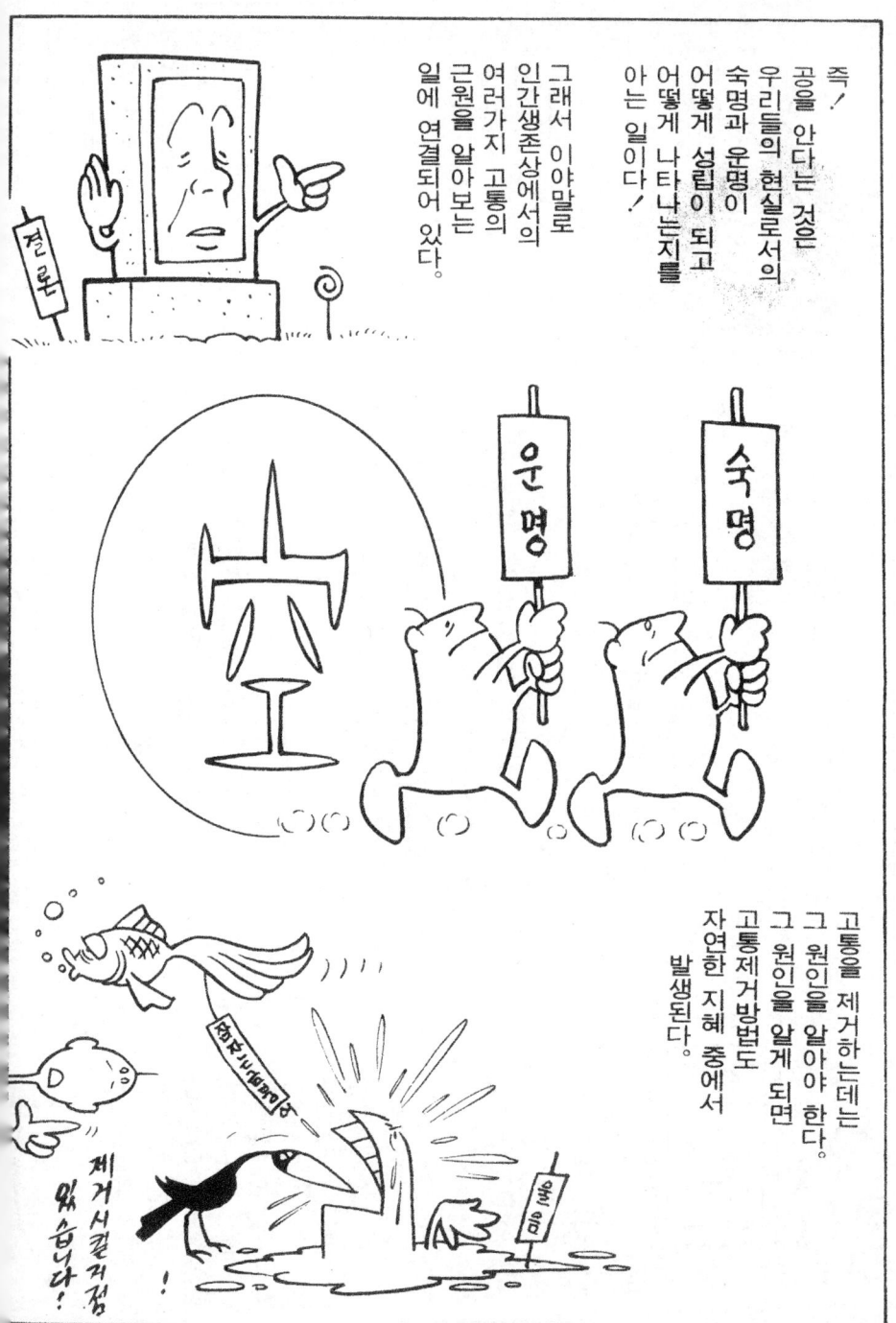

사리자 시제법공상
불생불멸 불구(垢)부정 부증불감

(사리자야! 제법은 공상으로서 발생되지 않고 줄어지지 않고 때묻지 않고 청결하지 않고 증가하지 않고)

샤리포드라야!
모든 현상은
존재의 법칙성 중에서 성립되어 있다.
존재의 법칙성 그 자체에는 相이 없고
발생되지도 밀축되지도 않는다.
더러움과 청결됨을 초월하고 있으며
증가되거나 밀축되지도 않는다.
존재의 법칙성 즉 「空」은
영원의 차원에 존재한다.

불교에는 부처님의 지혜를 사람에게 전하기 위하여 여러가지 방편이 쓰여진다.

불지를 관음보살님에 비유하고 명상수행을 사리자로 바꾸어 둔 것도 모두가 방편이다.

방편이나 비유의 의미를 느끼지 못하면 경문은 아무런 가치가 없는 보통이야기가 된다.

그뿐 아니라 모든 종교에는 부속물이 되어있는 미신이나 푸닥거리도 방편이나 비유이야기의 의미를 느끼지 않는데서 발생되는 것이다.

미신에 푸닥거리대면 부처님의 지혜도 죽어버린다.

방편과 마음의 정화

그런데 그 방편이야말로 부처님의 지혜이다.

부처님의 방편!?

가령 관음보살님이나 사리자를 방편으로 쓰지 않고 직접 명상하라! 그것이 불성에 눈뜨게 하는 방법이다!! 라고 말했다고 해도…… 모두가 그 기분이 되겠느냐

미안하네!! 명상이란 것이 지겹고 싱거운 것이네 ……!!

방편 하고 잠잔 것이 좋다!

벼란간에 어려운 불교철학을 들을 마음이 나느냐?

어려운 것이 실증 와—

죽은 것이 솔찬아—

절놈

그러한 까닭으로 마음이 삐뚤린 중에는 지혜를 구했다 하더라도 얻어지는 지혜는 나쁜 지혜 뿐이다.

우선 그 마음의 삐뚤림을 교정하지 않으면 올바른 지혜는 얻을 수가 없다.

삐뚤어진 마음 그대로 아무리 명상을 흉내 내어도 불지가 솟아나지 않는다.

무엇보다도 마음의 정화가 되어야 하며 일평생 명상을 흉내낸다 해도 아무것도 소득이 없는 것이다.

마음의 정화란 것은 어떠한 것입니까?

마음의 정화가 없이는 안되는 존재야말로 부처님의 성령인 것이다.

마음의 삐뚤림은 깊은 마음의 상처에서 일어난다.

인간이 탄생하고 육성되는 중에 여러가지 「고」를 체험하여 마음 깊이 상처를 남긴다.
그 상처에서 어느듯 모르는 사이에 마음이 삐뚤어지게 된다.
마음의 정화란 것은 그러한 마음 깊은 상처를 교정시키는 것이다.

마음 표면의 감사는 항상 생명 밖으로 쏠린다.

혼의 감사는 생명 속으로 쏠린다.

마음의 감사는 「색」의 세계에의 감사이다. 무엇을 얻고서 감사한다. 친절을 받아서 감사한다. 기쁨을 받아서 감사한다. 이와 같이 감사의 대상이 항상 외부세계에 있다.

그 감사는 생명 속으로 향하지 않는다.

그러나 마음이 삐뚤어진 상처는 생명 속에 있고 또한 깊이 숨어있다. 마음의 표면의 감사의 깊은 마음의 상처까지에는 대이지 않는다.

외부를 향한 감사의 마음으로는 내부의 마음의 상처는 치유가 안된다. 마음의 삐뚤림도 그대로이다.

255

혼의 감사는 「공」이란 차원에 연결되는 감사이다. 혼이라는 것은 마음과 「공」을 연결하는 개개의 영성이다.

감사의 마음이 생명 안쪽에 쏠릴때 의식은 혼을 통하여 「공」과 연결된다.

「공」이라는 차원! 그것은 생명의 근원이다!

거기에 있어서 혼은 이유불문하고 부처님의 영을 느낀다.

스스로의 혼이 부처님의 성령과 「공」이라는 차원의 파동으로 연결된다.

거기에 강열한 감동이 있다.

그리고 거기에…… 무엇인가가 일어난다.

혼의 삐뚤림을 근본으로부터 교정코저 하는 생명 본래의 움직임이 있다!

생명 근원의 움직임이 시작는다.

흘리는 눈물은 옛날의 마음의 상처를 씻어준다.

그 깊은 마음의 상처는 거짓말같이 없어지고 어느듯 마음의 삐뚤림도 없어졌다.

마음의 정화란 것은 이러한 의미이다.

반야심경에 관음보살님이란 가공의 부처님으로 등장시킨 것도 사람의 마음을 우선에 정화시키기 위한 방편인 것이다.

마음이 정화된다면 명상도 진실이 된다. 그러면 불지가 자연히 솟아나온다. 그 물지가 아직 자연히 경운 중의 방편에 숨겨진 진실한 의미를 깨닫게 해준다. 그리고 부처님의 지혜와 가르침을 자신의 인생 중에 살리는 방법을 혼자서 알게 된다.

공이란 존재의 법칙

존재의 법칙이라 함은 올바른 것을 내세우고 바르지 않은 것을 없애는 움직임.

신체의 고장으로서 나타나는 병도 바르지 않는 것이 없어져 갈때 나타나는 현상.

운명 중에 나타나는 여러가지 고뇌도 또한 과거에서 지금에 이르는 갈마가 없어져 가는데 발생하는 현상에 지나지 않는다.

그것은 과거에 움직인 분원의 「마음」에 에너지가 현상화된 것이다.

그 현상 중에서 「마음」을 수복하면 그 현상과 더불어 과거의 갈마는 소멸되어 간다.

그러나 그 현상 중에서 몸부림치고 정원의 마음을 움직여가면 그것은 다음의 나쁜 갈마에 연결되고 존재의 법칙은 더욱 더 강력하게 움직이고 생명 그 자체를 소멸시키는 현상을 갈마 중에 만든다!

그러할 때 사람은 보이지 않는 실에 조종 당하듯이 생명이 떨어지는 조건 중으로 자기자신을 몰아넣고 있다!

즉 존재의 법칙에 의하여 그 존재를 소멸시키고 있다!

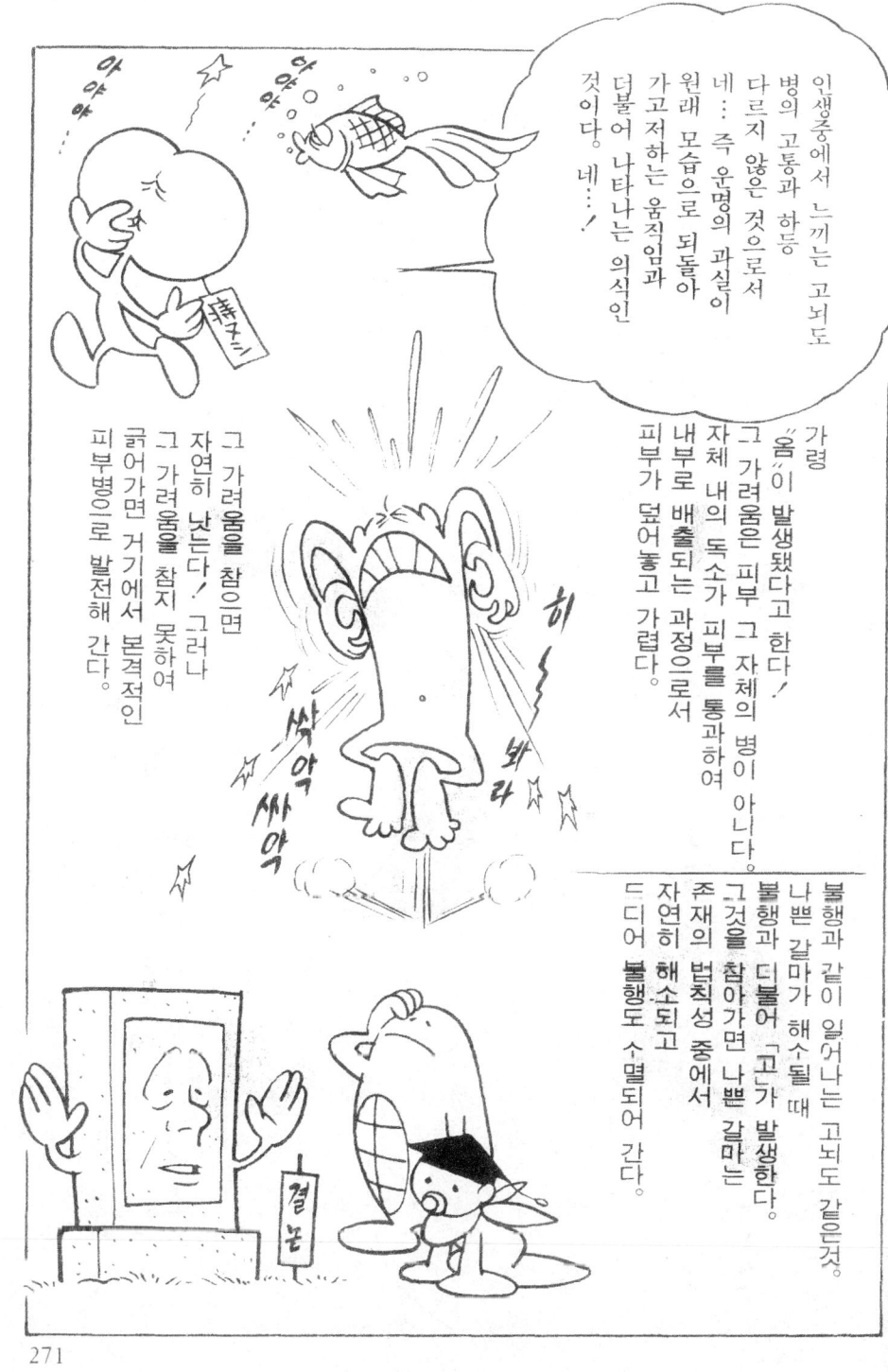

그러나 거기에 견디지 못하고 거기에 대하여 「분원」의 마음을 일으키면!! 거기에 따른 언동이 미래의 운명을 결정적으로 파괴해 버리게 된다.

분원의 마음은 모든것을 파괴하는 일종의 에너지이다.

존재의 법칙에 가장 반대되는 일이다.

스스로의 생명과 운명을 파괴한다.

자기가 분원해야 한다는 상황에 몰려 들어서는 것은 사실은 그 원인이 과거에 있어서 자신의 분원이 조성한 것이다.

그 파괴의 에너지가 「공」의 차원을 둘러싸서 자신에게 되돌아 올때 자기자신의 존재를 더욱 파괴로 몰아넣는 현상이 되어서 나타나는 것이다.

이러한 의미가 모른다면 사람은 「고」 중에서 마음이 분원해서 과실이 거듭되어서 그칠 줄 모른다 운명도 거기에 따라 나쁘게 된다.

따라서 그 갈마를 해소시키고저 하면 분원을 일으키는 「고」를 견디어 내는 일이다.

「고」에서 마음을 분원쪽으로 움직이지 않는 일이다.

지금 과거의 갈마가 소멸되어 가고 있다! ……라고 하는데 마음을 정하는 일이다!

"옴"의 가려움을 이것은 지금 체내의 독소가 소멸되어 가고 있는 현상이라고 안다면 피부를 긁지말고서 견딘다는 것과 같이 과거의 과실의 결과가 이 정도의 것으로서 그쳐서… 정말 참 좋았다!! 라고 생각하면 분원되지도 않고 고를 현상으로서 바라볼 수 있다.

갈마의 無消

「제법공상」의 문자 중에 숨겨진 가르침이란 것은 —

「제법」으로서 표현되는 우리들의 운명이나 숙명은 형편은 돌아가는 대로 정해지는 것이 아니란것. 운면도 숙명도 필연적인 것이다. 그렇게 될 법칙성 중에서 그렇게 되어 있다고 하는 일이다! 행복도 불행도 행운도 재화도 필연의 법칙성과 더불어 성립되어 있다.

그 출발점에는 항상 자신의 「마음」이 움직이고 있다. 마음이 행동을 재촉하고 그것이 갈마가 되고 「공」의 차원으로서 연기법칙을 둘러싸고 그리고 현상이 되어서 자신에게 되돌아 온다.

憤怒

우리들은 그러한 결과만을 운명이라든가 숙명이라든가 부른다! 그러나 그 모든것은 자기자신이 만든 것이다.

273

사건의 성립은 절대법칙대로 되어간다. 거기에는 약간의 흐름도 약간의 속임수도 없다. 성립되기 위하여 필연적 성립!! 그러한 존재의 법칙과 더불어 인간의 운명이 있다.

인간의 운명의 선악은 인간의 생활 방법이 혹은 마음가짐이 존재의 법칙에 달렸는지 존재의 법칙에 위반되는지 구분되는 표정이다.

이렇게 하면 저렇게 되고! 저렇게 하면 이렇게 된다 라는 원인과 결과의 필연적 끈의 연결 중에서 운명은 현실화 되어간다.

그것이 내세의 숙명으로 계속되어 간다.

諸法空相

이와같이 제법공상이라는 말 중에는 갈마의 법칙 성을 알아라! 라는 의미도 포함되어 있다.

사람들은 각자가 여러가지의 「숙명」을 가지고 태생한다.

생존조건으로서 생명에게 박혀있는 것 그것이 「숙명」이다.

남자라는것… 여자라는것…

태생시부터 생명력이 강한것 약한것…

아름다운것… 흉하게 생긴것… ……

이러한 것은 각자가 가지고 태생한 숙명이다.

더욱이는 훌륭한 부모에서 태생하는것. 어쩔 수 없는 사정의 부모에서 태생하는 것.

행복한 환경… 불행한 환경…

때로는 오체가 만족하지 못한다든지 태생시부터 신체 움직임에 지장이 있는 사람도 있다.

그러한 것도 모두가 숙명이다.

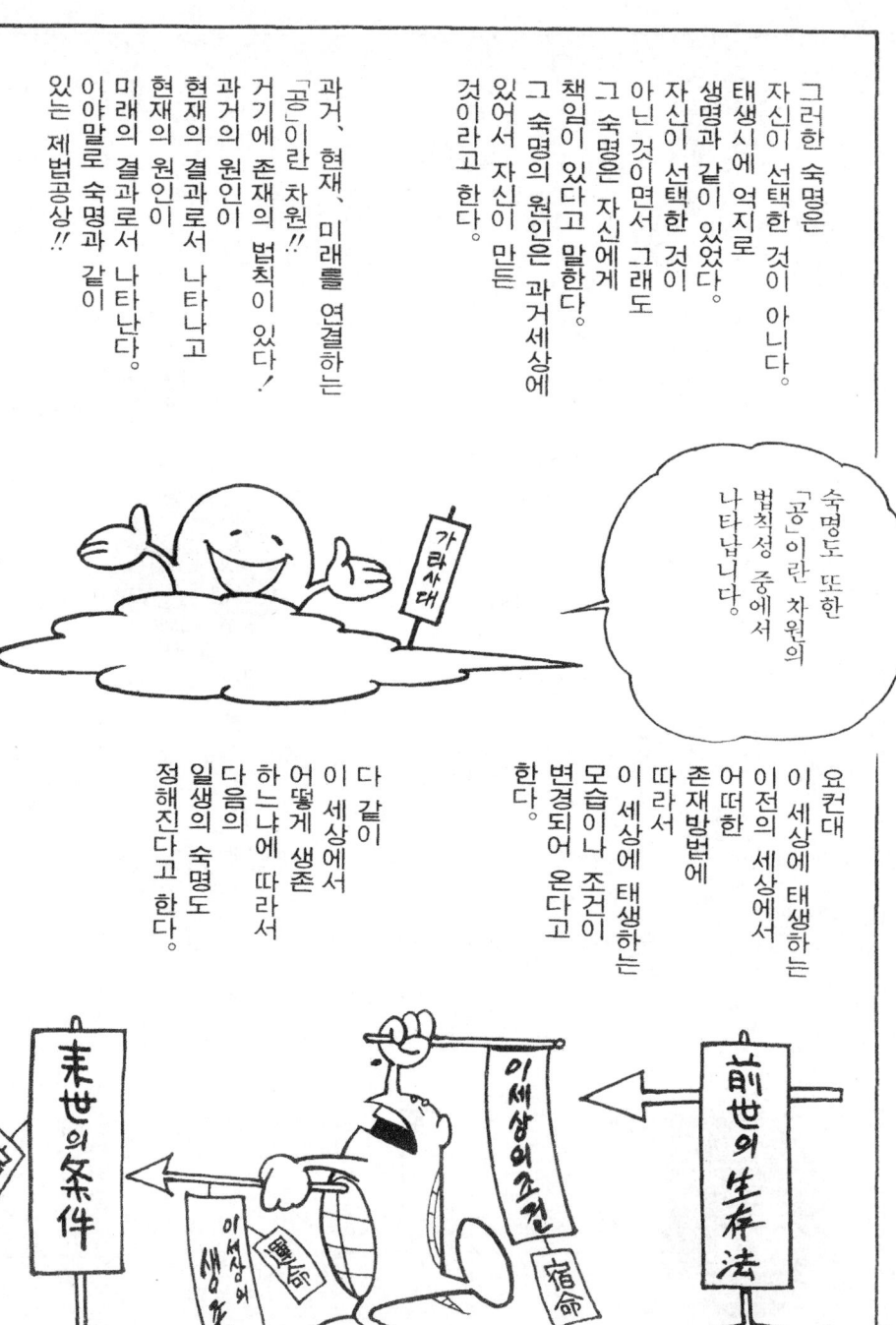

사람은 까마득한 과거에는 도마뱀이나, 뱀이나 개구리 등 또는 고기의 시대도 현실로서 지내 왔다는 사실이다!!

인간의 개개인이 전생에 있어서 어떠한 생물이었는가 하는 것은 우리들에게는 알 수가 없다!

그러나 인간 전체로서 과거에 있어서는 하등한 생명상태를 숙명으로서 살아왔다 라는 사실만은 바야흐로 확실해지고 있다.

인간의 유전자가 재현한다. 태고의 역사! 그것은 인간도 그 옛날에는 인간이 아니었다고 하는 사실을 말하고 있다.

모든 인간이 제법공상 중에서 여러가지로 변화한다. 숙명과 같이 고기에서 인간에까지 진화해 왔다는 것이다.

그리고 더욱 미래에 계속되는 숙명도 「곤이라는 차원의 법칙성에 의하여 우리들의 현실이 되어서 나타나는 것이다.

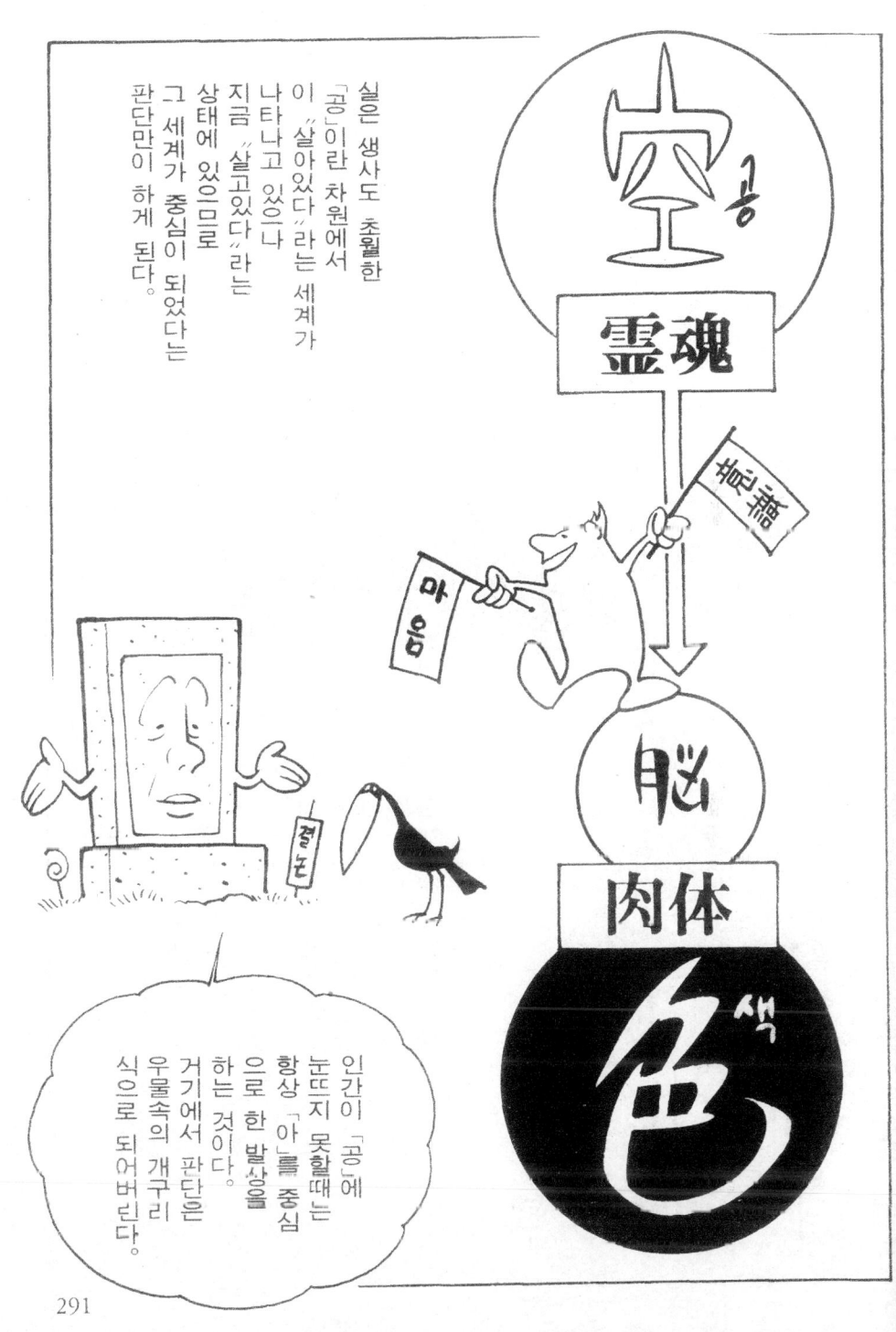

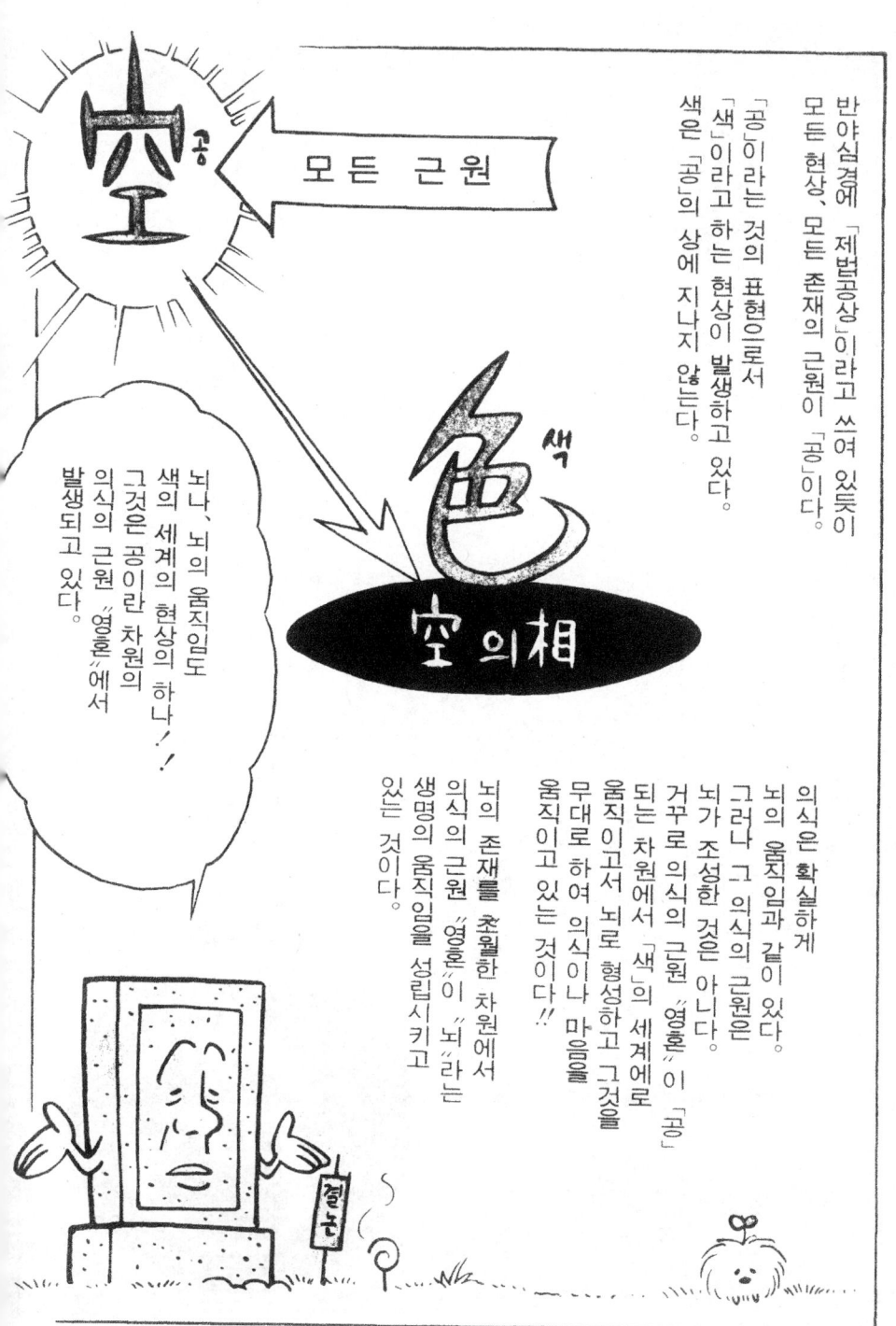

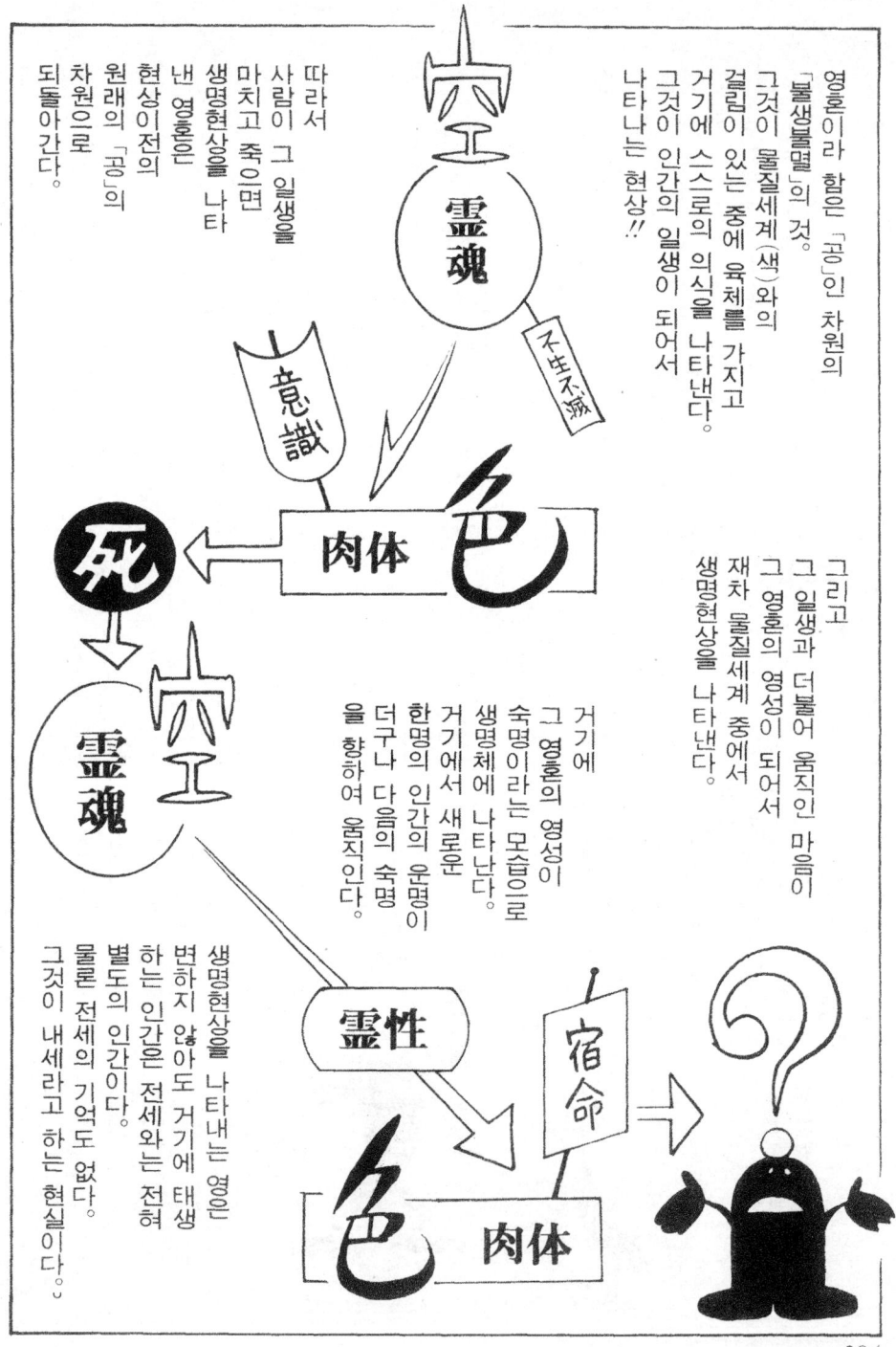

「공」이라는 것은 색으로 기울어진 각도로 파악하여 보면 공을 생존하는 이 일생이라는 틈바구니 속만의 문제로서 납득하여야 된다. 인간은 죽어지면 그만으로서 생사를 초월한 차원 등이라는 것은 일체 인정되지 않는다. 태도로 연결된다.

응아— 하고 탄생하고서 죽는다! 라고 하는 죽을때 까지가 모두이고 탄생이전 죽은뒤 등은 일체 관계 없다는 생각에 연결되어 있다.

잘못 되었네— 그렇게만 생각했으므로 아무것도 없지 않나!

으앗!

그러나「공」이란 것 원래가 「불생불멸」이라고 설명되고 있듯이 생사를 초월한 차원의 것이다. 그것을「색」이라고 하는 이 일생중으로 가두고저 하는일 자체가 무리한 이야기이다. 대해를 적은 지중으로 이전코저 해도 무리이다.

지구를 지구의 속에 가둘 수가 없다. 생명현상의 근원은 생사의 세계를 초월하고 있다.

그것을「생」이라는 일생중만으로 설명 하고저 하는데「색」으로 기울어진 잔소리가 나온다. 그것은 정말 넌센스다.

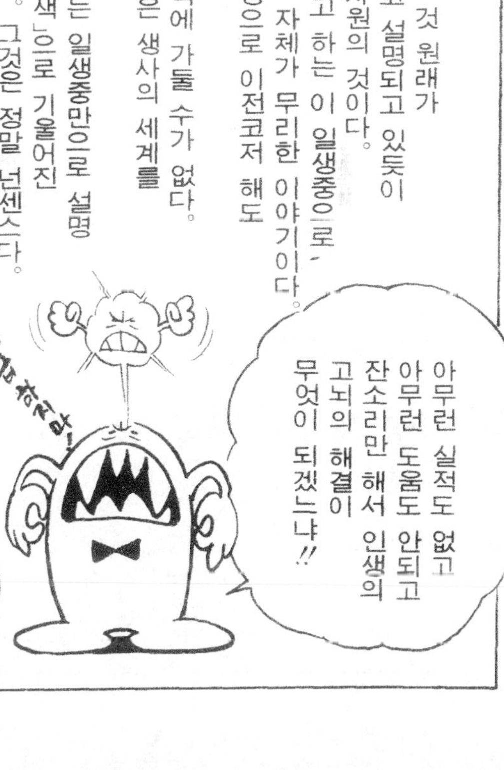

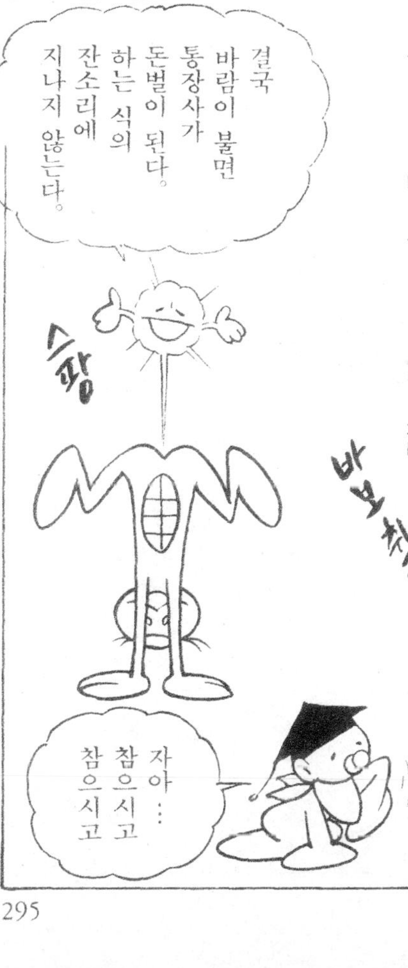

결국 바람이 불면 통장사가 돈벌이 된다. 하는 식의 잔소리에 지나지 않는다.

슈팡

바보최고찬란함

자아... 참으시고 참으시고 참으시고

아무런 실적도 없고 아무런 도움도 안되고 잔소리만 해서 인생의 고뇌의 해결이 무엇이 되겠느냐!!

―― 성령으로부터의 메세지 ――

인간의 생명을 「공」이란 차원으로 더듬어가면 「영」이 된다.

인간의 마음을 「공」이란 차원으로 더듬어 보면 「혼」이 있다.

인간의 정신진화를 「공」이란 차원으로 더듬거리면 거기에 「부처님의 성령」이 있다.

모든 현상을 「공」이란 차원으로 더듬거리면 거기에는 「여러 신들의 성령」을 본다.

모든 「공」이 도달하는 곳에 존재를 초월한 「초존재」 즉 근원이 되는 것에 일대심령이 있다.

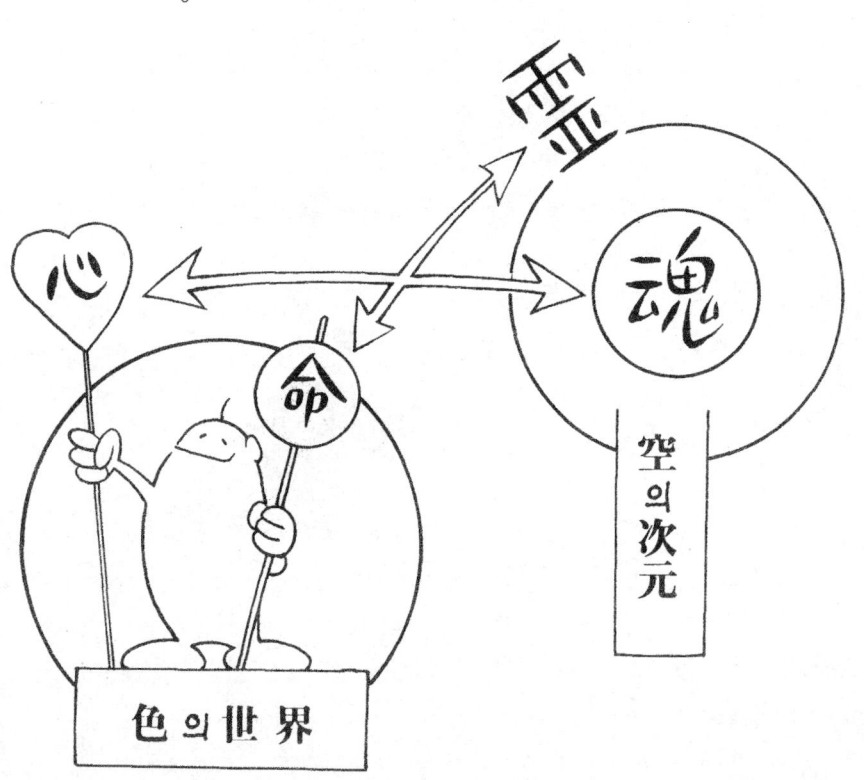

「령」이라 함은
공이란 차원의 개개의 생명
「혼」이란 것은
공이란 차원의 개개의 마음
「불」이란 것은
공이란 차원의 진화를 정한 정신
「여러 신」이란 것은
존재의 법칙성의 인격적 표현
「일대심령」이란 것은
존재의 근원 즉 「공」 그 자체이다.

「공」이라는 령이 「색」의 세계에 생명이 되어서 나타난다.
「공」이라는 혼이 「색」의 세계에 마음이 되어서 움직인다.
「공」이라는 불의 이념이 「색」의 세계의 정신진화를 촉진시킨다.
「공」이라는 「여러 신」의 힘이 「색」의 세계의 모든 현상을 실체화시킨다.

그리고 「공」 그 자체는 스스로를 나타내고저 하는 일대심령의 파동이다!

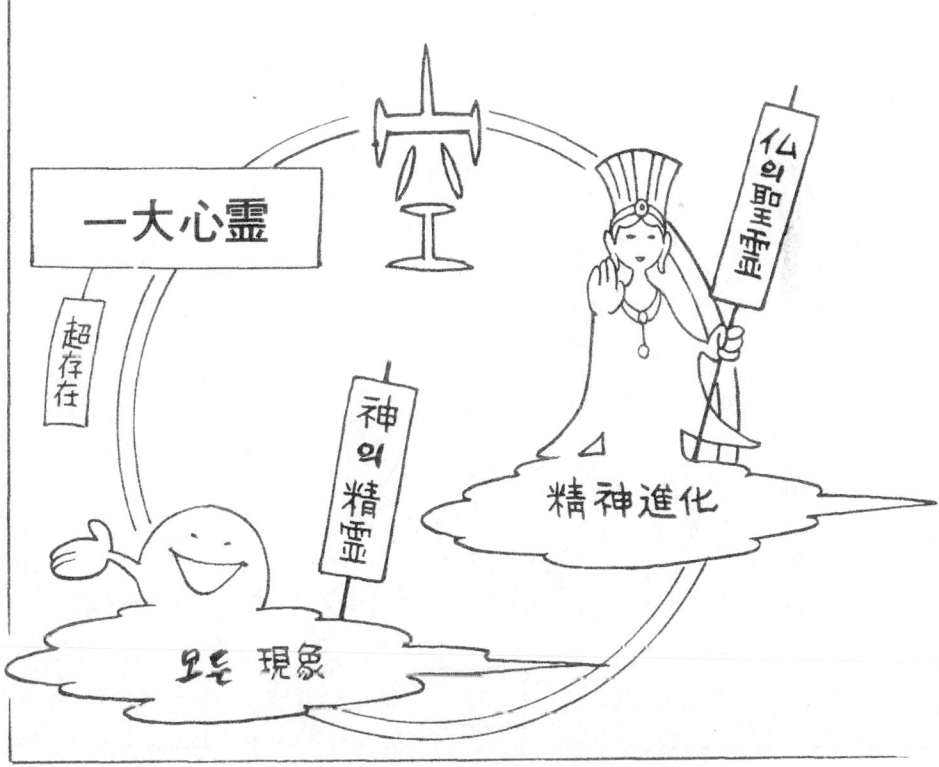

불생불멸 불구부정 부증불감

그런데 옛날의 해석은 그것을 고맙게 생각하는 사람에게 맡겨버리고 이쪽은 경문에 숨겨진 더욱 깊은 의미를 더듬어 보자.

시제법공상
불생불멸
불구부정
부증불감

이것은 공의 상을 세개의 도로서 표현되어 있다.

不生不滅 / 不垢不淨 / 不增不減

靈 / 魂 / 法

즉
「령」으로서 「공」은 「불생불멸」이다.
「혼」으로서 「공」은 「불구부정」이다.
「법」으로서 「공」은 「부증불감」이다.
라고 설명해 있다.

불생불멸(령)과 불구부정(혼)으로서 개개의 생명현상의 본실을 설명하여 부증불감(법)은 모든 현상 전체의 설명으로 되어있다.

경논

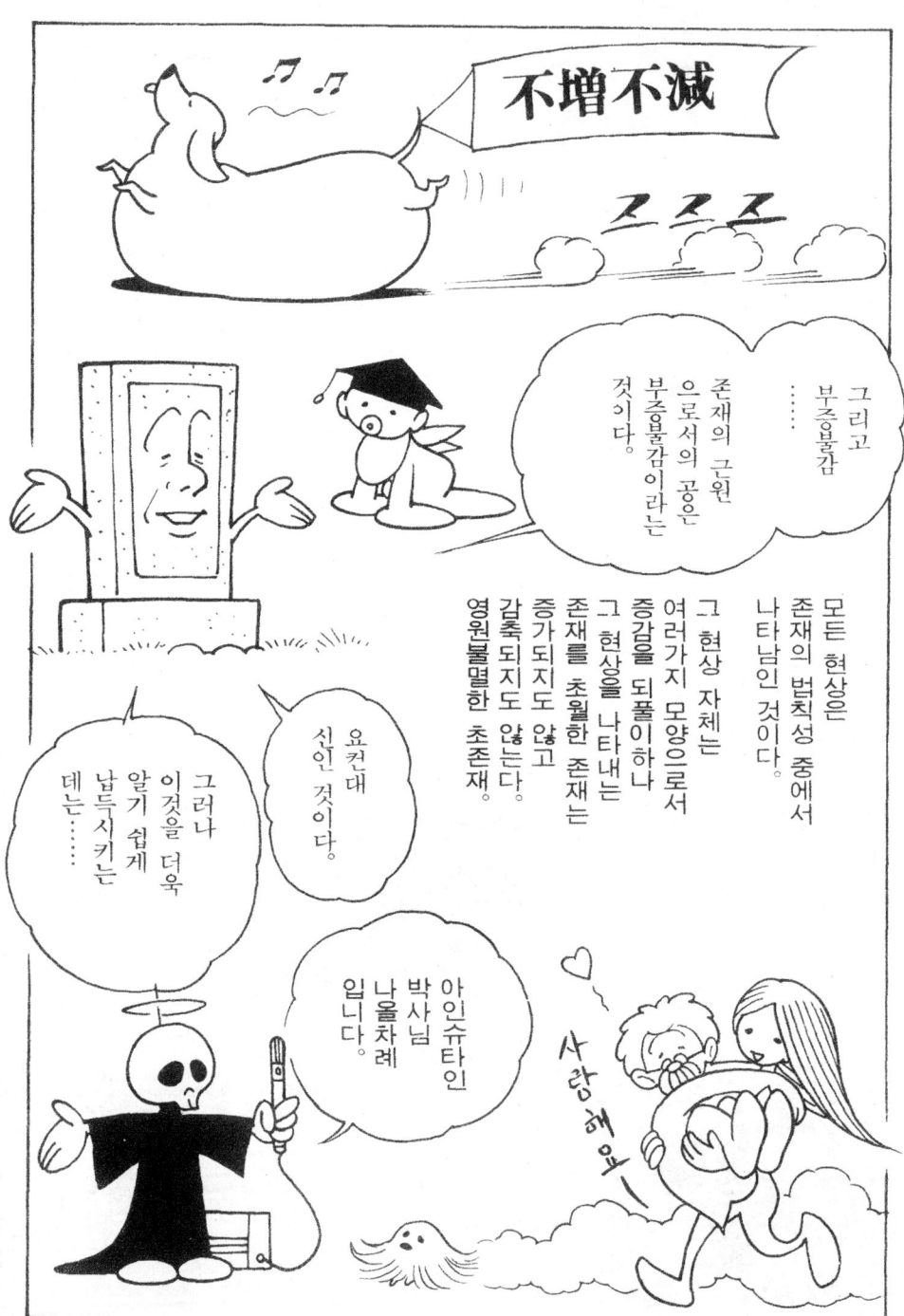

超存在

가령 「초존재」를 우주라고 한다. 우주는 무한한 시간 중에서 팽창과 수축을 반복하고 있다고 한다.

현재 우주의 일부에서는 "브락크홀"이라고 말하는 곳이 있으며 거기에는 극한까지 수축한 강력한 중력장으로 인하여 광선마저도 탈출되지 못하고서 먹혀지고 만다.!

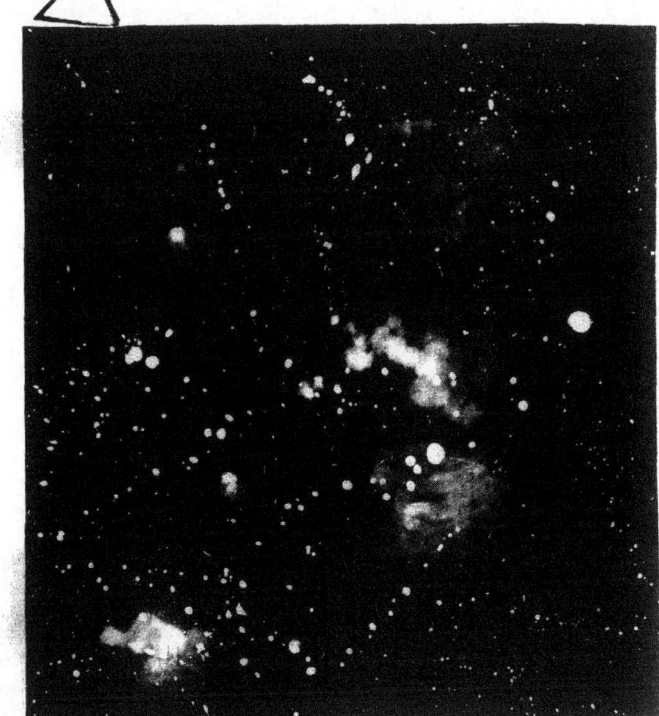

거꾸로 "화이트홀"이라고 하여 아무것도 없는듯이 보여지는 곳에서 물질이 폭발적으로 발생하는 우주도 있다. 우주의 부분부분에 있어서 여러가지 모습의 증감이 일어나도 우주 전체는 부증불감하다.

경문 뒤에 숨겨진 생명의 실상

경문의 말은 방편으로서 쓰여있다. 말하고저 하는 것은 항상 말 뒤에 있다. 그것을 모르고 말 표면의 의미만 더듬더듬거린 것으로 전혀 경문을 이해한 것으로는 안되고 전혀 무의미하다. 소중한 가르침은 경문 문자의 뒤에 숨겨져 있는 것이다.

그 가르침이야말로 경문의 가치인 것이다!!

뒤를 읽어볼 수 없으면 가치 있는 경문도 개구리의 배꼽에 염불이다!!

어째서 개구리 배꼽이냐~

다만 가치있는 경문! 이라는 깡통식의 생각만으로서 고마워하여도 얻어지는것은 아무 것도 없다.

귀가— 아플것이다.

그런데! 경문 말의 뒷가르침이라는 것은……!

안밖이다! 뒤다—

불생불멸의 「령」은 또한 「공」이란 차원에서 물질계에 움직여서 스스로의 영성을 「색」의 세계에 현실로서 실체화시킨다! 그것이 내세이다!

그 새로운 생명은 전세와는 전혀 다른 인간이다. 그것은 령의 성중에 전세의 숙명과는 다른 숙명을 가지고 있음이다.

새로운 일생의 영성

전세의 영성

전세의 출발점에 있어서의 영성과 새로운 일생으로서 생존하는 전세의 영성이 출발점을 지내는 사이에 전세를 변해버림으로서 거기에 나타나는 숙명도 또한 다른것이 되는 이유이다.

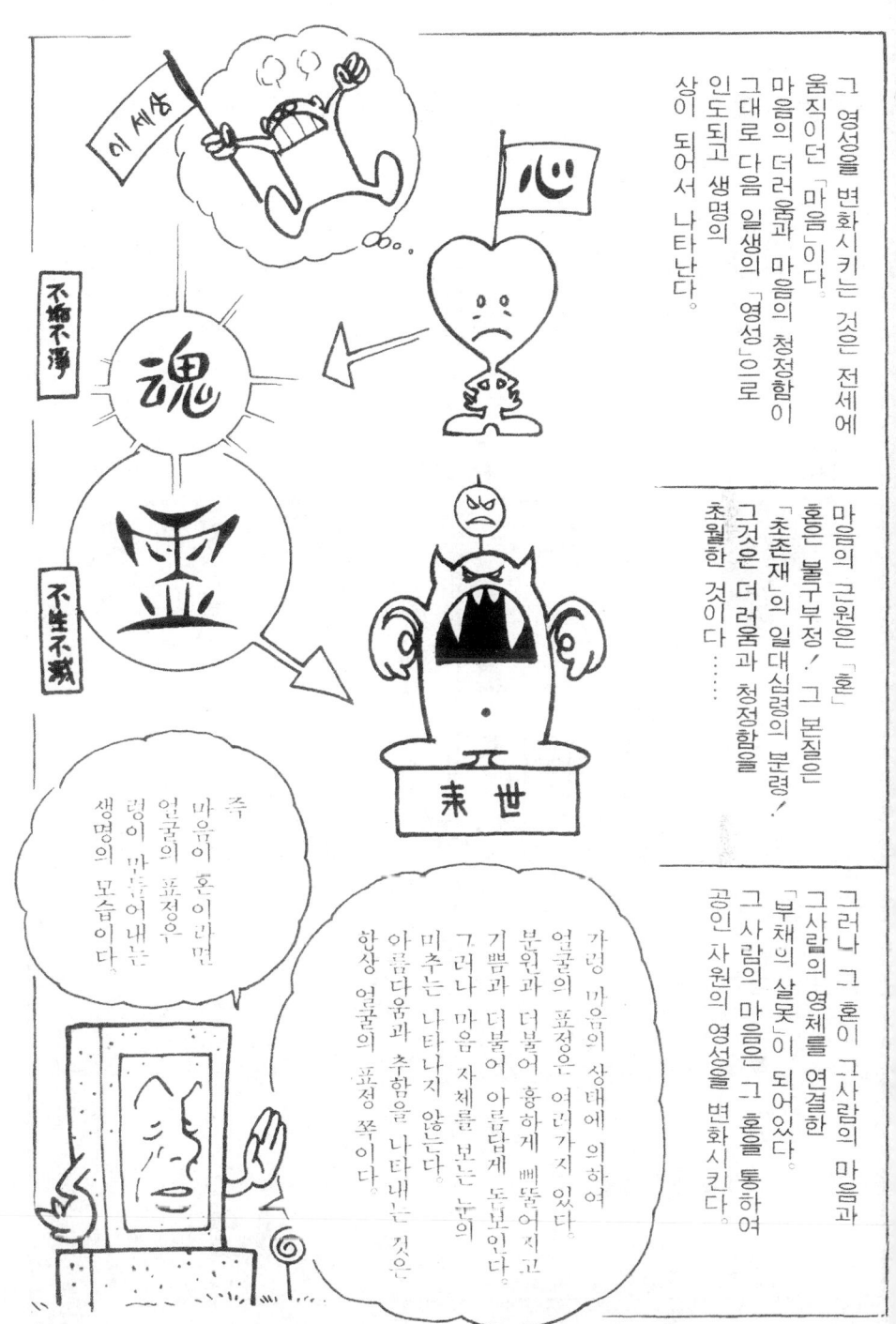

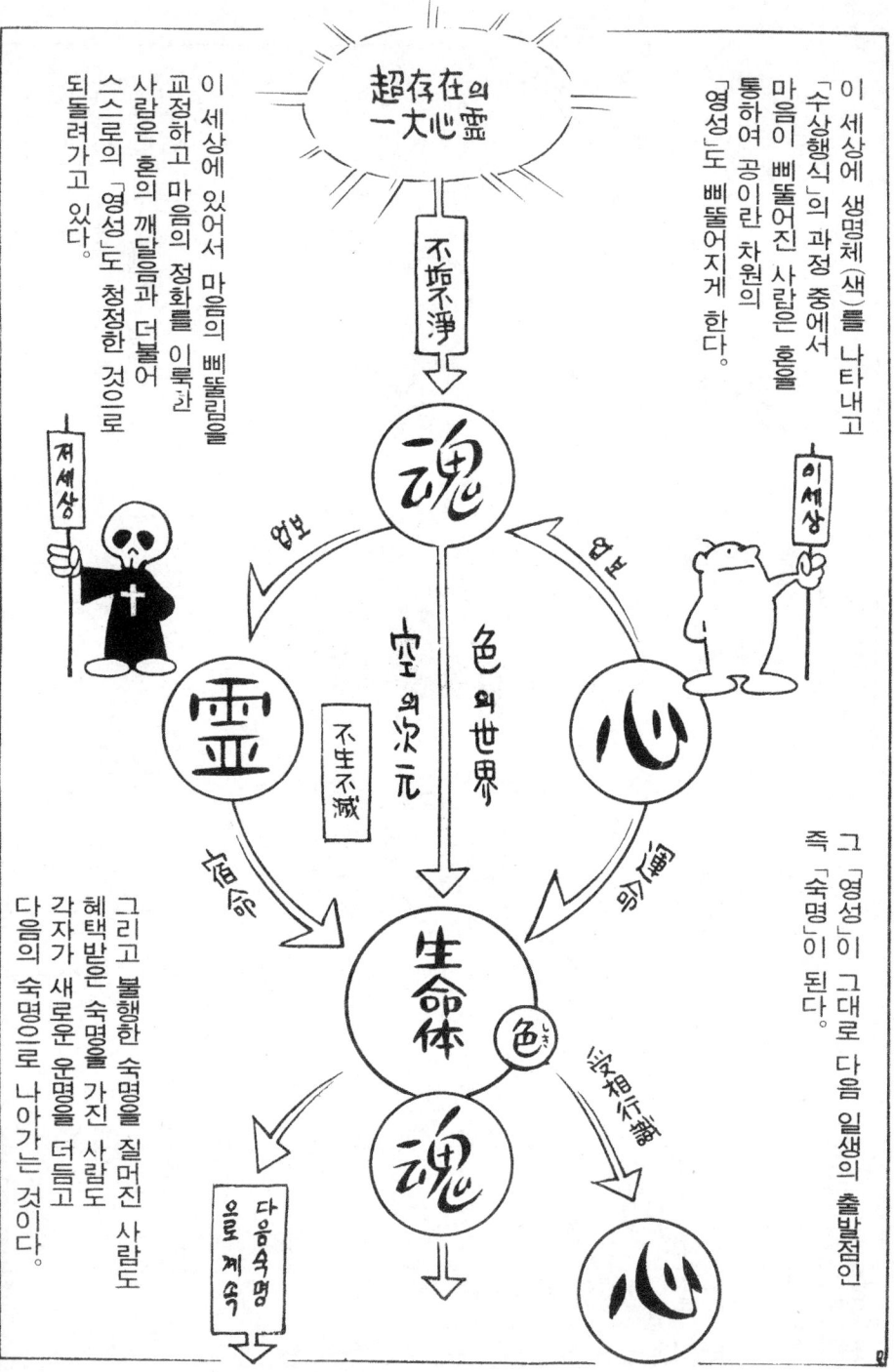

〈성령으로부터의 메세지〉

— 마 음 —

마음은 어디에 부닥쳐도 그 나름대로 움직인다.
소중한 것은
그 마음이 흔들리지 않는데 있다.
그 마음에 말려들지 않게 하는 일이다.
그 마음과 결코 합류 되어서는 안된다.
그 마음에 지배 받아서는 안된다.

움직이는 마음은 잔잔한 물결같다.
그것과 일체가 되면
잔잔한 물결은 힘이 나서
점점 커다란 파도로 커진다.
깨져서 흩어질듯 커다란 파도로까지
커지면 이미 자신의 힘으로서는
어쩔 수가 없게 된다.

마음에 잔잔한 물결이 서더라도
마음에 두지 않고

그것을 단순한 의식의 현상으로서 별도의 마음으로서 바라보면 된다. 그렇게 하면 그 마음이 움직이는 모양이 불쾌할 때는 언제나 치워버리고 마음을 다른 방향으로 돌린다. 그 마음의 움직임이 기분좋은 것이면 그 나름대로 즐거워한다.

마음은 자기자신의 본질이 아니다. 육체의 차원에서 일어나는 의식의 잔물결이다. 마음의 본질은 그 속에 있는 「혼」이다. 그것은 자신의 의지로서 마음에서 분리할수 있다. 마음을 혼과는 다른 것으로 취급된다.

거기에 마음이 느끼지 않으면 혼은 어느듯 마음에 지배되고 그 수하가 되어서 마음의 삐뚤림에 흔들리고 찢어져서 상처입고 삐뚤어진다.

자신의 마음은 자신이 아니다. 정말로 자신의 본질이라 함은 그 속에 있는 영적인 혼이다. 그 깨달음이 정신진화의 제일보이다.

인간이란 것은 생명의 한정없는 재생을 통하여 영성을 높이며 결국은 신적인 존재로 성장해 간다. 불멸의 영혼을 가진 존재인 것이다.

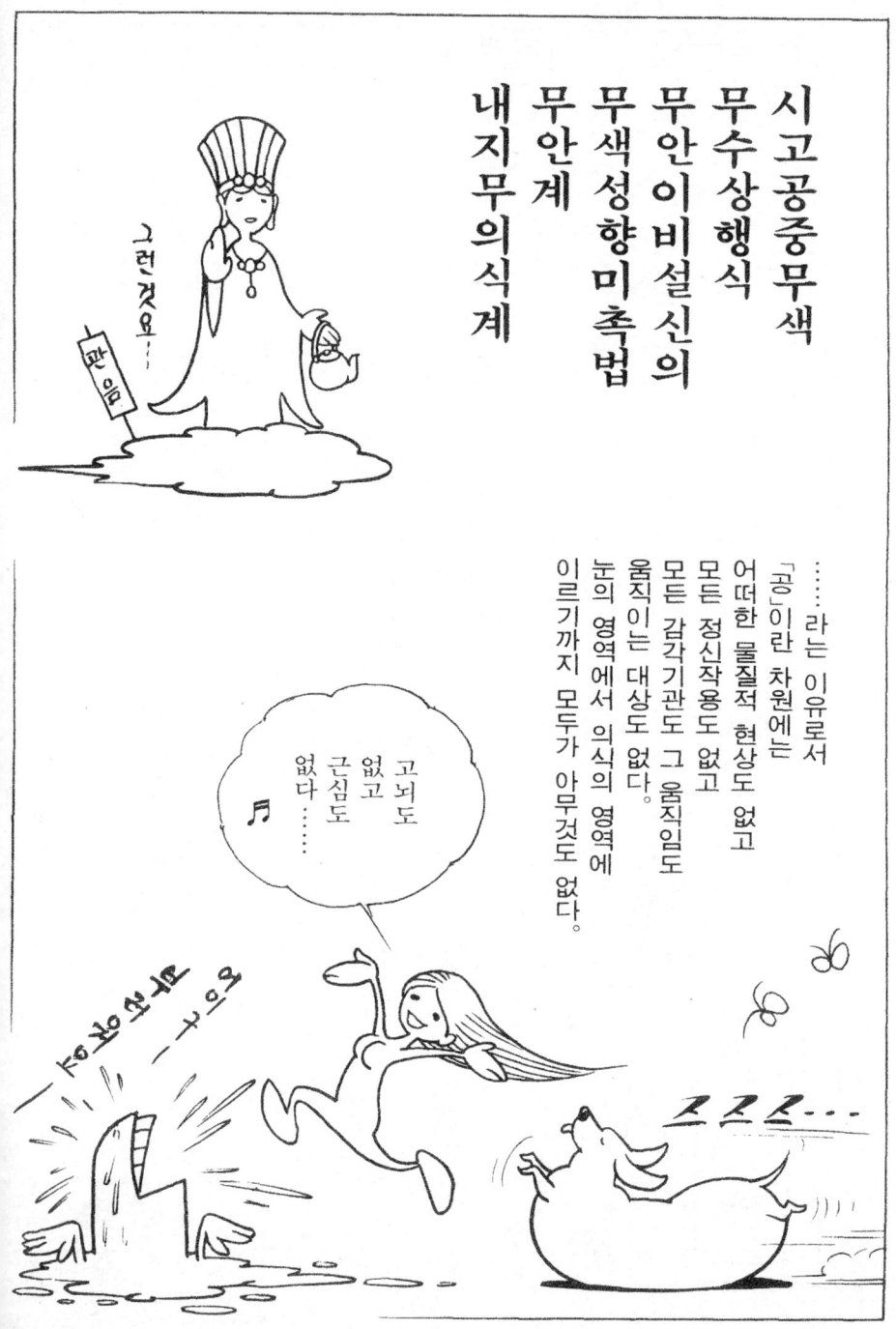

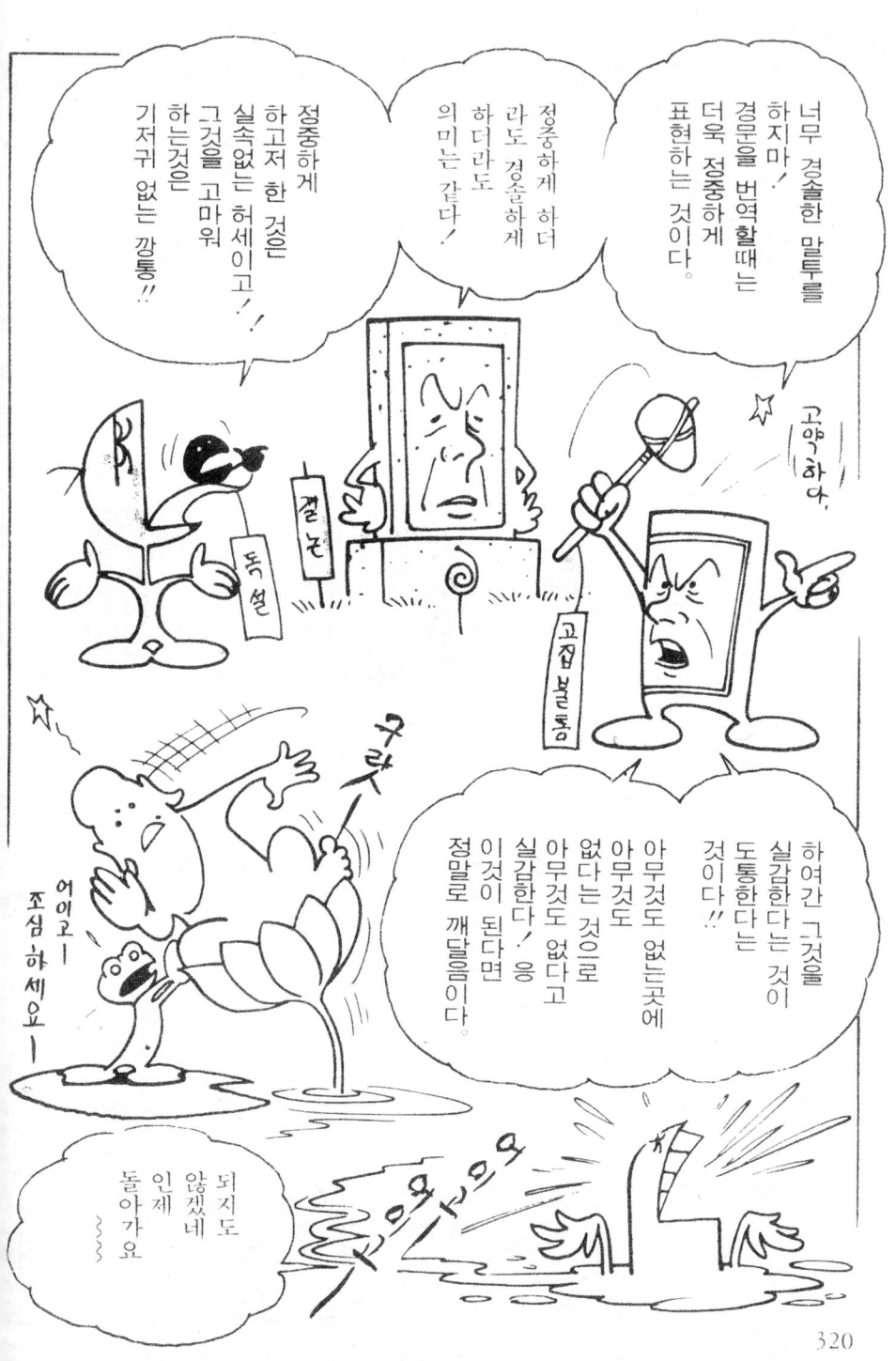

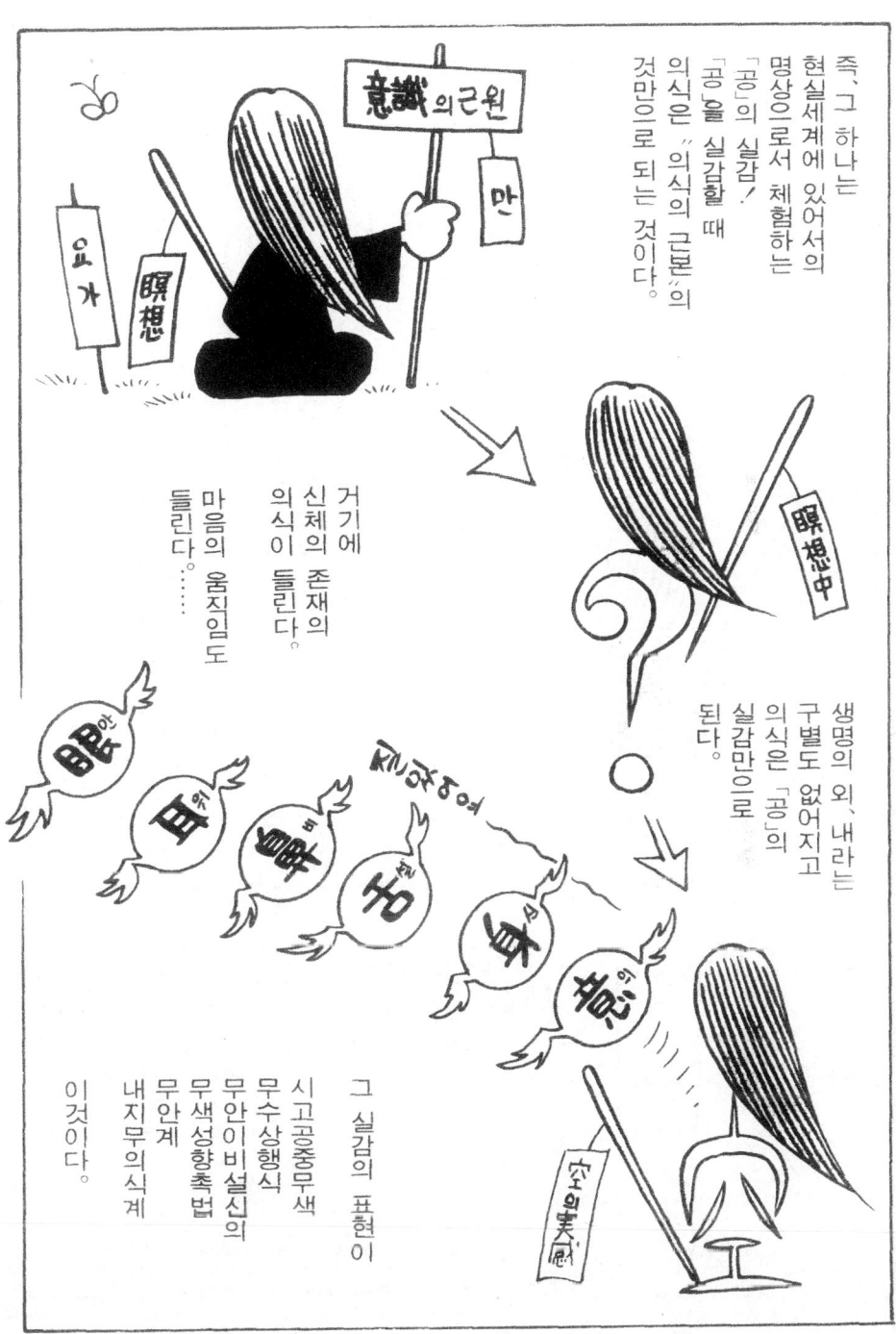

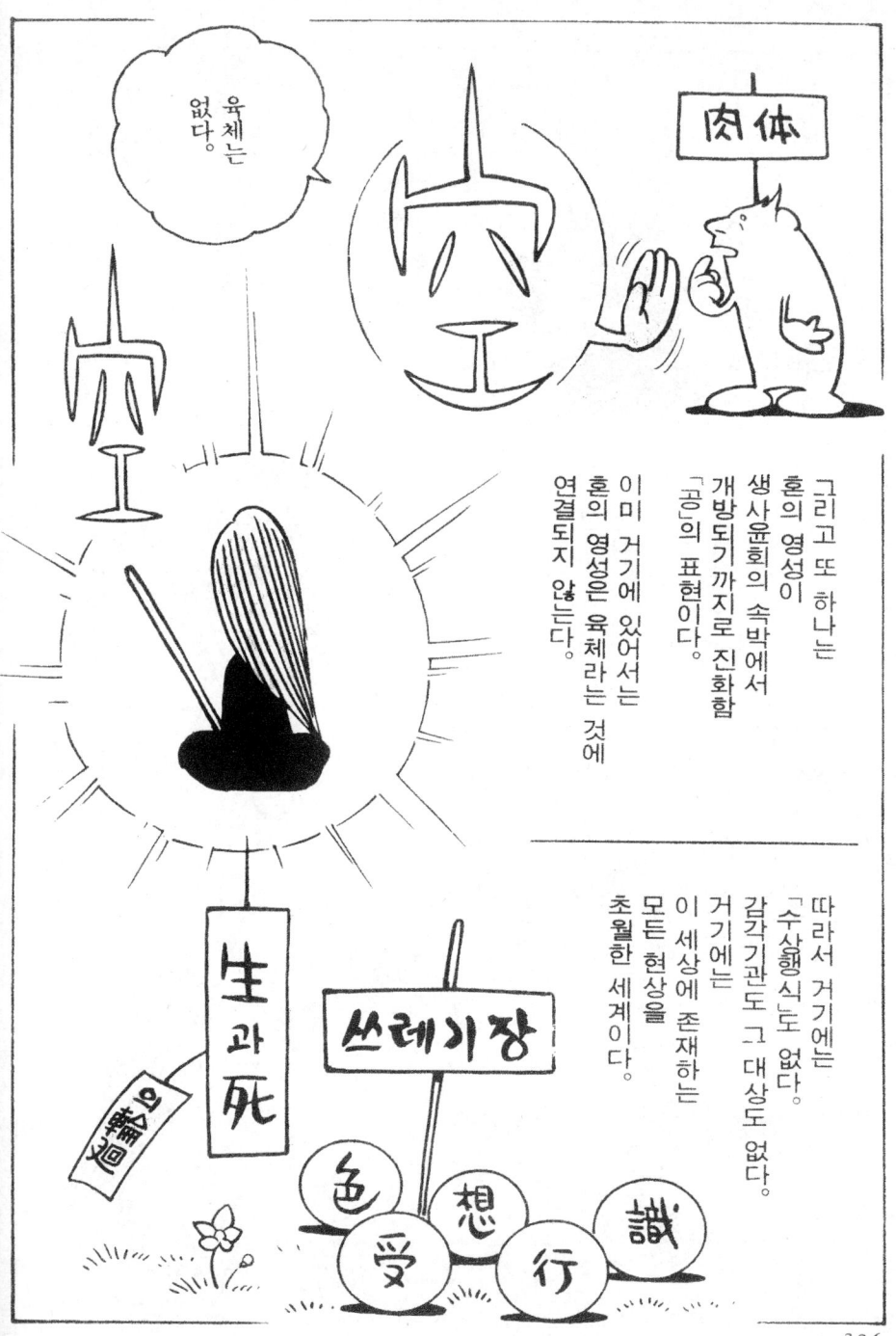

즉 혼이 진화해서 「공」의 차원에 달하면 거기에는 생명의 「고를 만드는 요소는 일체 없다. 라는 일이 즉, 「공중무색, 무수상행식 무안이비설신의 무색성향미촉법 무안계내지무의식계」 라고 설명되어 있는 것이다.

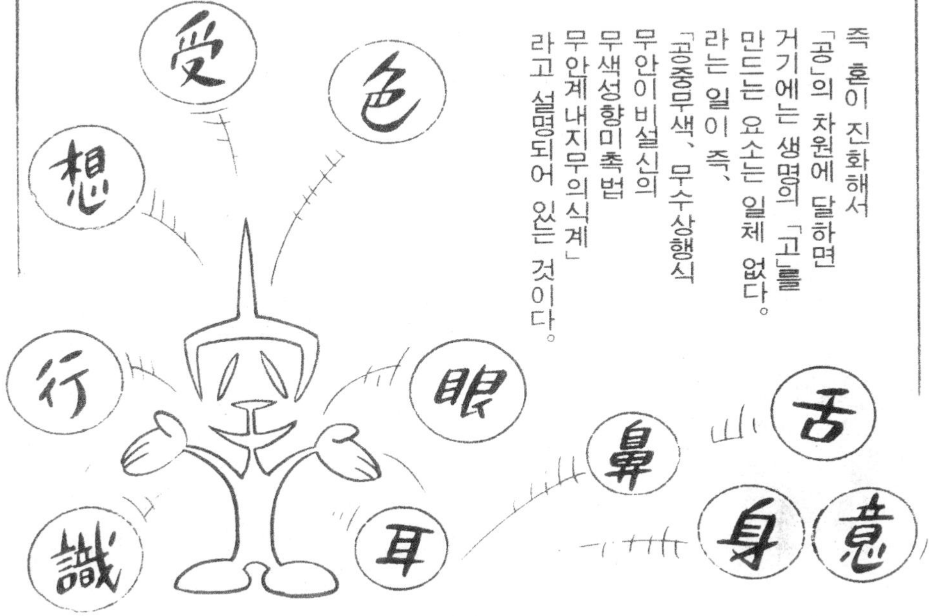

현실생활 중에서의 「공」의 의미 생사를 초월한 차원에 있어서의 「공」의 의미 이 두개의 의미를 숨기면서 경우은 가를 「색의 세계」로 성립시키는 요소를 모조리 부정함으로서 설명해 간다. 즉 「무안이비설신의 무색성향미촉법 무안계내지무의식계」 라는 모양으로

즉 「공의 차원이라는 것은 「색」의 세계라는 것은 연결되어도 근본적으로 그 존재의 위치가 다르다! 라는 것을 색의 세계의 여러가지 물상을 모조리 부정하여 감으로서 이해시키고저 하고있다.

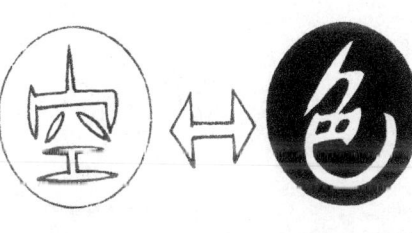

이렇게하여 바라밀다라는 말의 두가지의 의미의 어느쪽으로도 기울어지지 않고 「공」의 의미가 파악된다면 거기에서 자연히 생명의 실상을 지득하는 이지가 눈뜨게 된다. 라는 장치가 되어있다.

여기서 소중한 것은 「공」이 가지는 두가지 의미를 「색」의 세계와 「공」의 차원의 어느쪽으로 기울어서 해석해도 당장 그 바른 의미가 잃어버린다 라는 점을 알아두어야 한다.

「색」의 세계에 기울어지면 공은 실속없는 잔소리가 되고 아무런 가치도 나타내지 않는것도 단순한 개념이 되어버린다.

「공」의 차원으로 기울어지면 이번에는 「공」에서 우스운 미신으로 들어서 버린다.

「색」의 세계는 「공」이란 차원에서 나타난다. 「색」과 「공」은 다른 것이 아니다. 그러나!! 「공」이란 차원은 「색」의 세계와는 근본적으로 다른 차원이다. 육체라는 세계의 이전의 세계이다.

가령 전파가 라디오의 소리가 되고 TV의 화상이 되어서 나타난다. 그 소리나 화상이 「색」의 세계 전파 그 자체를 「공」이란 차원이다. TV에 비치는 여러가지 광경도 라디오에서 들리는 여러가지 소리도 전파 그 자체 중에는 아무것도 없다.

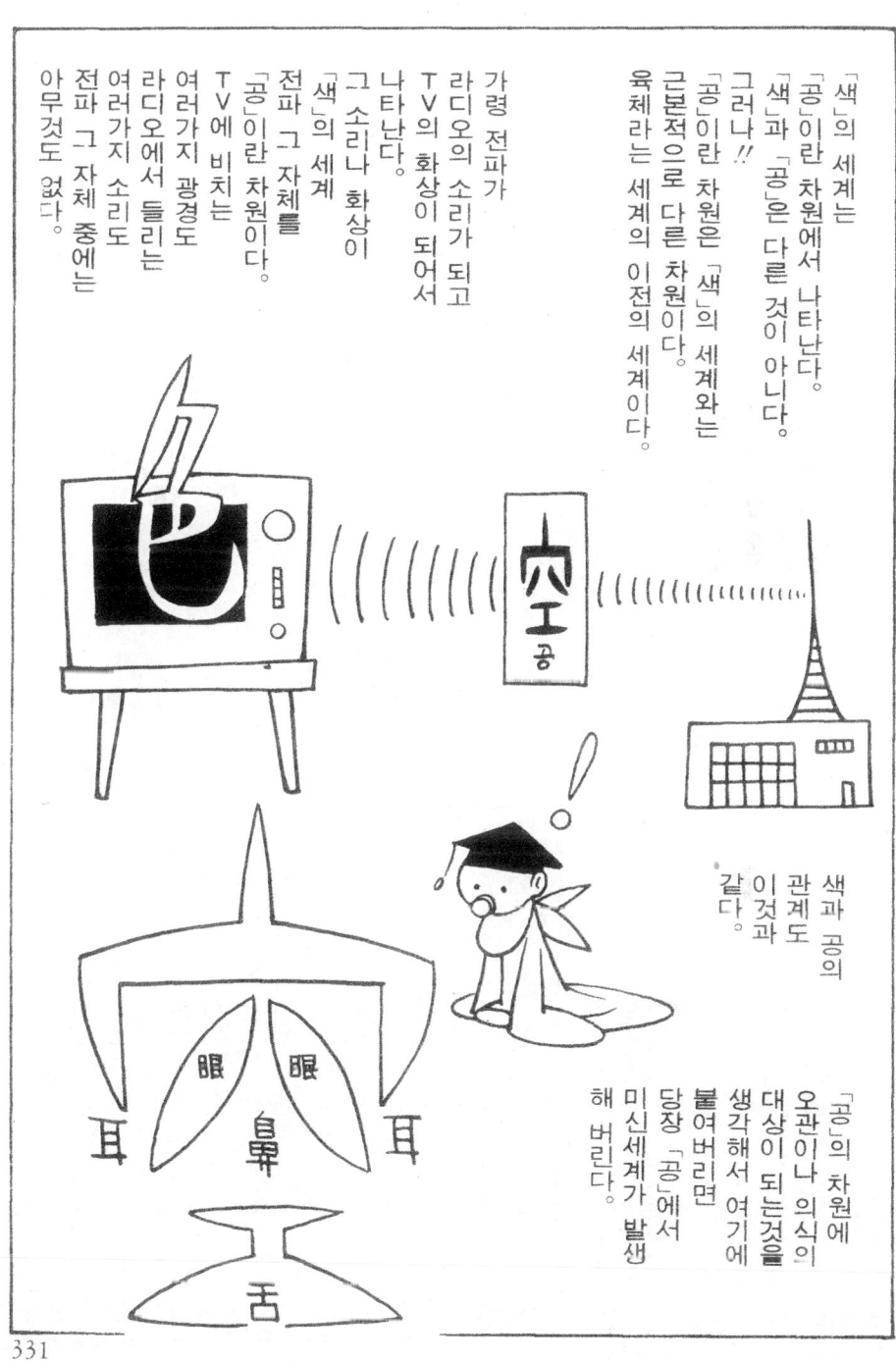

색과 공의 관계도 이것과 같다.

「공」의 차원에 오관이나 의식의 대상이 되는것을 생각해서 여기에 붙여버리면 당장 「공」에서 미신세계가 발생해 버린다.

어디까지나 공의 차원과 색의 세계는 차원이 다르다는 것을 이해시키기 위하여 「공」은 오관에서는 잡지 못하는 것으로 강조하고 외부로 향한 의식에서는 결코 이해할 수 없는 것을 가르치기 위하여 「무안이비설신의 무색성향미촉법」이라고 귀창을 정도로 「무」를 나란히 해서 설명하고 있다.

어떻게 인간이 단순하게 미신세계로 탈선해 가느냐를 부처님은 미리 아시고 계신다.

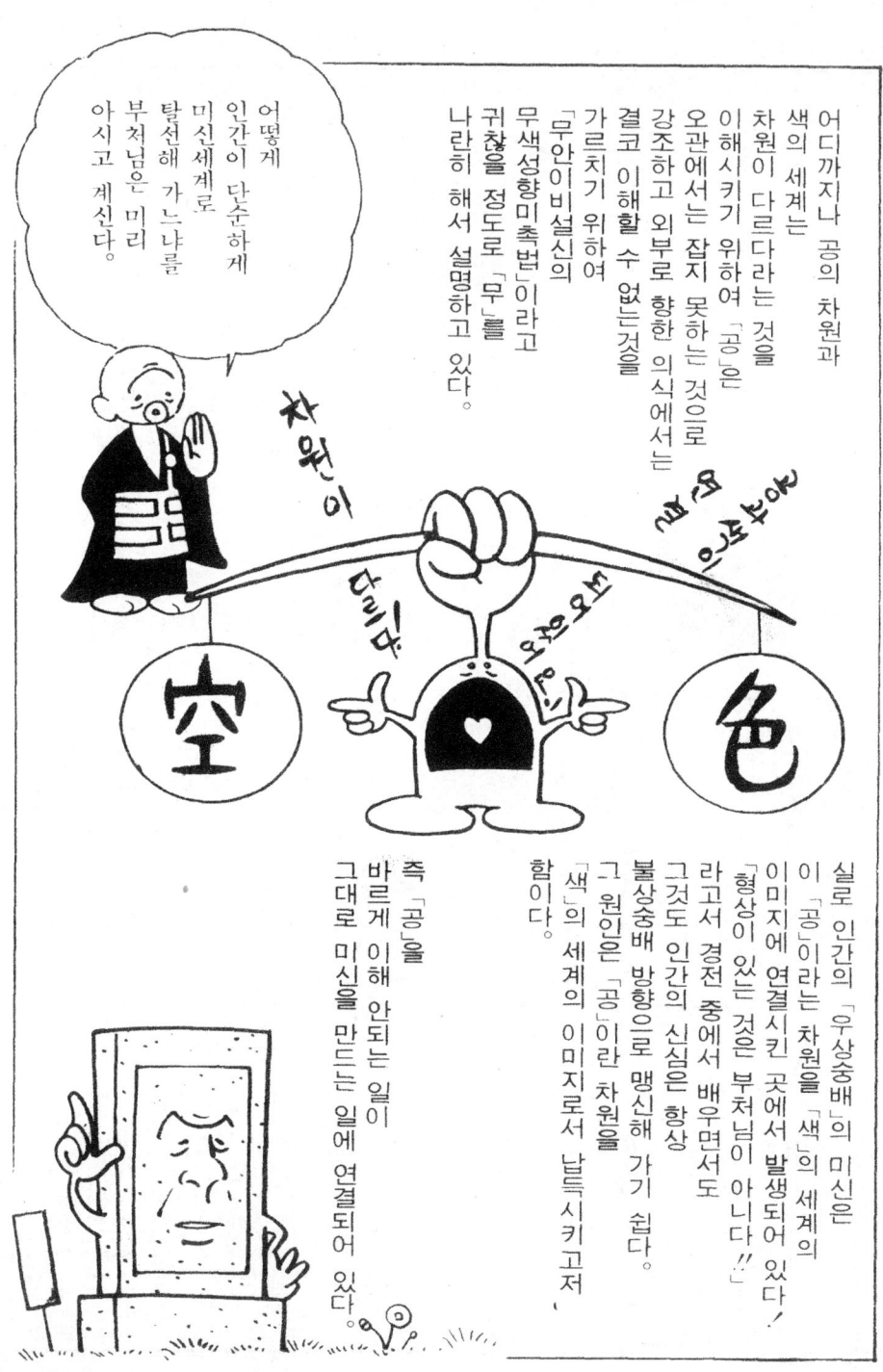

실로 인간의 「우상숭배」의 미신은 이 「공」이라는 차원을 「색」의 세계의 이미지에 연결시킨 곳에서 발생되어 있다. 「형상이 있는 것은 부처님이 아니다!」 라고서 경전 중에서 배우면서도 그것도 인간의 신심은 항상 불상숭배 방향으로 맹신해 가기 쉽다. 그 원인은 「공」이란 차원을 「색」의 세계의 이미지로서 납득시키고저 함이다.

즉 「공」을 바르게 이해 안되는 일이 그대로 미신을 만드는 일에 연결되어 있다.

영혼과 미신

아까부터 미신 미신이라고 말하나 도대체 미신이라든가 혼이라든가 하는 자체가 미신이 아닌가?

바보소리 하지마!

확실하게 영혼의 문제에서 여러가지로 우스운 미신이 발생되어 있으나 그러한 미신이 그러나 혼이 가지는 의미는 아니다.

영혼은 개개의 생명의 근원이다. 「색」의 세계에 생명현상을 나타내는 「공」이란 차원의 생명이다. 「공」이란 차원과 영혼은 다른것이 아니다! 「공」이란 차원과 신불도 다른 것이 아니다.

「공」이 바르게 이해되지 않으므로 영이나 혼에서 미신세계가 발생하는 것이다.

석가부처님께 영혼에 대한 질문을 한 사람이 있었다. 석가부처님은 거기에 대하여 아무 대답을 하시지 않았다.

이것을 석가부처님이 영혼을 부정하고 있다고 생각하는 것은 너무나 경솔한 생각이다!

실은 「공」이란 말 뒤에는 영혼이란 의미가 숨겨져 있는 것이고 그것을 느끼지 못하고 영혼의 존재 운운을 질문한다는 것은 석가부처님의 가르침을 근본적으로 전혀 모르고 있다! 라는 꼴이 된다.

그러한 사람의 령에 대해서 설명해도 그 사람은 령이란 말에서 아직도 묘한 미신적 이미지를 만들어버리는 것 뿐이다. 「공」 중에 숨겨진 령의 의미는 「공」의 실감에서 발생되는 능력으로서 이해하는 이외 달리 파악할 방법이 없다. 그러므로 석가부처님은 령에 관한 질문에 대해서는 대답할 필요가 없다고 무시해 버린 것이다.

노우 코멘트!

석가부처님은 영혼을 부정한 것이 아니다. 대답하지 않았던 것은 그것이 인간이 자신의 혼을 자각하는데 의하여 자연히 깨닫게 되는 까닭이다.

默秘권!

335

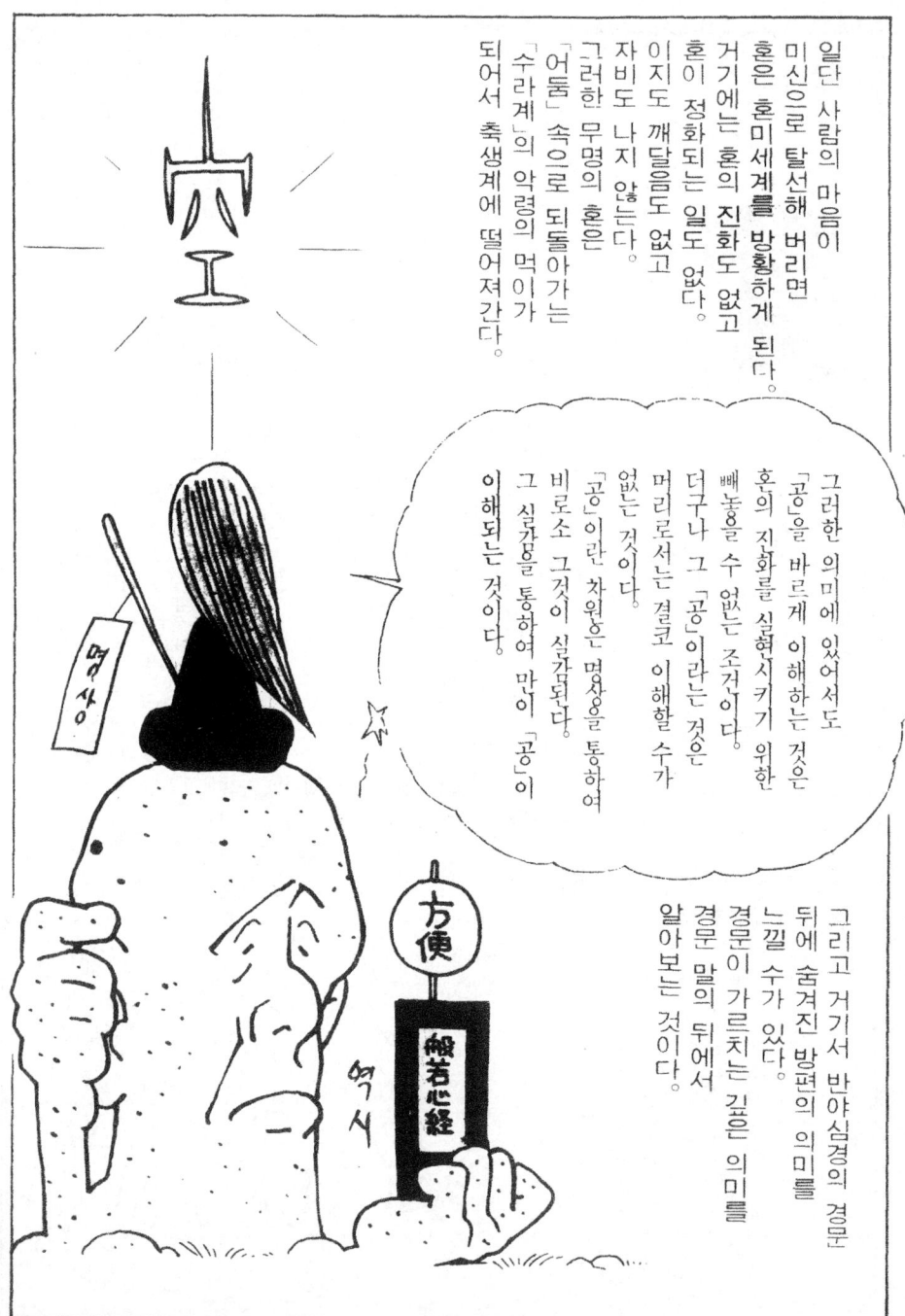

無無明亦無無明盡
乃至無老死亦無老死盡

이렇게 하여 반야심경은 생명의 실상이다.
12인연과 그 결과로서의 육도윤회의 가르침이 숨겨진 경문으로 진행해 간다.

이것도 경문 문자의 표면만을 더듬어 보면

무명도 없고 무명이 끊어지지도 않고 무명에서 노사에 이른 12인연도 없고 노사나 12인연이 끊어지지도 않는다.

……라고 하는 의미가 되는 것이나 그것이 「공」이란 것이라고 말하더라도 실제에 있어서 실감 중에는 아무것도 느끼지 않는다.

결국 모든 말인지 잘 모르겠다.

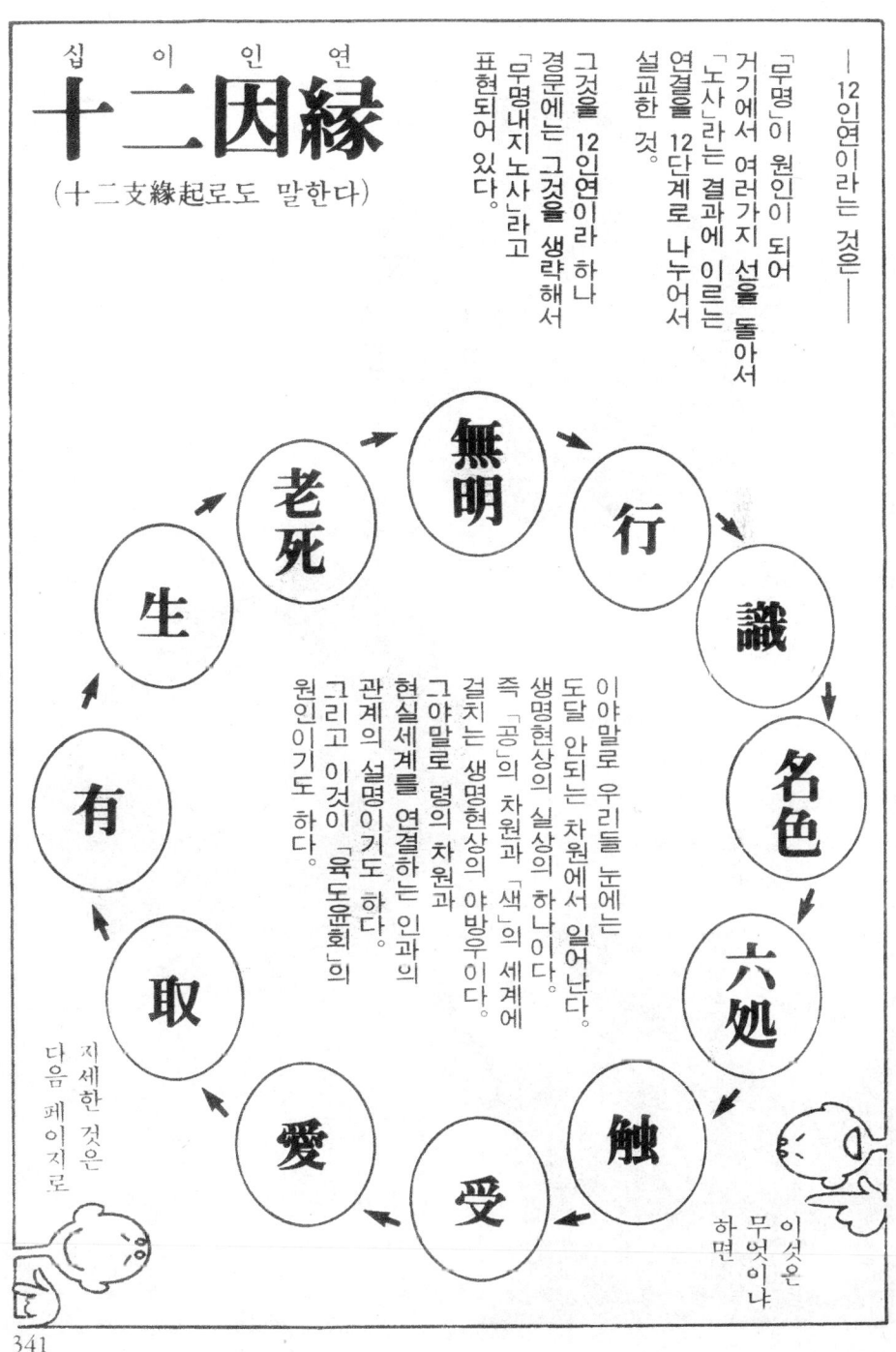

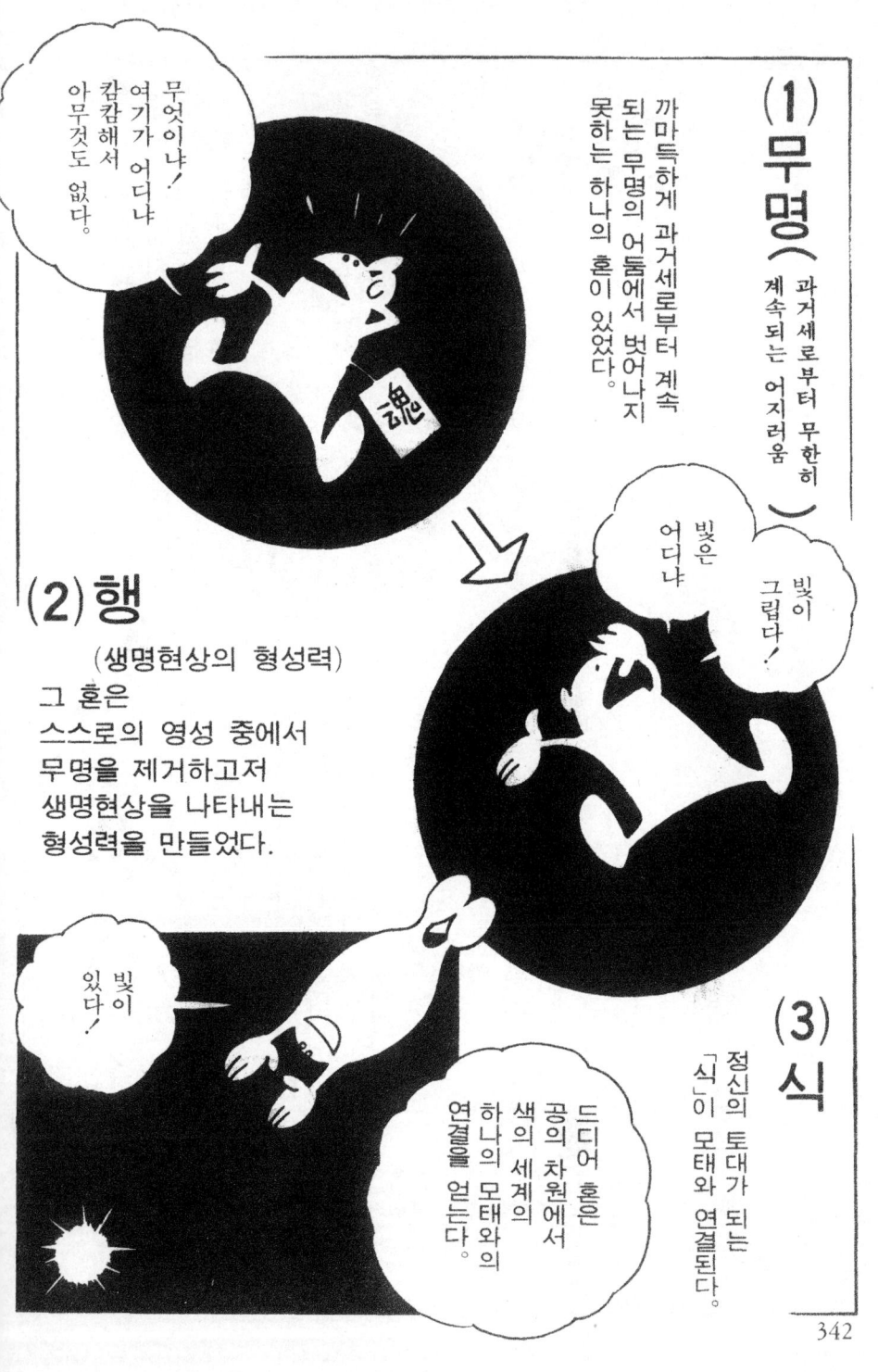

(4) 명색

혼은 거기에 육성코저하는 육체 중의 「무」의 의식이 되어서 나타난다.

(5) 육처(六處)

태내에 있어서 안이비설신의의 육근이 생장해 간다.

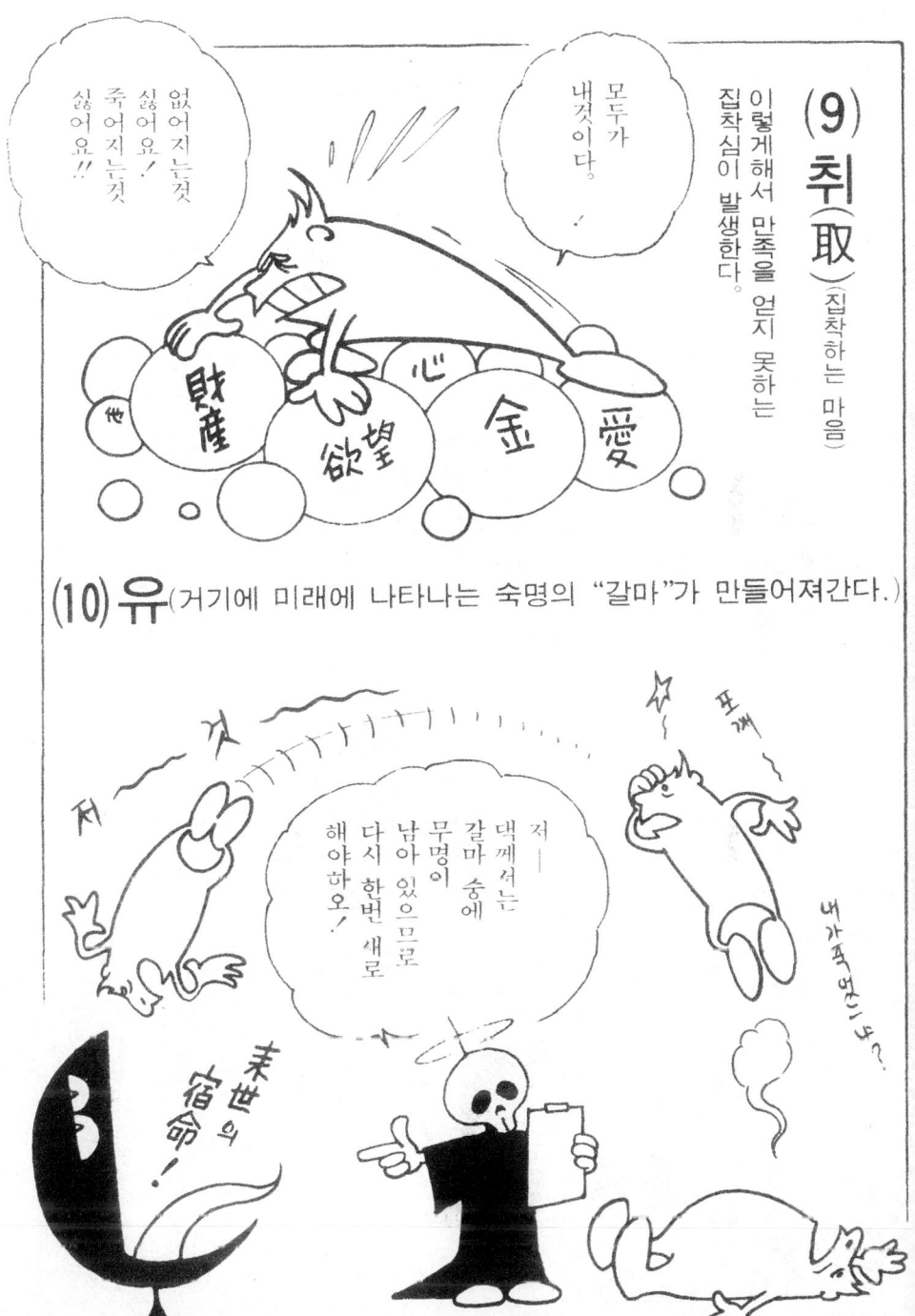

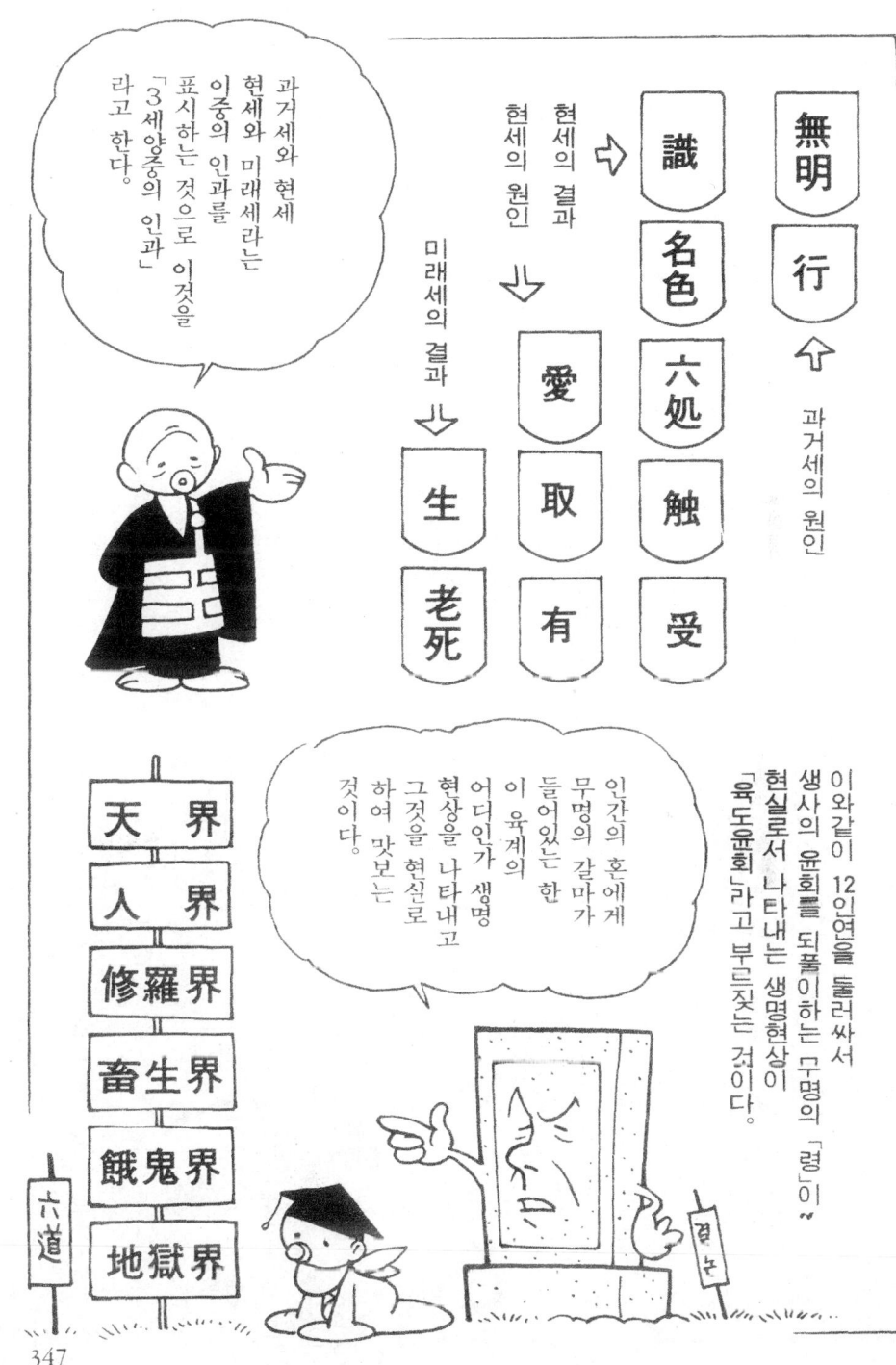

십계와 육도윤회

인간 한사람 한사람에게 마음이 있다. 그 마음은 한사람 한사람 다른 마음이다.

청정하게! 바르게! 아름답게! 나야말로 청정한 마음 씨이다!!

청정한 마음이 있고…

어리석은 마음은 청정하지 못하다.

흉한 마음이 있고…

잘못 되었네!

나야말로 똑똑하게 살고 있다.

흉한 마음은 똑똑하지 않느냐?

어리석은 마음이 있고…

똑똑한 마음이 있고…

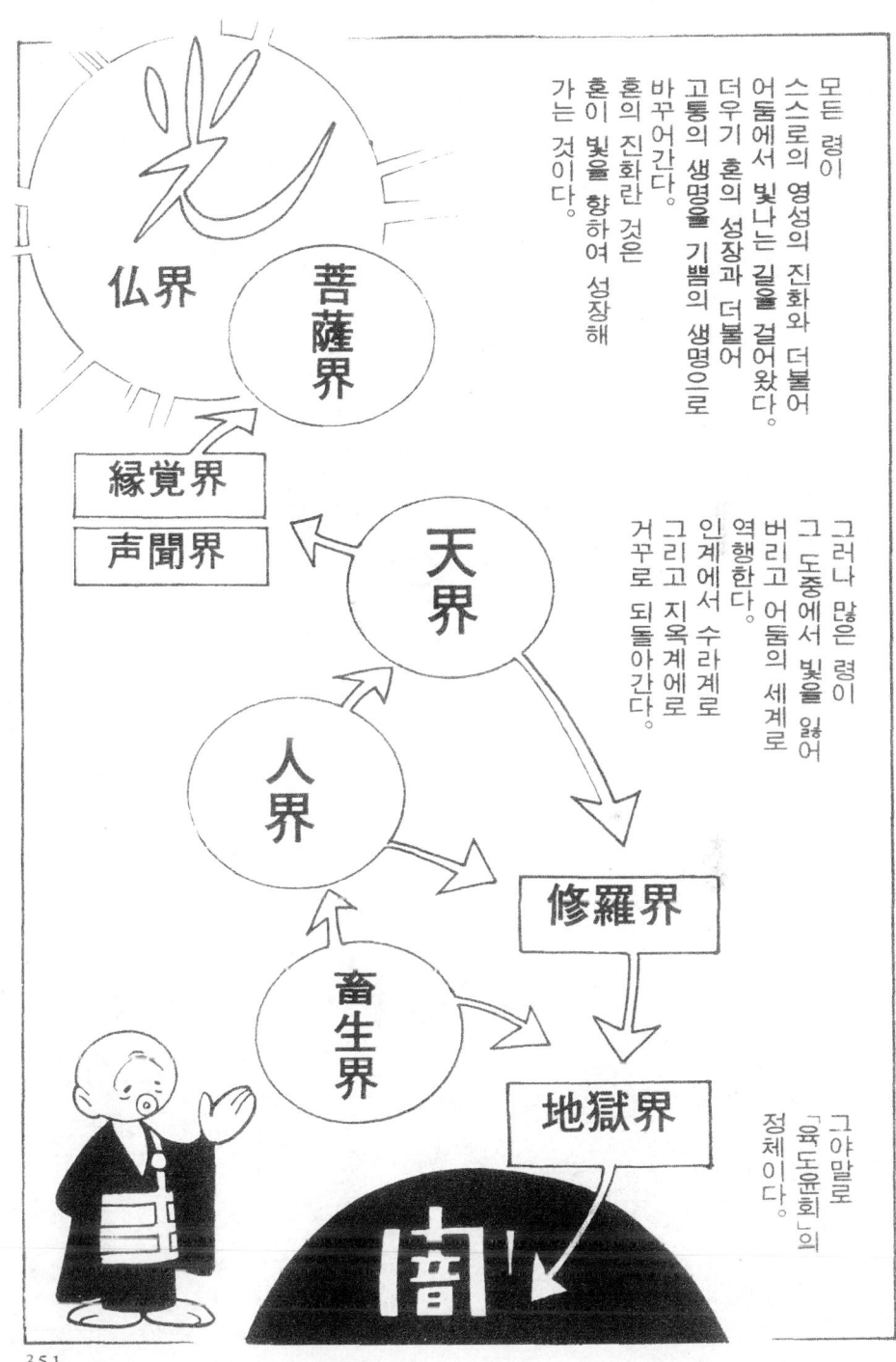

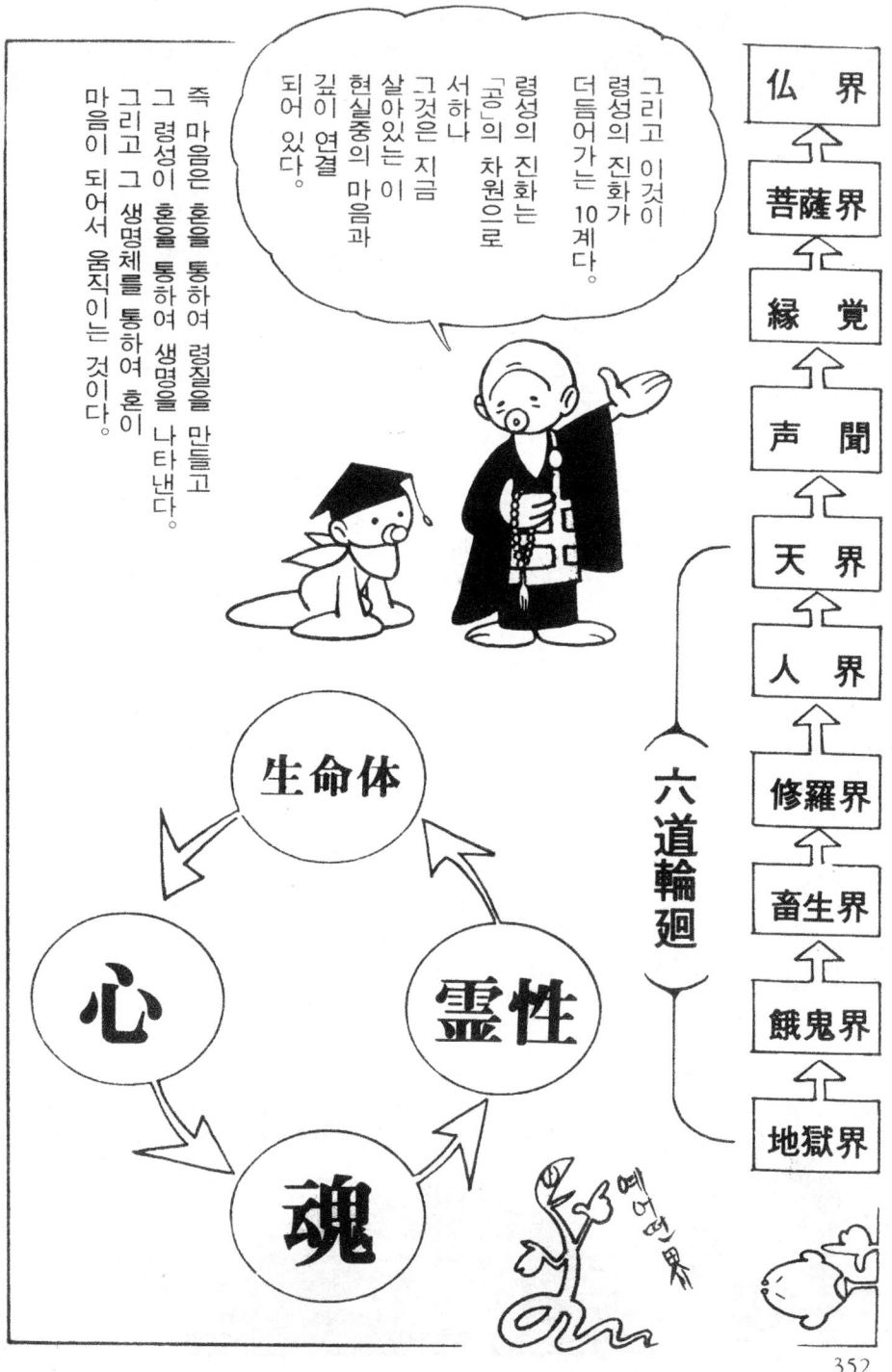

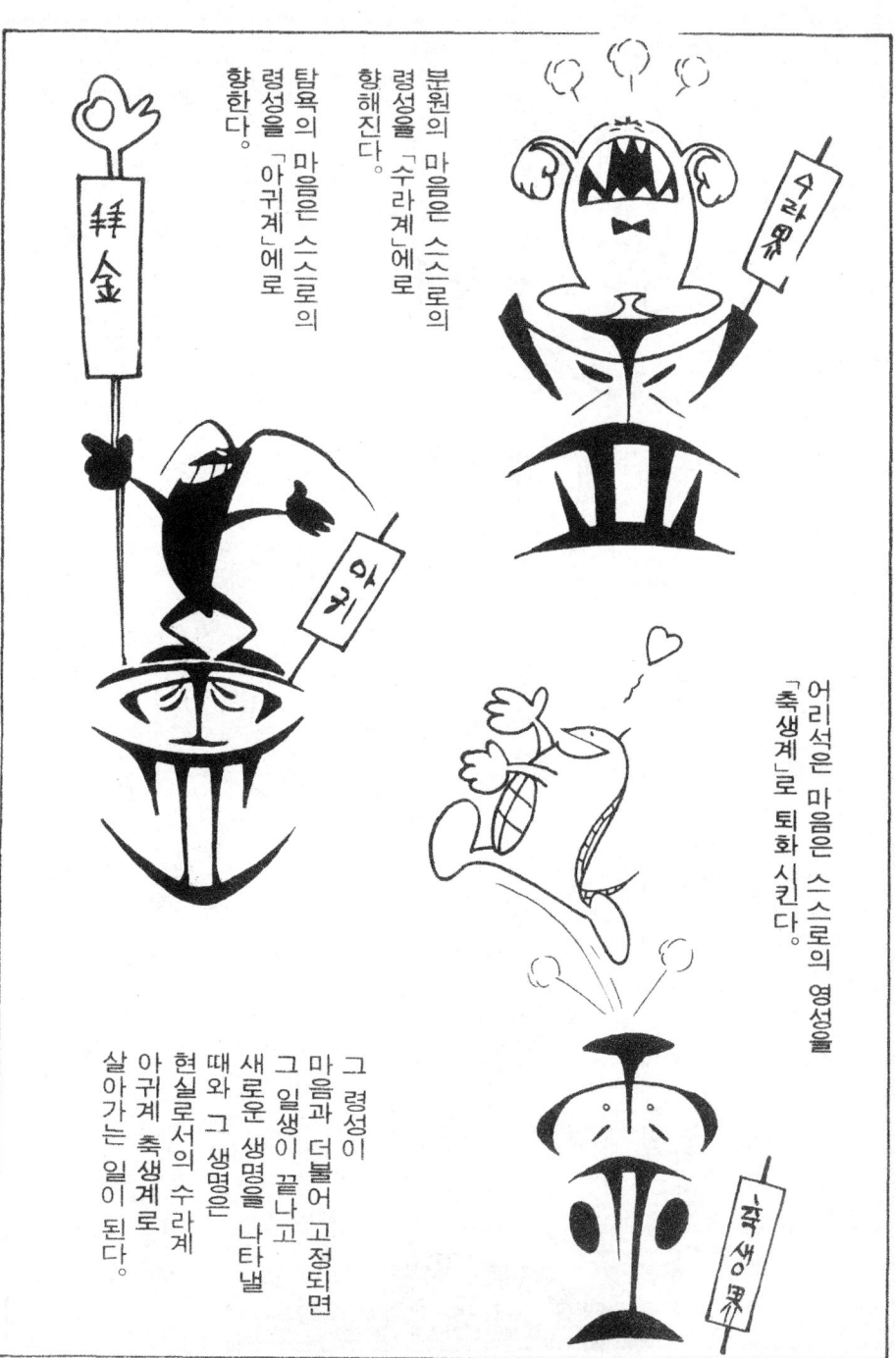

분원의 마음은 스스로의 령성을 「수라계」에로 향해진다.

탐욕의 마음은 스스로의 령성을 「아귀계」에로 향한다.

어리석은 마음은 스스로의 영성을 「축생계」로 퇴화시킨다.

그 령성이 마음과 더불어 고정되면 그 일생이 끝나고 새로운 생명을 나타낼 때와 그 생명은 현실로서의 수라계 아귀계 축생계로 살아가는 일이 된다.

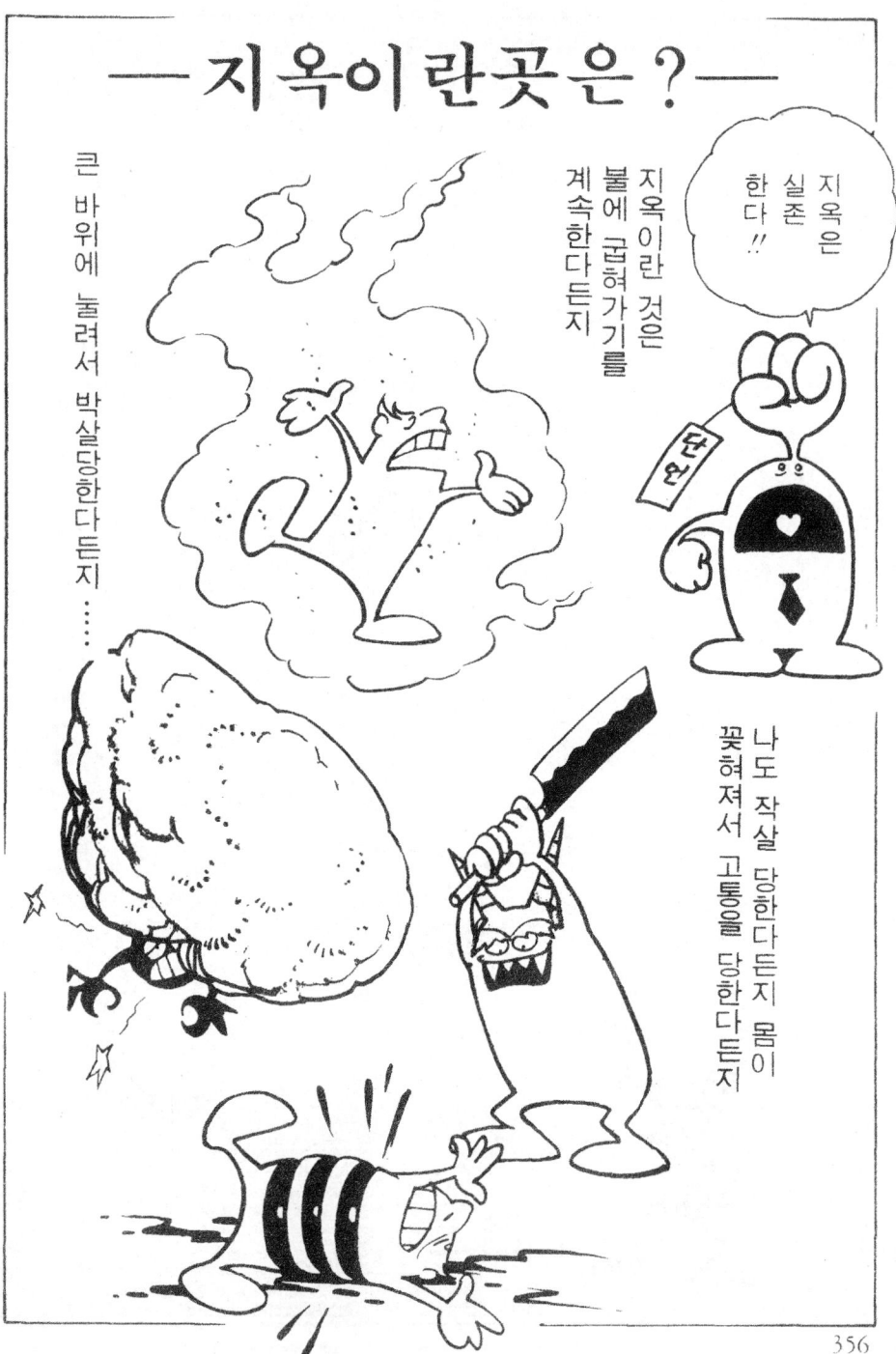

가령 타고있는 버스채로 계곡에 떨어져
크게 상처입은 채로 버스에서 탈출할 수도
없고 흘러 들어오는 얼음과 같이
차가운 물에 익사하는 사람!

몸체를 난도질 당하는듯
하는 재난을
당하는 사람

상상할 수도 없는
격통이나 고통을
동반하는 병 중에서
멸망해가는 사람……

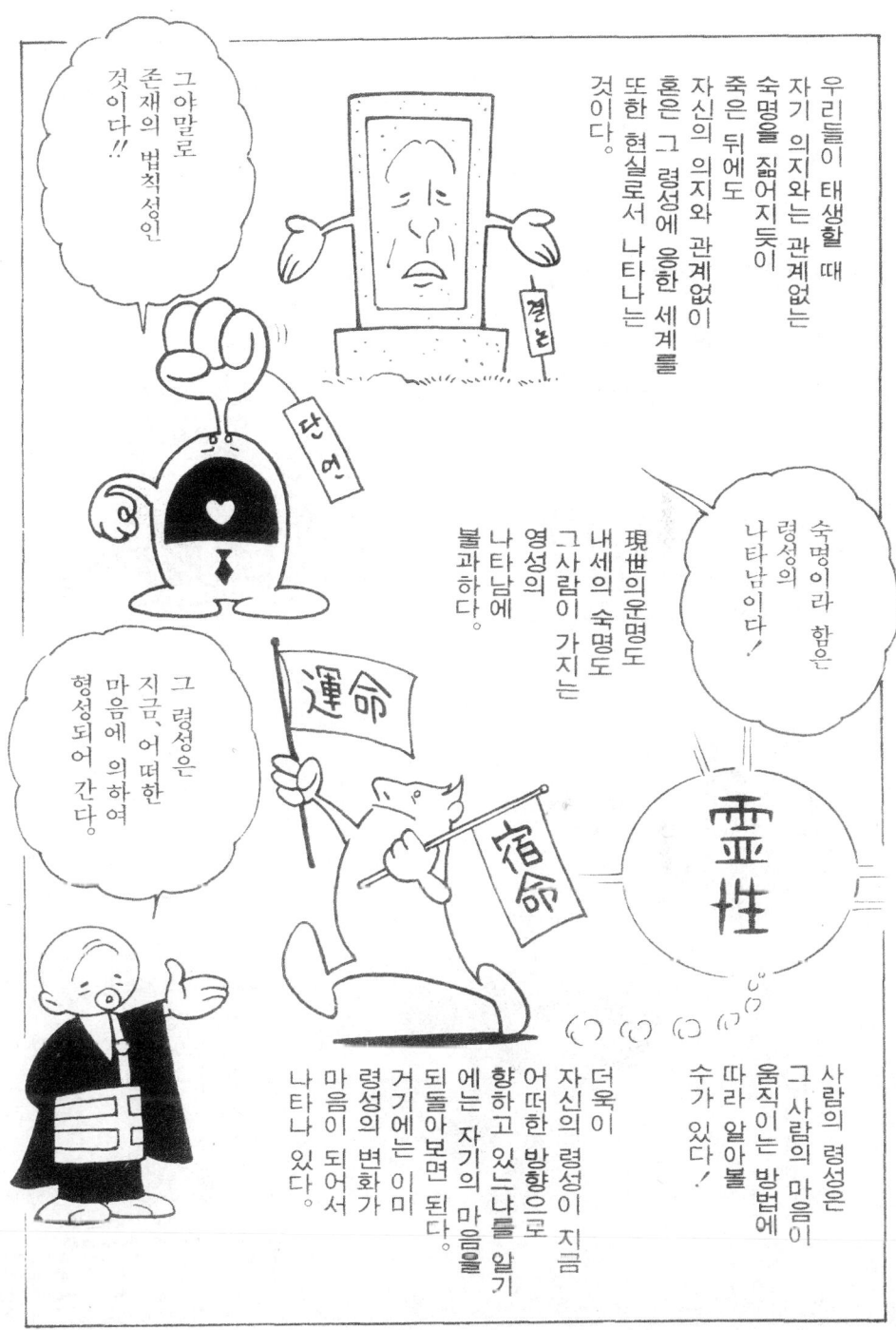

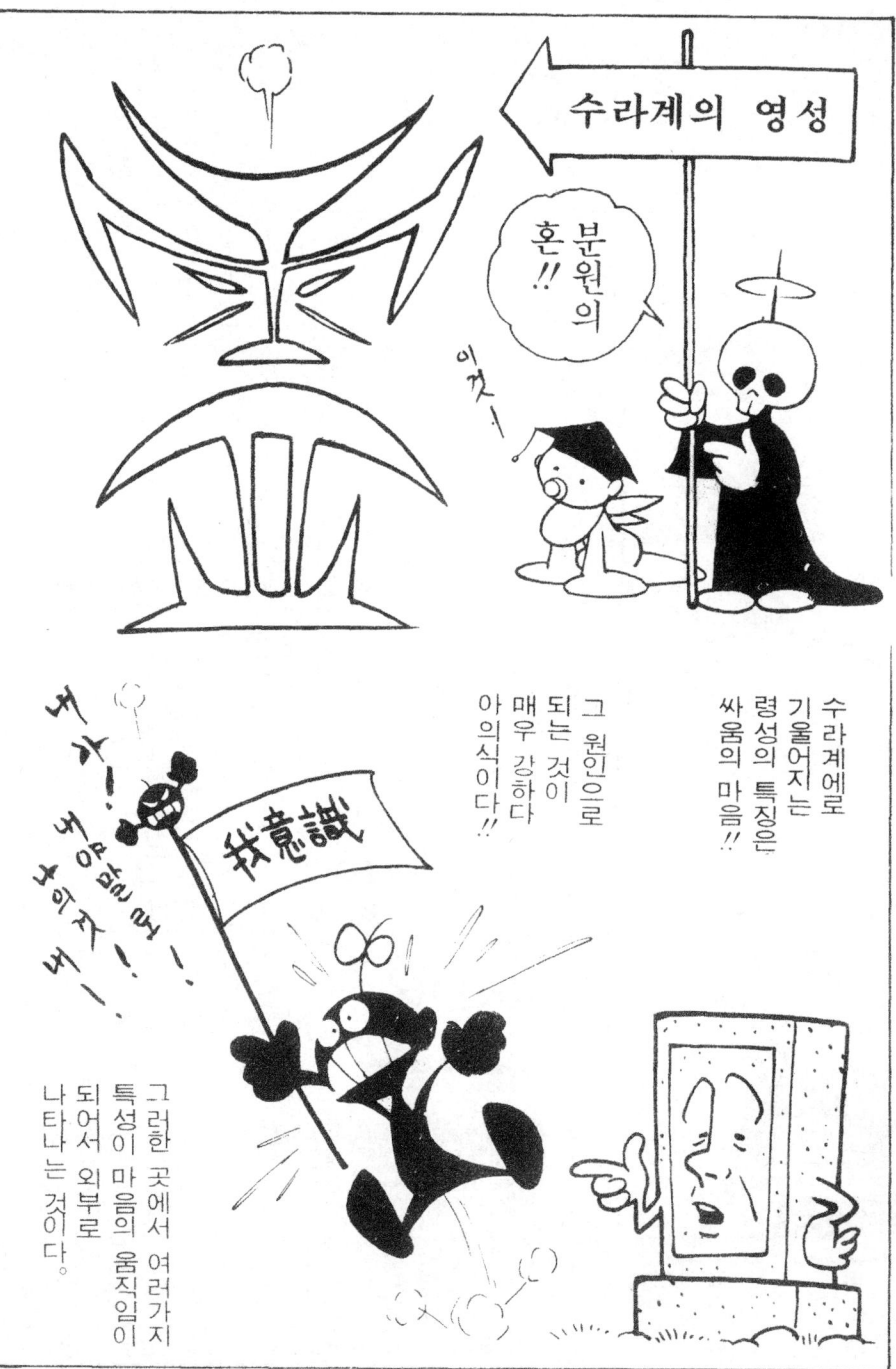

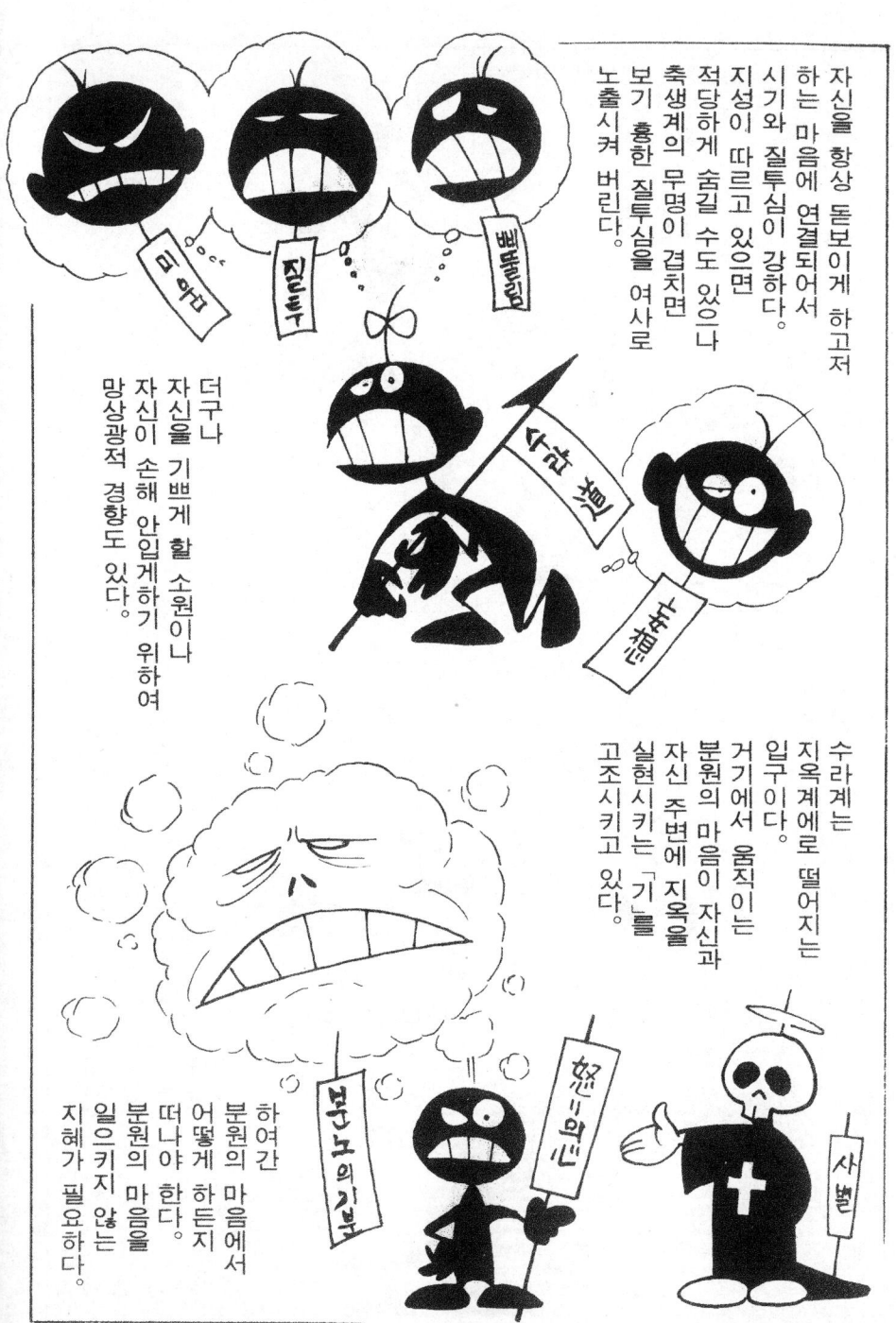

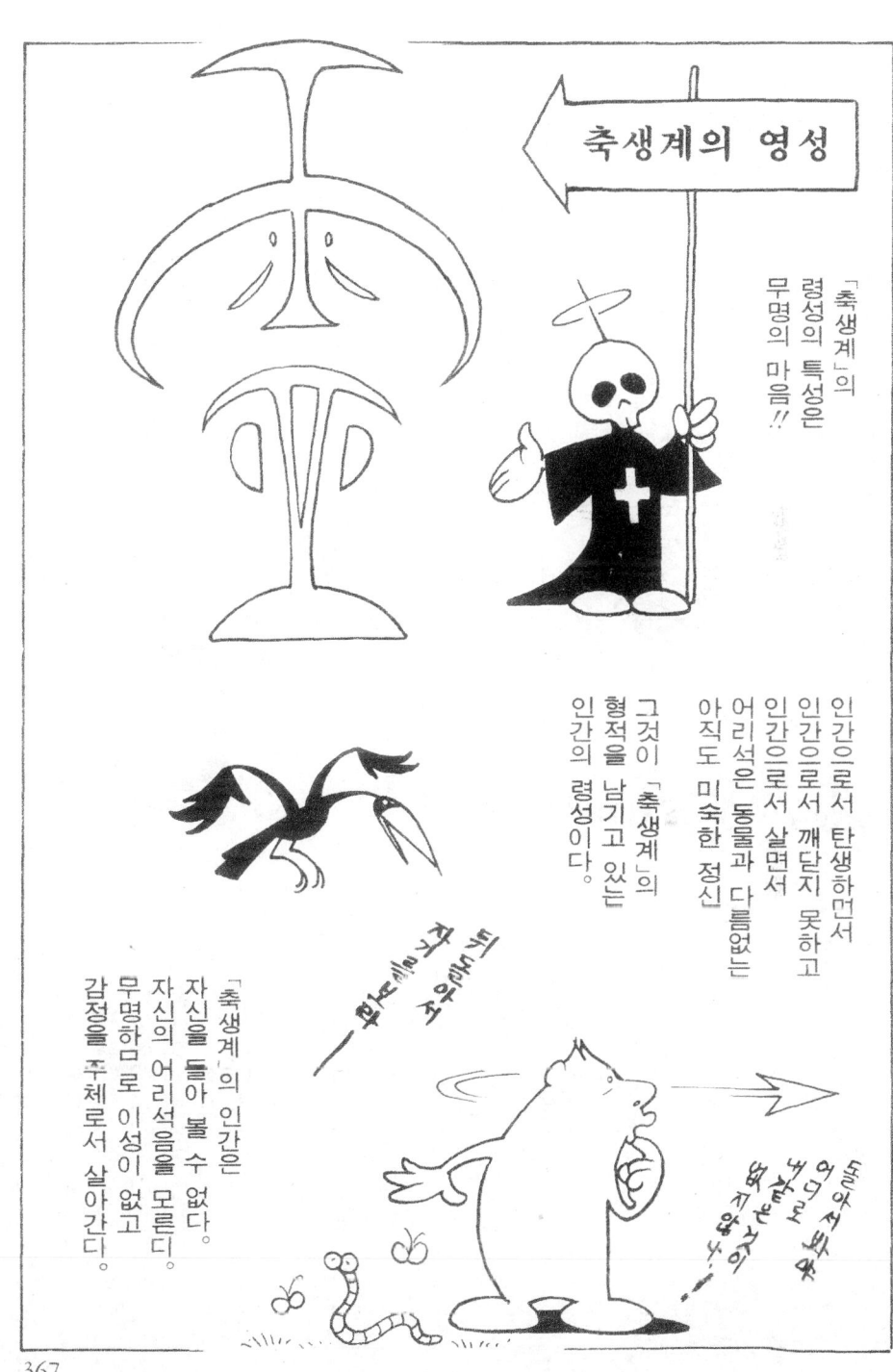

합리적인 판단능력이 없으므로 고정관념에 사로잡히고 있다. 모든 일의 의미를 물어서 고치지 못한다. 고정관념의 테두리에서 한발자욱도 나오지 못하고 어떻게 처리할 수도 없는 완고한 자가 되어버린다.

> 이것은 이러한 것이다!!
> 이것은 이렇게 하여야 된다!!
> 아무래도 그렇지 않다!! 그것은 그러한 것이다!!

고정관념

완고

깡통

"축생계"의 혼은 아직 어리다. "인계"의 혼에까지 육성되지 않았다. 그러한 곳에서 세상의 고집깡통족 중에는 한편 선량하게 보이는 마음으로서 생존하는 자가 많다. 그러나 거기에는 현명함이 없다. 그리고 가장 처리 곤란한것은 자신의 어리석은 고정관념을 확고한 신념으로서 사람들에게 강요한다.

많은 젊은자와 많은 아이들이 그 희생자가 되어서 마음이 삐뚤어져 가는데 고집깡통족에게는 그 원인이 자신 옆에 있다는것 등은 꿈에도 생각지 않는다.

거기에 구할 수 없는 무명함이 있다.

法蓮經

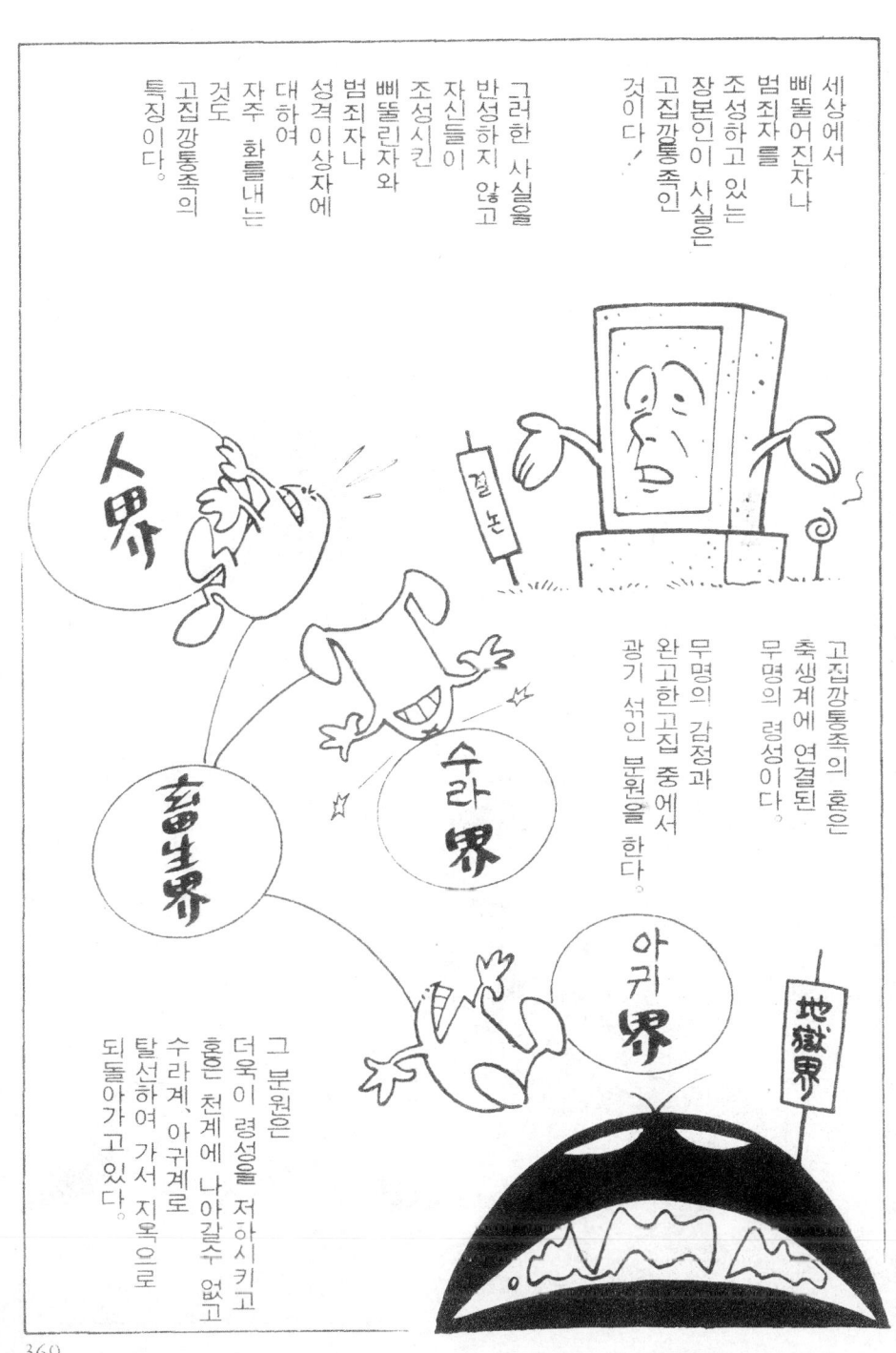

세상에서 삐뚤어진자나 범죄자를 조성하고 있는 장본인이 사실은 고집깡통족인 것이다!

그러한 사실을 반성하지 않고 자신들이 조성시킨 삐뚤린자와 범죄자나 성격이상자에 대하여 자주 화를 내는것도 고집깡통족의 특징이다.

고집깡통족의 혼은 축생계에 연결된 무명의 령성이다.

무명의 감정과 완고한 고집 중에서 광기 섞인 분원을 한다.

그 분원은 더욱이 령성을 저하시키고 혼은 천계에 나아갈수 없고 수라계, 아귀계로 탈선하여 가서 지옥으로 되돌아가고 있다.

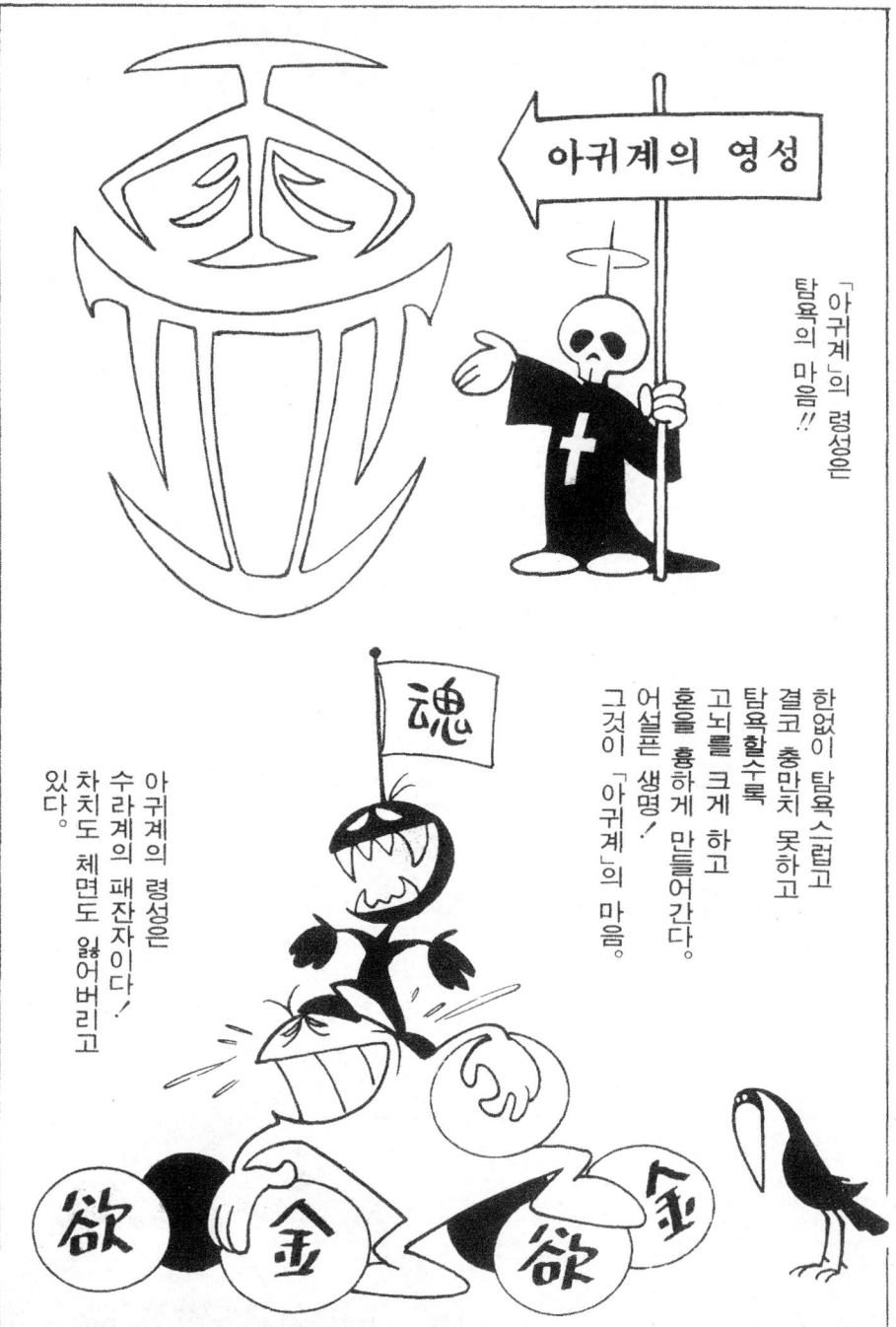

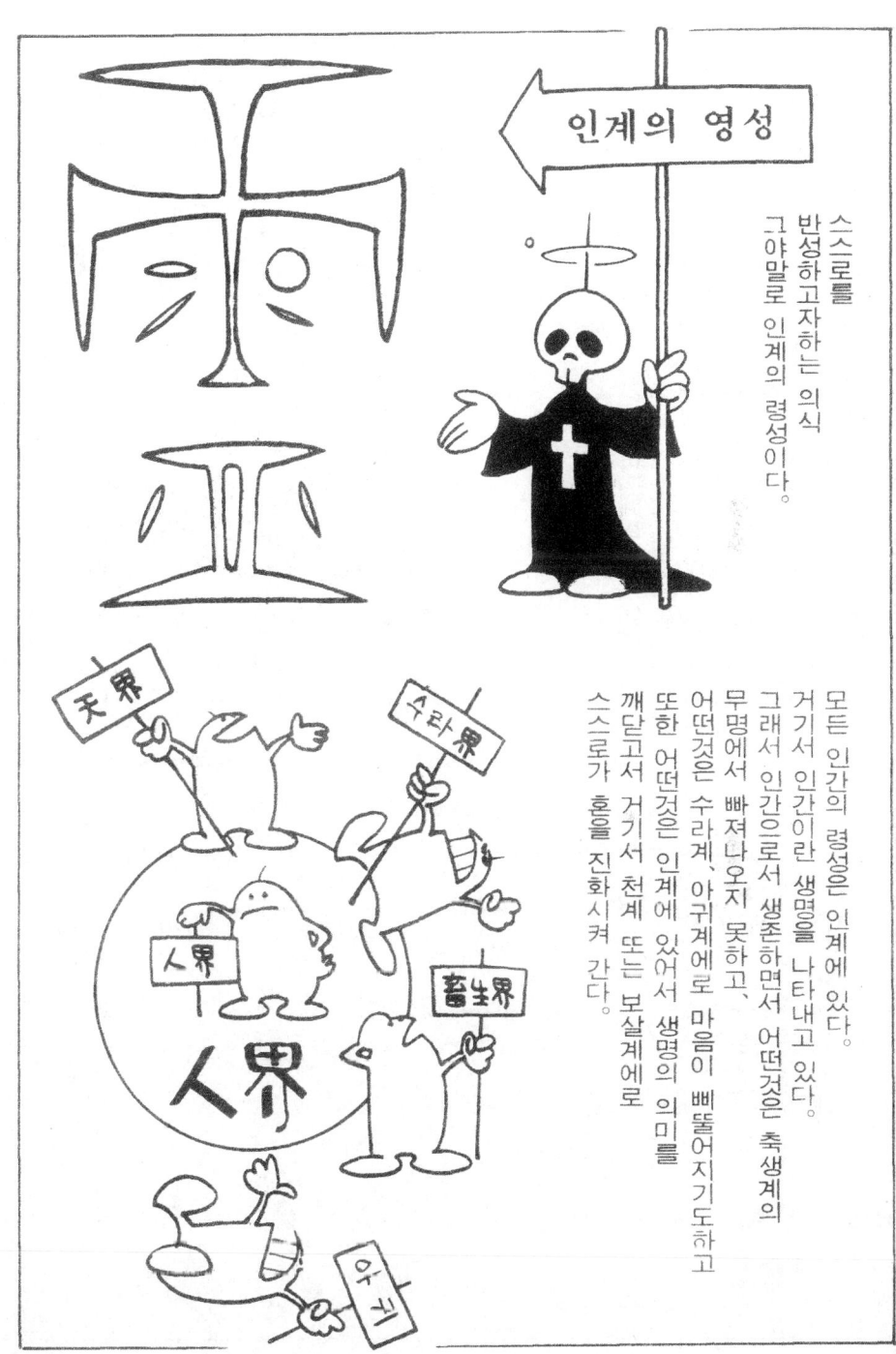

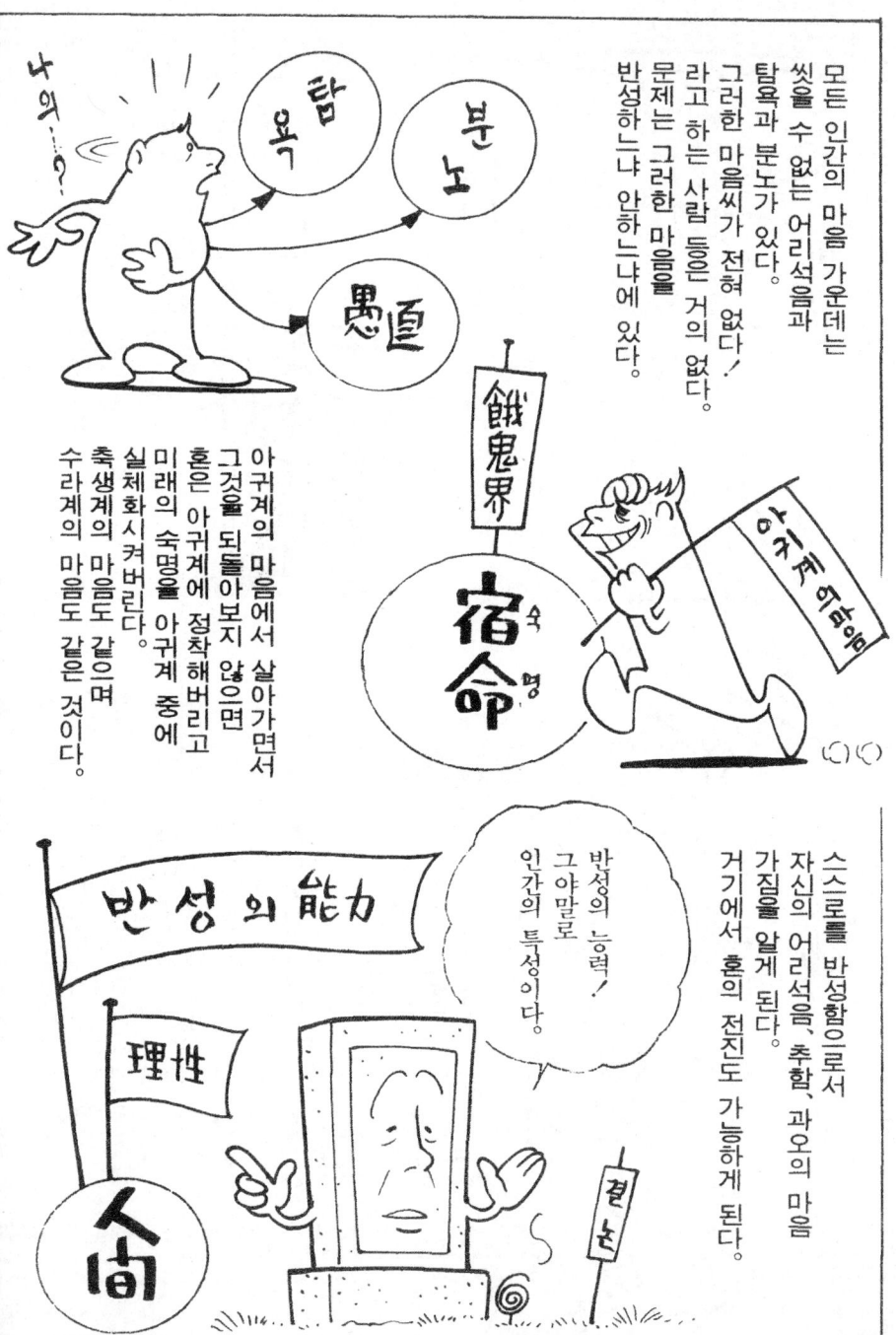

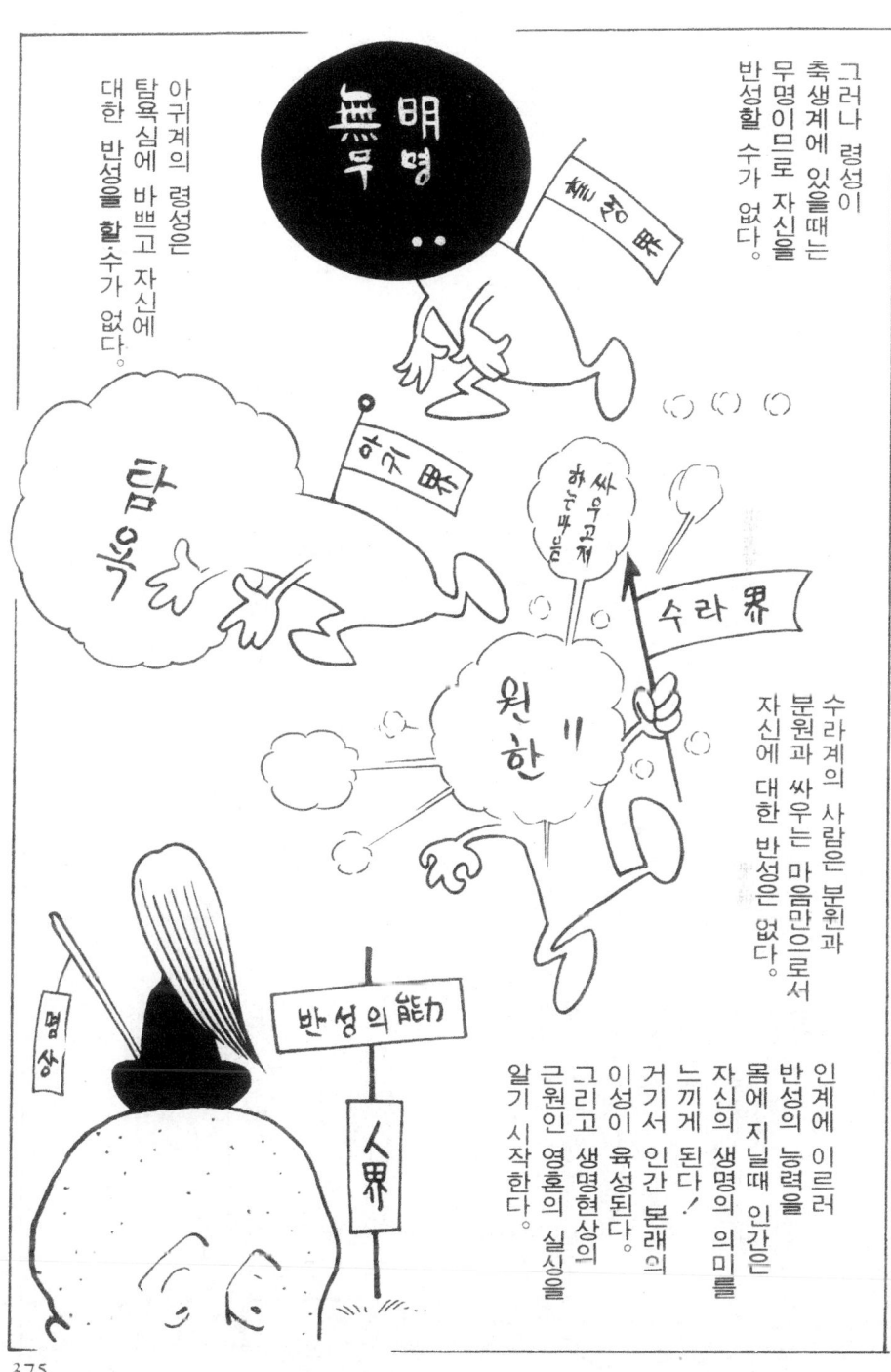

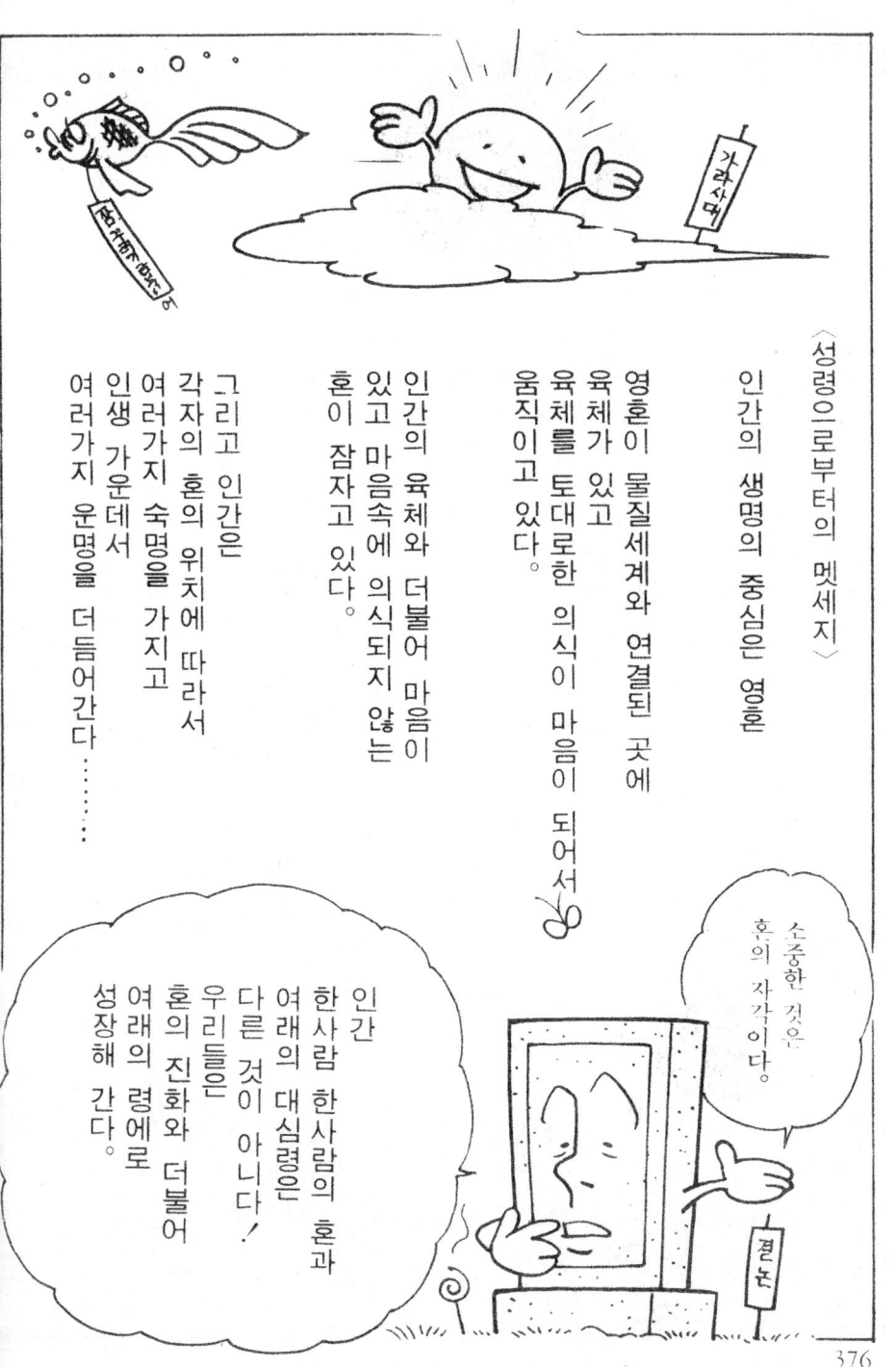

〈성령으로부터의 멧세지〉

인간의 생명의 중심은 영혼

영혼이 물질세계와 연결된 곳에 육체가 있고 육체를 토대로한 의식이 마음이 되어서 움직이고 있다.

인간의 육체와 더불어 마음이 있고 마음속에 의식되지 않는 혼이 잠자고 있다.

그리고 인간은 각자의 혼의 위치에 따라서 여러가지 숙명을 가지고 인생 가운데서 여러가지 운명을 더듬어 간다……

소중한 것은 혼의 자각이다.

인간 한사람 한사람의 혼과 여래의 대심령은 다른 것이 아니다! 우리들은 혼의 진화와 더불어 여래의 령으로 성장해 간다.

천계라 함은 정령의 세계 즉 여러 신들의 세계이다.

여기서 신이라는 말의 의미를 확실히 해석해 둘 필요가 있다.

불교에 나타나는 여러 「신」은 그리스도교나 이슬람교에서 표현되는 신과는 의미가 다르다.

그리스도교나 이슬람교의 신은 불교에서 말하는 「공」의 인격적 표현, 또는 성령적인 것을 말하는데 불교중 신이란 것은 천계 차원의 정령을 말한다.

그래 신에도 여러가지 계시는가…

그러한 불쾌한 현상을 나타내는 여러 신들은 그 령성이 진화되지 않은 까닭이다.

고귀한 령격으로 승화된 정령이나 성령은 그러한 속세적 마음씨로서 인간세계에 재앙을 가져 온다든지 괴롭힌다든지 하지 않는다.

그런데, 가령 잘못된 부모는 자신의 삐뚤림으로서 자식에게 여사로 폭행을 하는 수가 있다.

그러나 훌륭한 부모는 그러한 바보짓은 안한다. 지혜와 애정으로서 자식을 바르게 지도해간다. 같은 부모라도 거기에 천양지차이가 있다.

그러나 인간의 생명도 그 진화도 결코 인간의 세계만으로서 성립된 것이 아니다.

모든 삼라만상의 법칙성 중의 하나로서 인계라는 생명현상이 존재하고 있는 것이다.

우리들 눈에는 안보여도 항상 여러가지 정령이 우리들의 존재와 연결되어서 움직이고 있다.

우리들 생명을 고아 받쳐주고 있다. 우리들의 혼의 진화에 커다란 힘을 보내주고 있다.

불교에 있어서 「천부」의 신들이 여래의 법도의 수호신으로서 존경받는 것도 그러한 의미를 포함하고 있다.

옴

그러한 일을 실감했을 때 우리들 인간은 천계의 정령에 대하여 깊은 감사와 경의를 표하여야 한다.

오—ㅁ

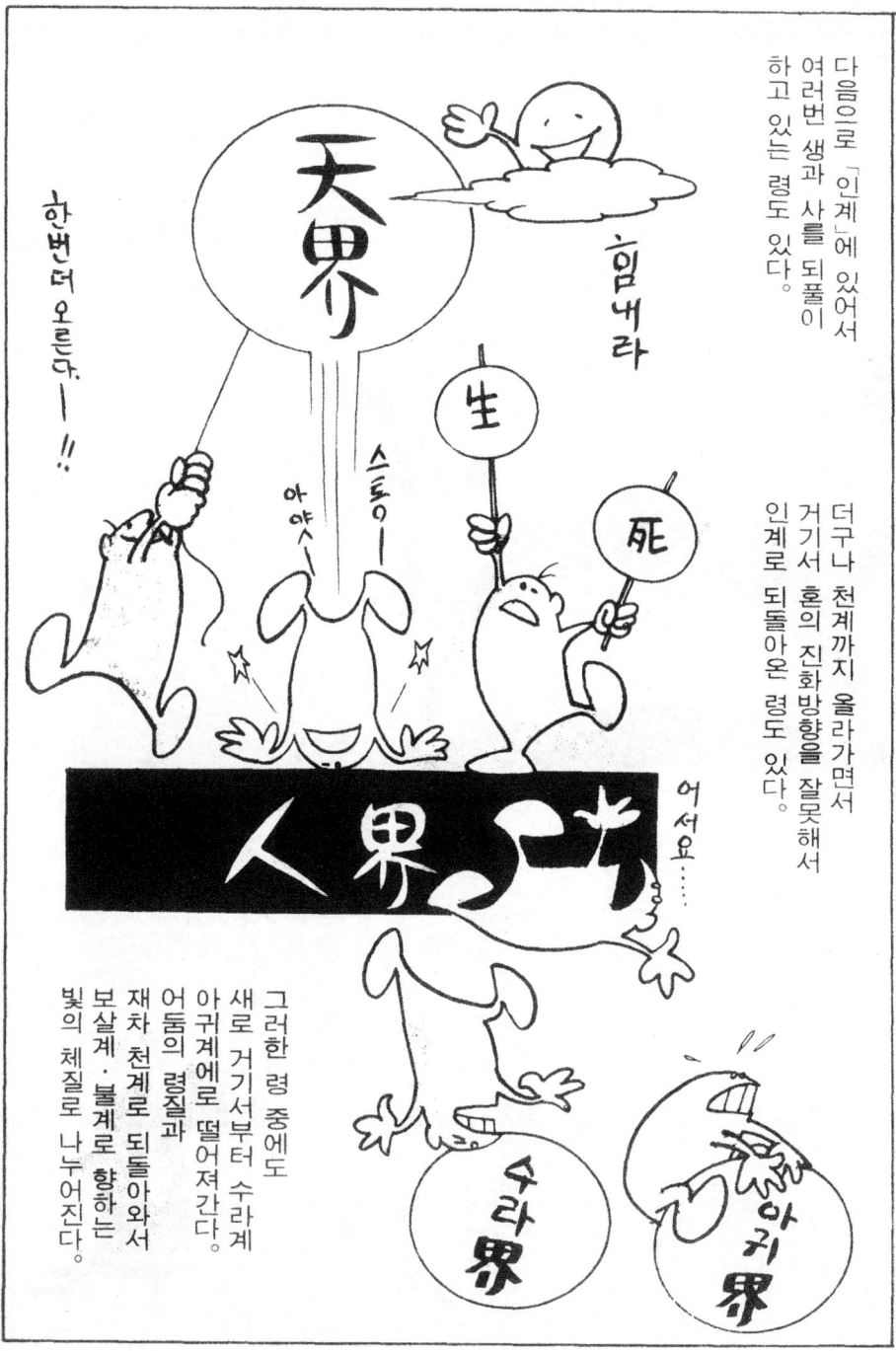

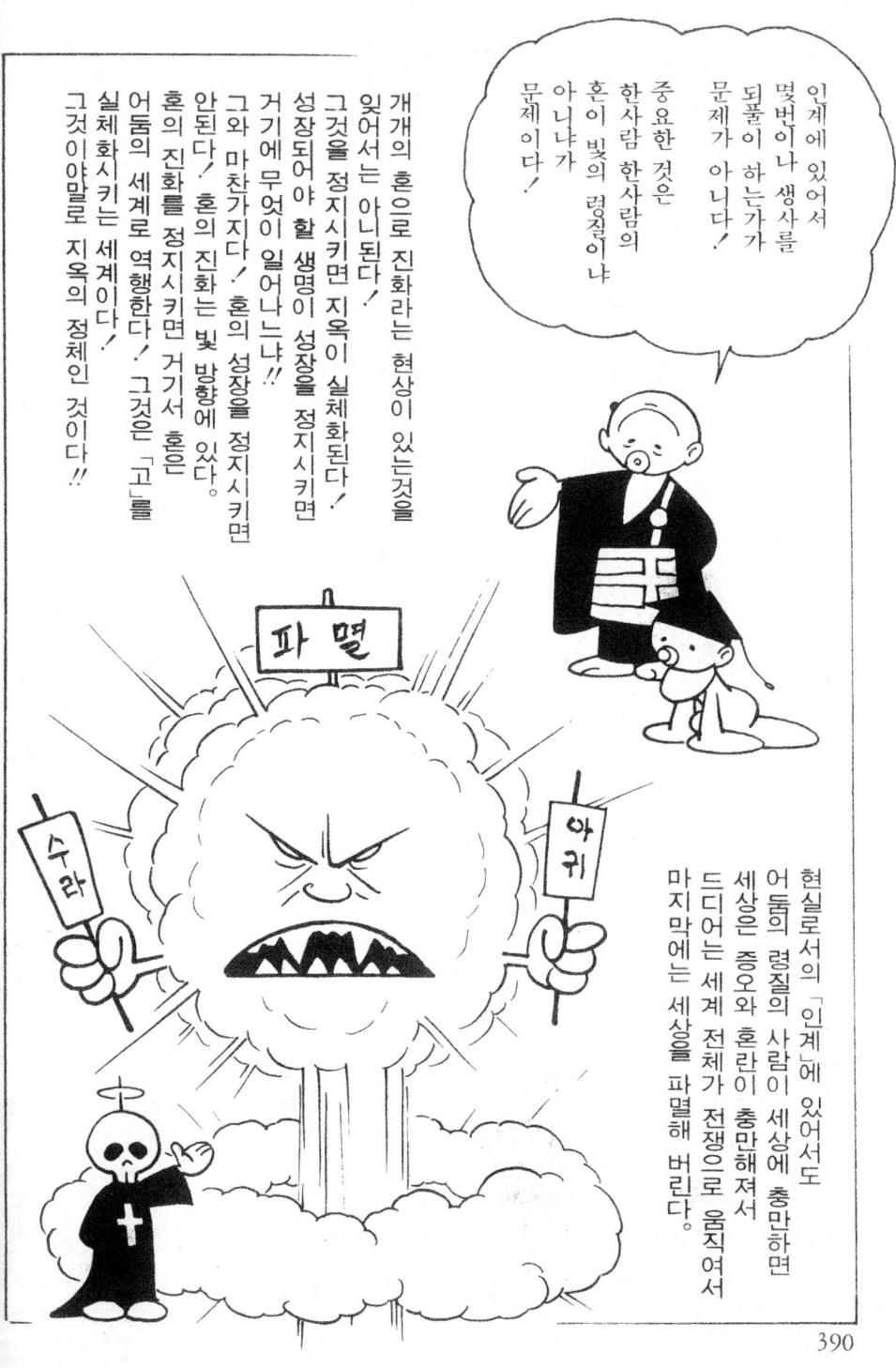

따라서 어떻게 하든지 살아있을 동안에 나쁜 갈마를 끊어야 한다.!

그 모든 열쇠를 잡고 있는 것이 지금 있는 「마음」이다!!

마음가짐에 따라서 스스로의 령질 그 자체가 빛이나 어둠으로 변화된다. 그것이 그 사람의 미래에 계속되는 숙명을 결정한다!!

반야심경은 경문의 표면에 있어서는 색의 세계에 있어서 공의 실감을 설교하고 있다.

그것을 방편으로 하여 그 뒤로 공이란 차원의 생명의 실상을 가르치고 있다.

더욱이 그러한 것을 통하여 반야심경은 모든 인간의 혼에게 부르짖고 있다.

혼을 어둠속으로 향하게 해서는 안된다. 자기의 령질을 빛의 령질로 만들어라…… 라고.

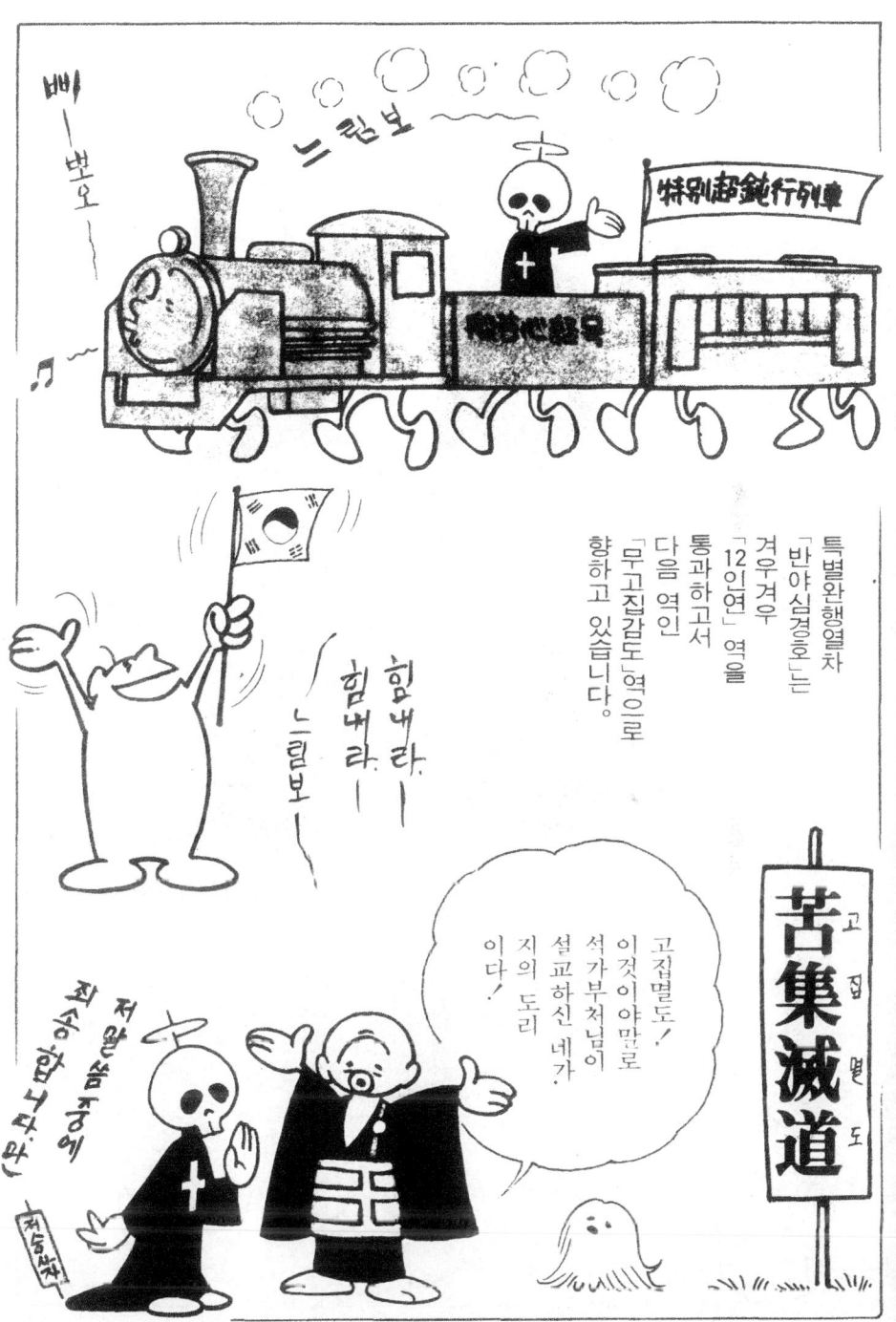

만화엣세이로서 엮은 「반야심경」

제3장 혼의 깨달음

자신의 생명은 「공」인 것이다.
자신의 생명에는 실체는 없는 것이다!
등등으로 말을 들었다고 해도
실감으로서 그렇게 생각하는 사람이
아무데도 없다.

설혹 그렇게 생각이 든다고 해도
그러한 것이 어쨌다는 것이냐!
그러하니까 어떻게 하란 말이냐!

내실없는 잔소리로서
이 현실상의 여러가지 문제가
어떻게 해결된다는 것인가
잔소리를 이해하는 기분이 되면
도통이 될 수 있다고라도 하는가?
그렇다면 도통된 모두가 잔소리와 같다.

신기루를 쫓아서
사막을 기어다니는 것은 어지간히 치워버림이 어떠냐?
꿈과 환상을 쫓지마라! 눈을 떠라!
생명 근원의 「공」을 알아라!!

―― 성령으로부터의 멧세지 ――

인생은 「고(苦)」.
이 "색"의 세계는
자기희생의 실현 중에서 "혼"이 육성되는 장소.

자기희생의 정신이란 것은
개개의 "혼"에 연결되는
"일대심령"의 의지의 나타남이고……

자기희생이 실현될 때,
거기에는 피할 수 없는 「고가 따른다」!
그러나, 그것이야말로
"혼"의 진화에 없어서는 안되는 조건!!
피해서는 안되는 것!
스스로 구해서라도
그것을 소화시킬 수 있는 것!

거기에 「혼」의 진화가 실현되어 간다!.

— 반야심경 —

관자재보살
행심반야바라밀다시조견.
오온개공. ←현장이 후세에 첨가시킨 물질
(도일체고액.)

〈경문의 의미〉

관자재보살이
지혜의 완성을 수행할 때
모든 존재는
다섯가지 요소로부터
성립되며 그 실상은
"공"이라는 것으로
확인했다.

도통한 혼의 의식이 관자재보살 입니다.

〈경문에 숨겨진 가르침〉

모든 인간은
그 생명 속에
일대심령과 연결되는
"혼"을 숨기고 있다.
그 혼의 의식은
깊은 명상수행과 같이
싹트기 시작한다.

"혼"의 도통에서
생명의 실상을 직감적으로
파악하는 감성과 이지가
발생한다.
그 이지에 의하여 사람은
현실의 여러가지 번뇌에서
해탈할 수 있는 것이다.

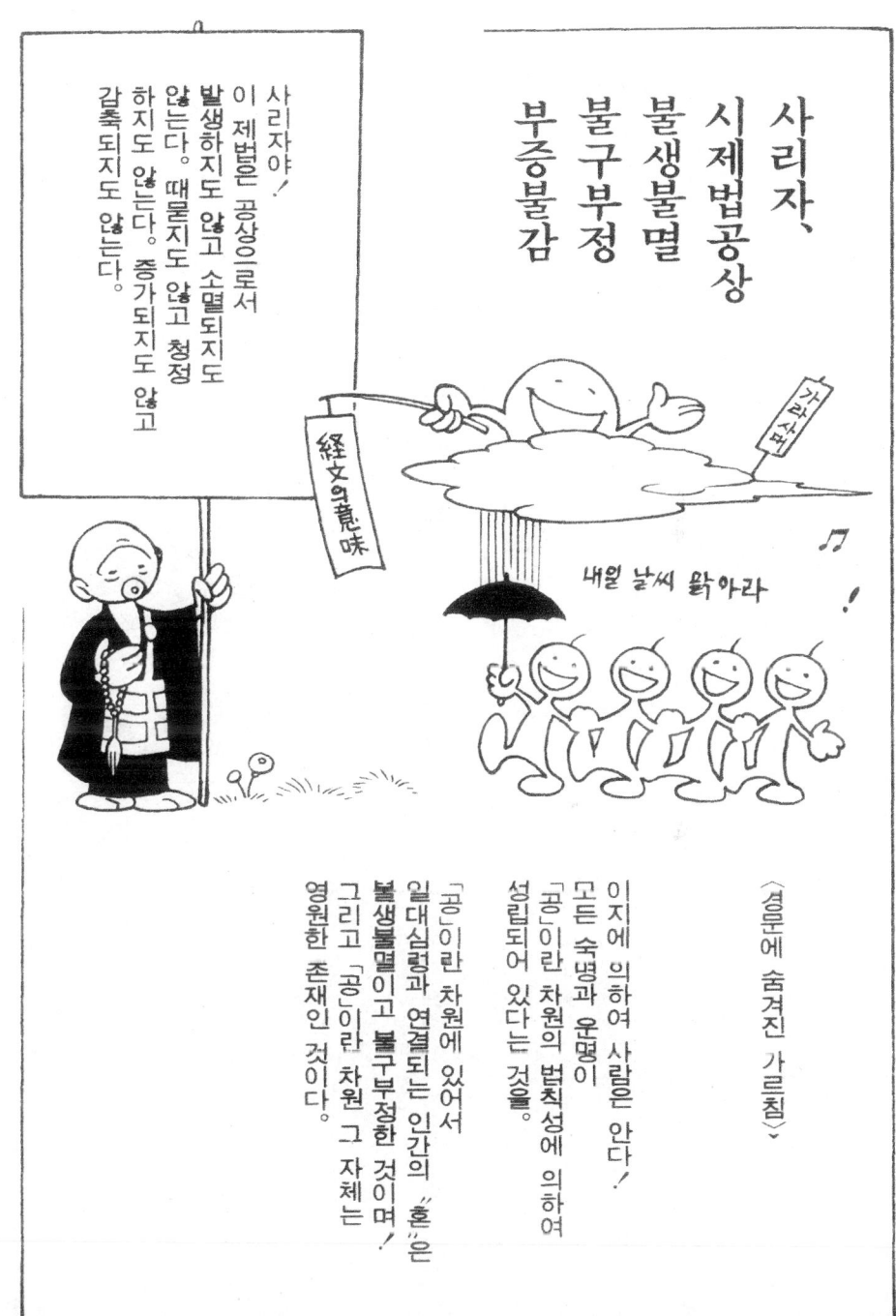

시고공중무색,
무수, 상, 행, 식,
무안이비설신의,
무색성향미촉법,
무안계내지무의식계
무무명, 역무무명진,
내지무노사, 역무노사진,

이러하므로서 「공」에 있어서는 어떠한 물질적 현상도 없고 모든 감각 기관도 없고 그러한 움직임과 움직이는 대상도 없다. 눈의 영역에서 의식의 영역에 이르기까지 모두가 아무것도 없다. 12인연도 없고 또한 그러한 것이 끊어지지도 않는다.

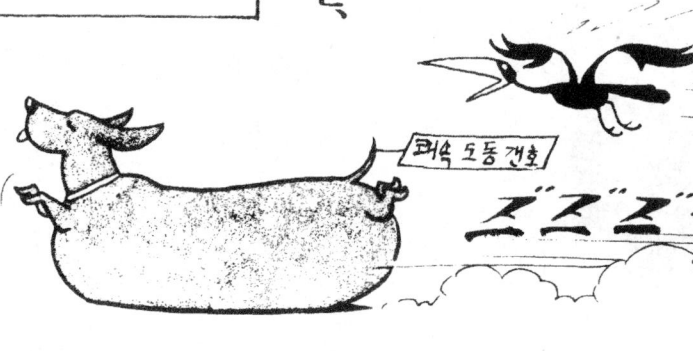

經文의 의미

〈경문에 숨겨진 가르침〉

"공"이란 차원은 일체의 물질적 현상을 초월해 있다. "공"이란 차원에는 육체와 연결되는 모든 집착이나 번뇌도 없다! "공"이란 차원에 도달하면 오래 계속된 "무명"은 소멸되고 생과 사를 둘러싼 「육도윤회」의 쇠사슬도 끊어진다.
"혼"이 진화하고서 거기에 있어서 "혼"은 「고」를 토대로 하여 육체라는 생명현상에서 완전하게 해방되는 것이다.

무고집멸도,
무지,
역무득이무소득고
보리살타
의반야바라밀다고
심무가애.
무가애고무유공포,
원리전도몽상,
구경열반.

도통에 들어설 길도 없고 지혜도 없다. 얻는것이나 집착물도 없는데에서는 구도자는 지혜의 완성과 더불어 마음을 덮치는 모든 번뇌로부터 떠나서 드디어는 열반을 달성시킨다.

의 무 미

〈경문에 숨겨진 가르침〉

여러가지 욕망에 대한 집착에서 「고」와 「분원」이 발생한다! 욕망에의 고집이야말로 「고」의 원인이다. 그리한 모든 집착에서 떠니는 곳에 도통이 있다.

도통의 길을 가는 자는 명상에서 발생하는 이지에 의하여 "저아"의 사악을 정복하고 "진아"의 정견에 눈뜨게 된다.

거기에 있어서 마음을 덮치는 여러가지 번뇌는 소멸해가고 드디어는 그 "혼"은 열반을 달성하기에 이른다.

삼세제불
의반야바라밀다고
득아뇩다라삼먁삼보리.
고지.
반야바라밀다시대신주
시대명주
시무상주
시무등등주
능제일체고.

과거 현재 미래의 모든 부처님도 반야바라밀다에 의하여 다시 없는 올바른 도통을 얻었다.
그러므로 알지어다! 반야바라밀다의 커다란 진언을 이야말로 도통의 진언! 다시 없고 비할바 없는 진언은 일체의 「고」를 제거한다.

経文의 의미

불타

놀란개구리

〈경문에 숨겨진 가르침〉

과거, 현재, 미래를 초월하여 열반을 달성한 모든 부처님도 "공"이란 차원과 연결되는 명상에서 얻어진 이지에 의하여 완전한 "혼"의 진화를 성립시킨 것이다.

그러므로서 사람들은 알지어다! 명상과 더불어 "진아"의 깨달음에 이르는 커다란 "진언"을 이야말로 도통으로 인도하는 진언이며 다시 없고 비할바 없는 진언이다.
이로서 "혼"은 그 고향인 "공"이란 차원으로 진화의 길을 걷기 시작한다.

진실불허고설반야바라밀다주.
즉설주왈,
아제아제바라아제바라승아제
모지사바하

—반야심경—

그것은 진실하고 거짓없는 완성된 이지에 의하여 설교된 주문이다.
즉 다음과 같다!
가디…… 가디……
파아라 가디……
파라 삼 가디……
보디 수바하……

반야심경은 경문 전문이 방편으로서 쓰여 있다. 따라서 경문의 의미만 더듬어 보아도 잘 알지 못한다.

정말 가르침은 경문 뒤에 숨겨지고 있다. 경문 뒤를 알아보기에는 반야의 이지가 필요하다. 그 이지를 눈뜨게 하는 것이 반야심경의 "주문"이다.

속 "주문"에 숨겨진 부처님의 영력을 이용함으로서 공의 명상이 실현되고 거기에 반야심경의 길은 가르침을 이해하는 이지가 발생한다.

성스러운 부처님의 령에게 경의와 감사를

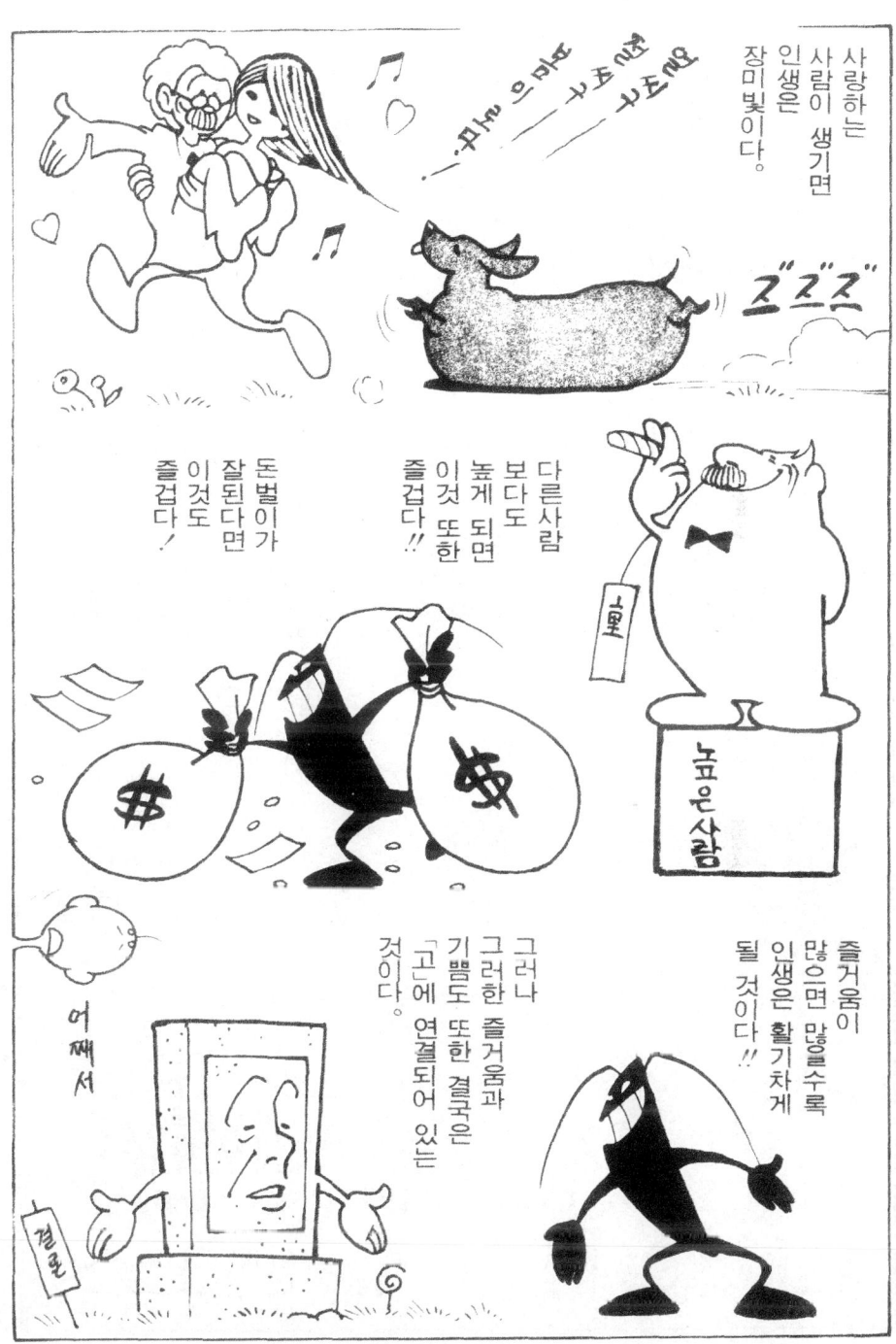

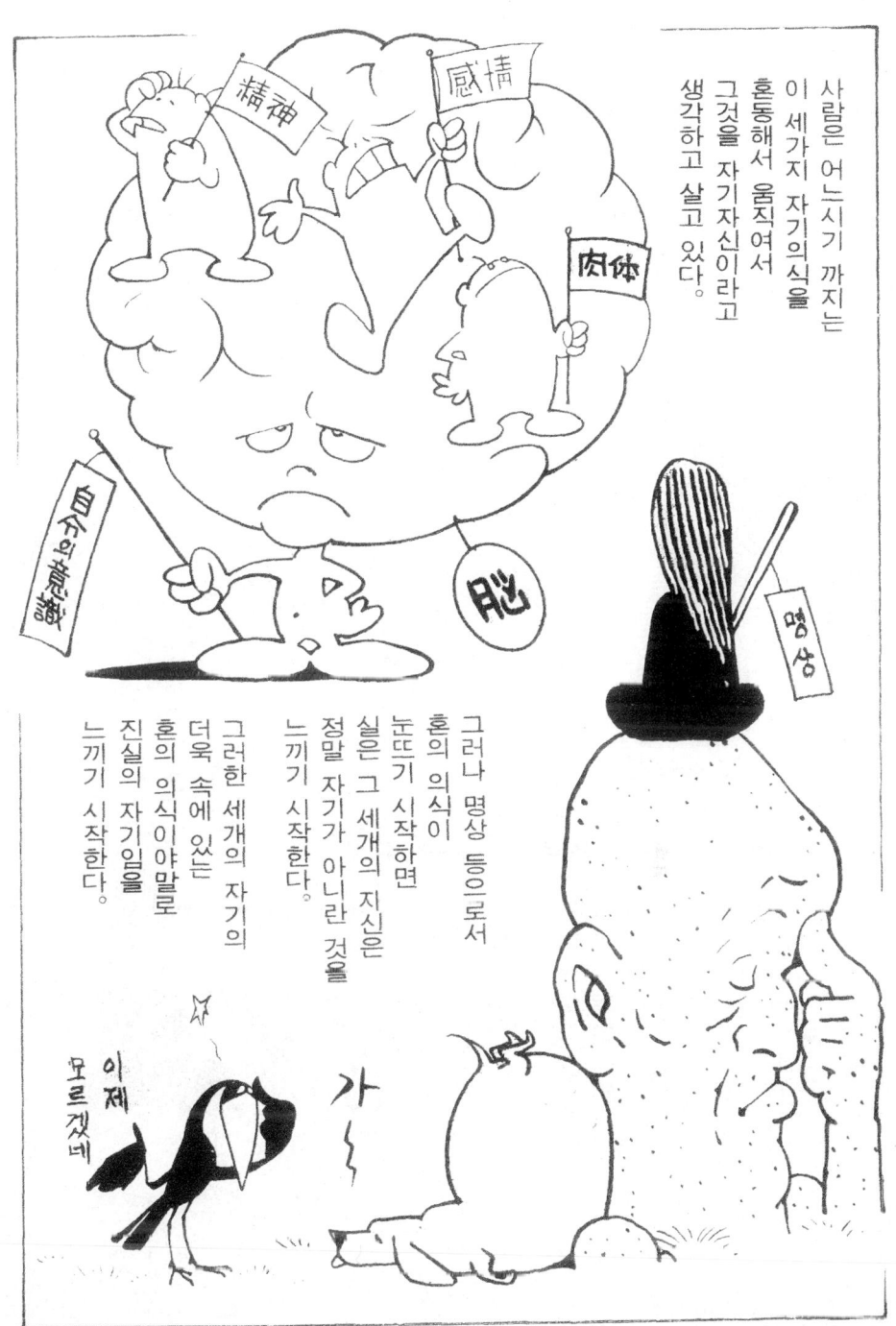

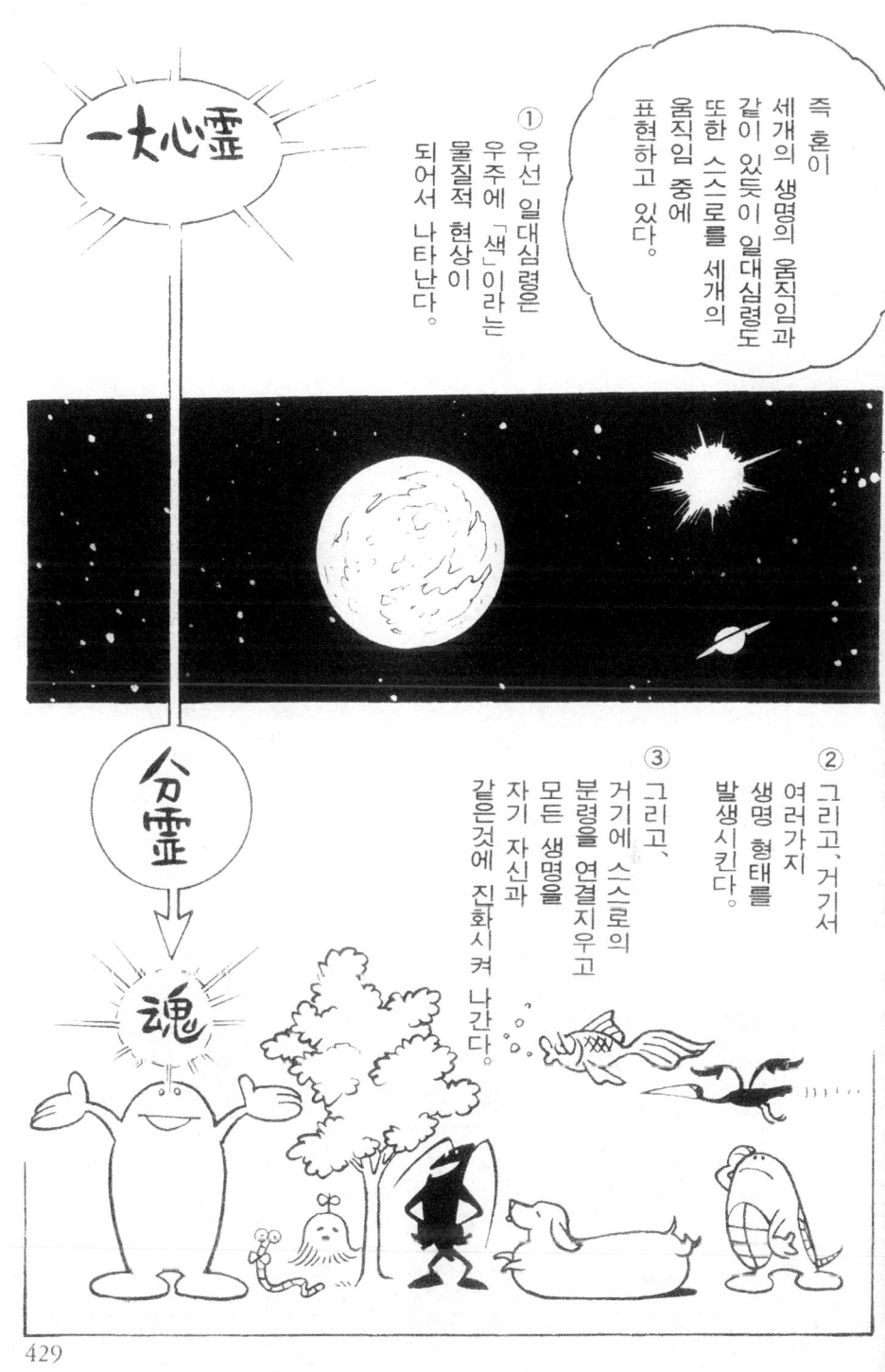

이 일대심령의 의지의 세가지의 나타나는 법이 말해지는 근본 모습이다.

이 일대심령의 의지의 세가지의 나타나는 법이 "삼위일체"라고 말해지는 근본 모습이다.

그것은 우주라는 현상 중에서 창조, 유지, 파괴를 한정없이 되풀이하면서 일대심령으로부터 헤어진것이 스스로 깨닫고 진화하여 그 근원인 일대심령으로 되돌아가는 모습이다.

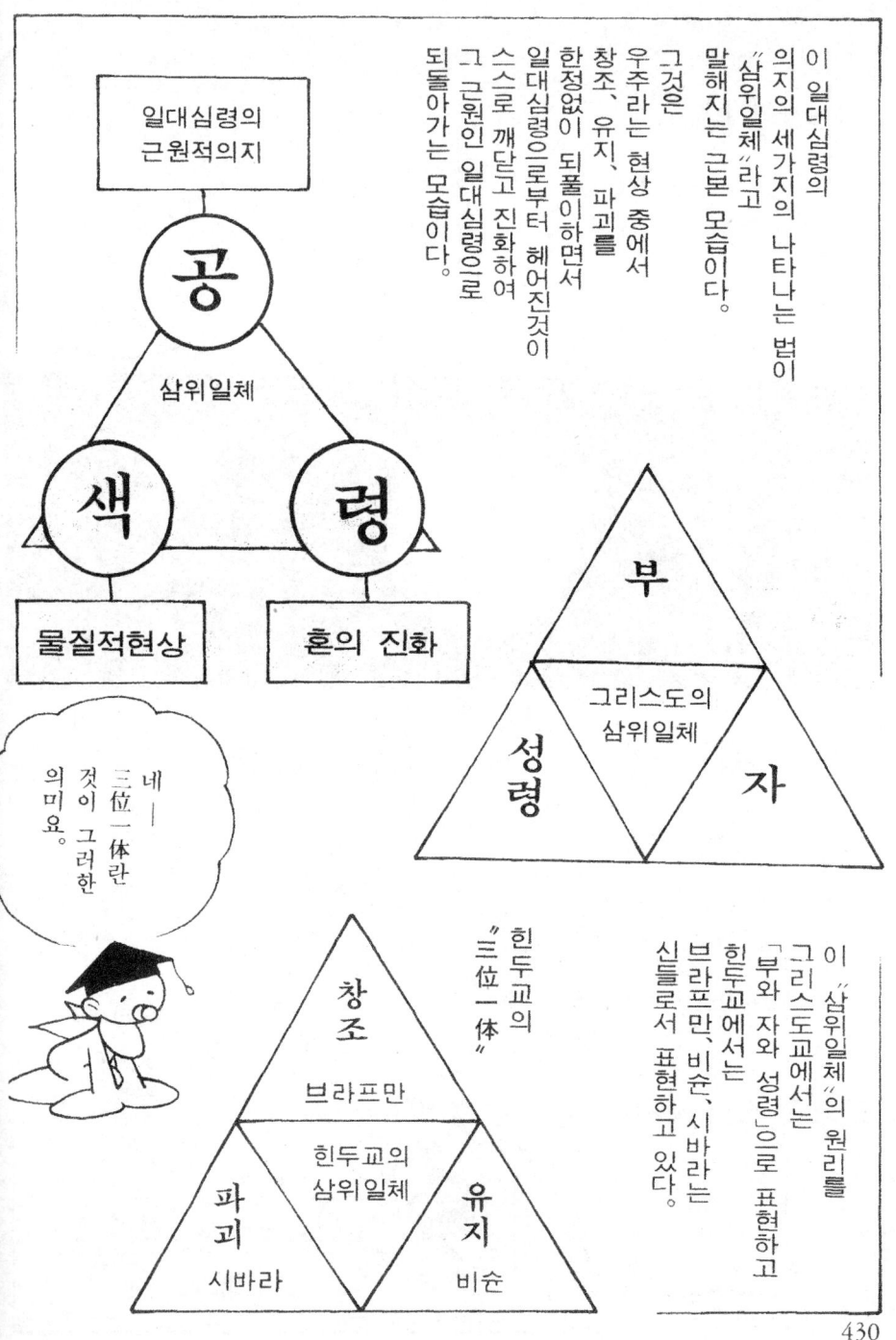

일대심령의 근원적의지

공
삼위일체
색 — 령
물질적현상 — 혼의 진화

부
그리스도의 삼위일체
성령 — 자

네— 三位一体란 것이 그러한 의미요.

힌두교의 "三位一体"

창조
브라프만
힌두교의 삼위일체
파괴 — 유지
시바라 — 비슌

이 "삼위일체"의 원리를 그리스도교에서는 "부와 자와 성령"으로 표현하고 힌두교에서는 브라프만, 비슌, 시바라는 신들로서 표현하고 있다.

430

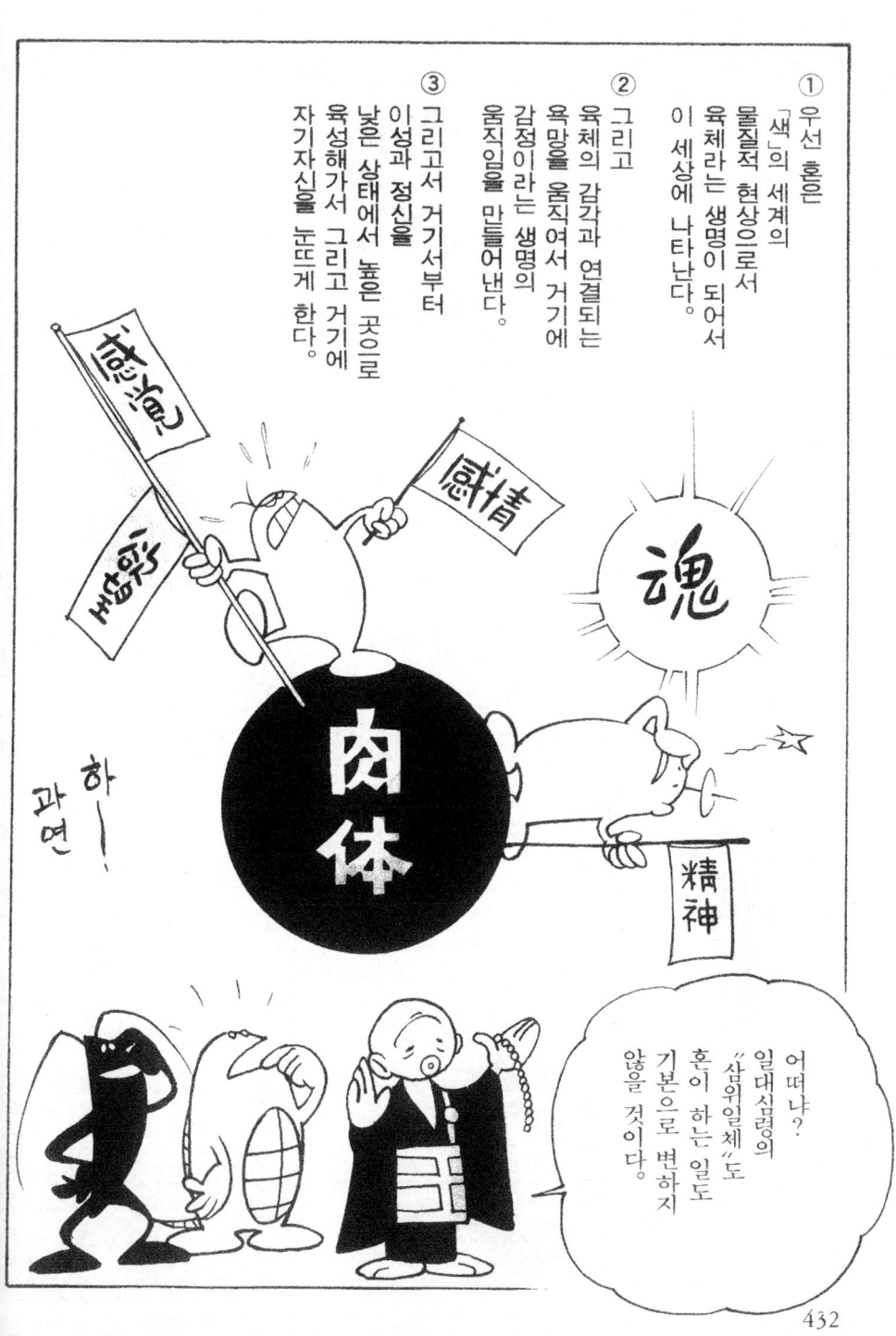

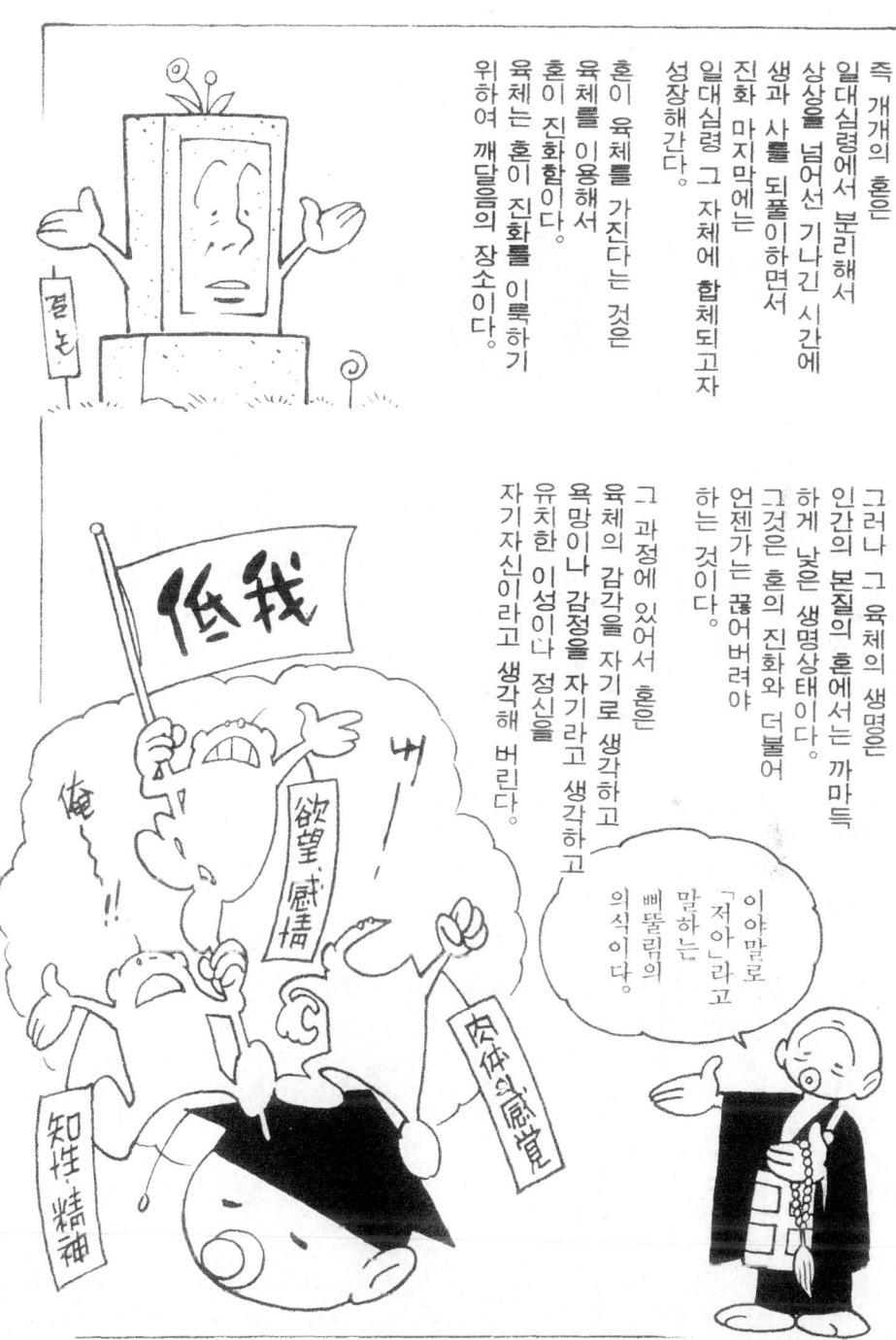

즉 개개의 혼은 일대심령에서 분리해서 상상을 넘어선 기나긴 시간에 생과 사를 되풀이하면서 진화 마지막에는 일대심령 그 자체에 합체되고자 성장해간다.

혼이 육체를 가진다는 것은 육체를 이용해서 혼이 진화함이다. 육체는 혼이 진화를 이룩하기 위하여 깨달음의 장소이다.

그러나 그 육체의 생명은 인간의 본질에서는 까맣게 낮은 생명상태이다. 그것은 혼의 진화와 더불어 언젠가는 끊어버려야 하는 것이다.

그 과정에 있어서 혼은 육체의 감각을 자기로 생각하고 욕망이나 감정을 자기라고 생각하고 유치한 이성이나 정신을 자기자신이라고 생각해 버린다.

이야말로 「저아」라고 말하는 삐뚤림의 의식이다.

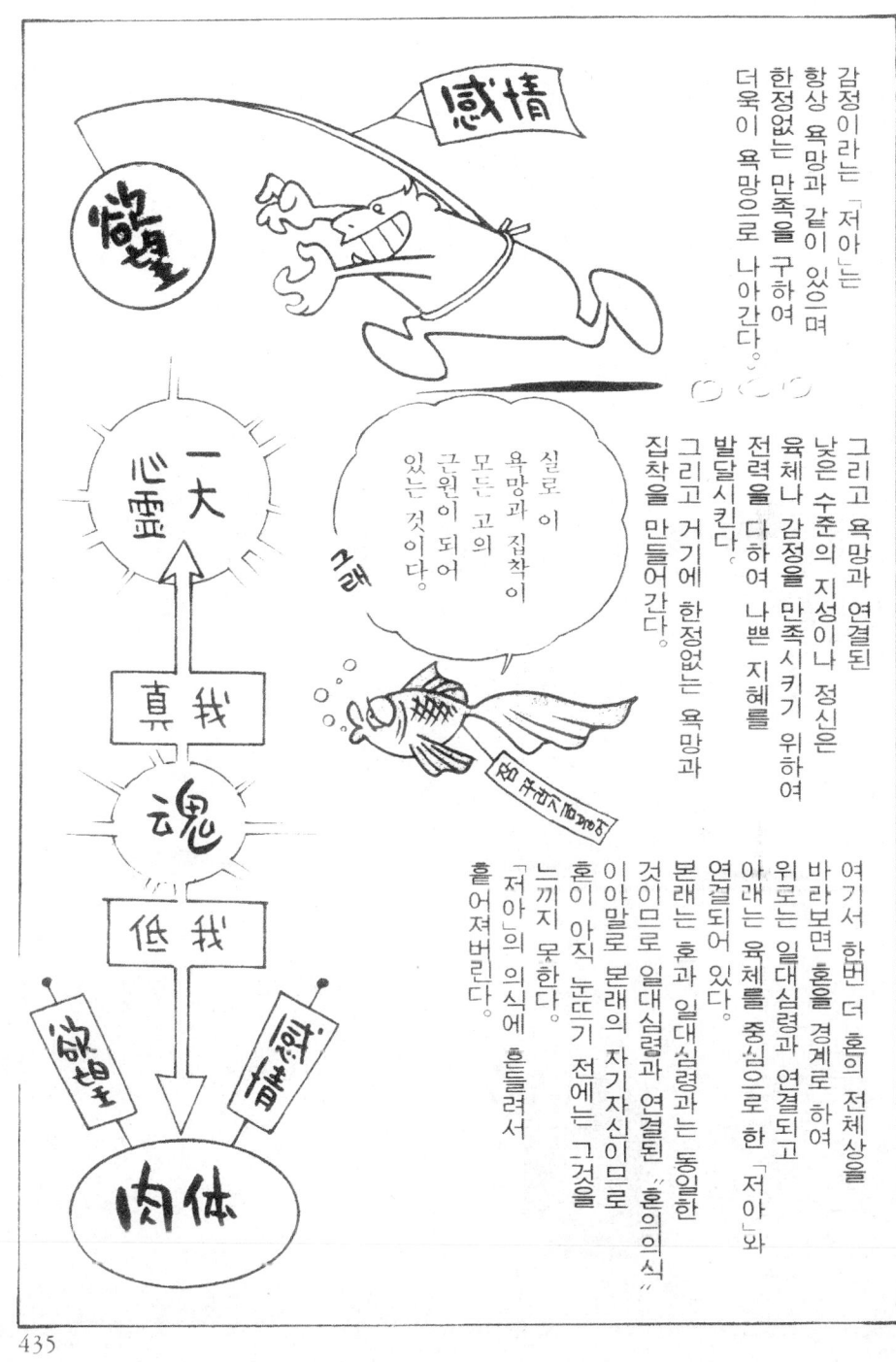

그러나 「진아」가 「저아」에게 흔들려버린 단계도 혼이 눈뜨게 되는 필연의 과정인 것이다.

일대심령에서 분리되어서 육체에 갇혀버린 혼은 하나간 태아상태이다.

일대심령의 전능의 힘을 안으로 숨겨 있어도 그것은 잠자는 모양의 상태이다.

그것을 잠에서 깨어나게 하는 자격이 필요하다.

그 과정으로서 「저아」의 육체차원에서 감각에 눈뜨고, 욕망의 차원으로서 감정에 눈뜨고, 이성의 차원으로서 정신에 눈뜨고 간다.

즉, 「저아」라 함은 혼을 눈뜨게 하는 도구인 것이다.

「저아」를 도구로 하여 드디어 「진아」가 눈뜨게 된다.

인간의 외견적인 진화를 바라보라. 다른동물 보다도 무엇이 훌륭하냐 하면 도구를 자유롭게 조종하는 일이다.

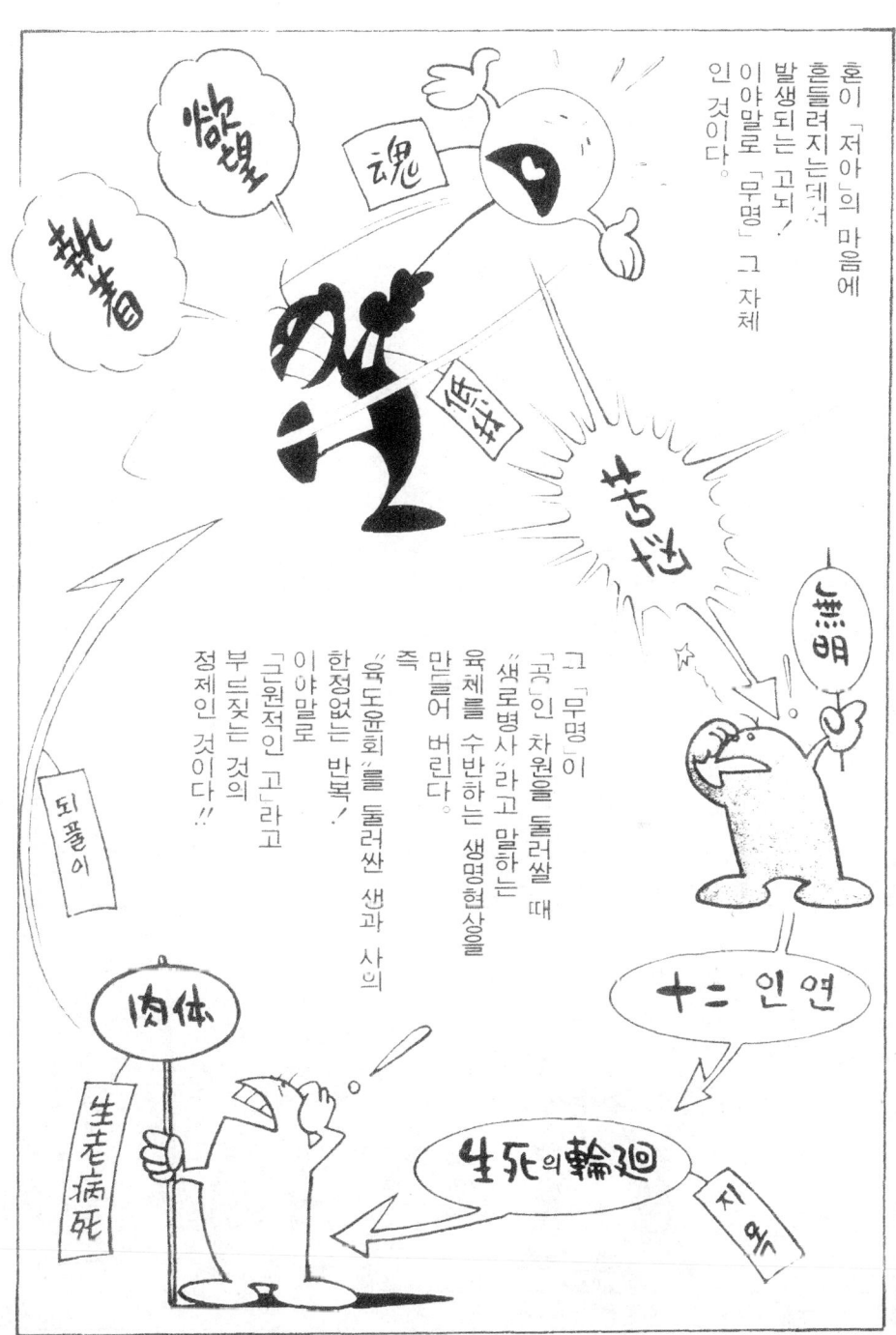

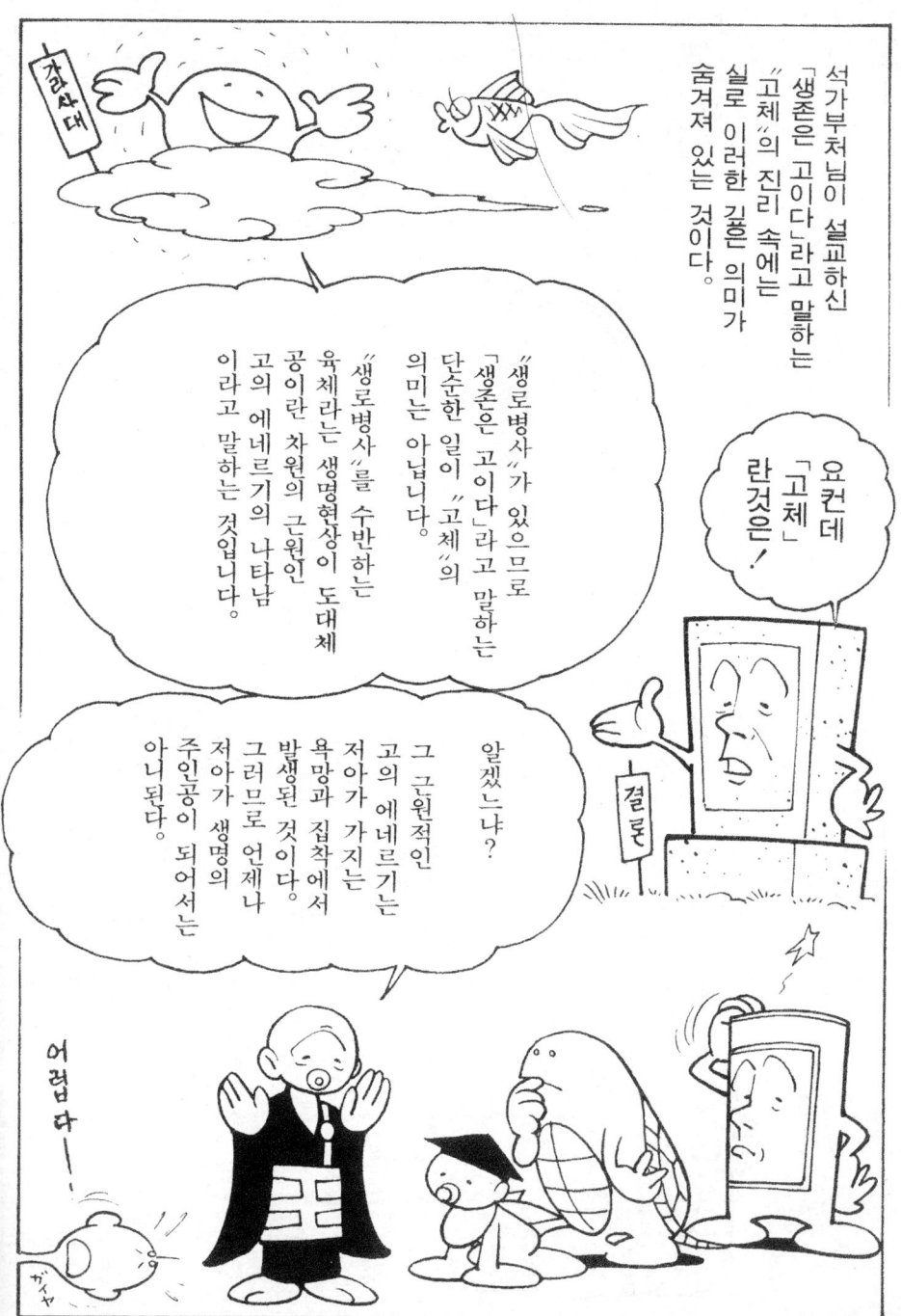

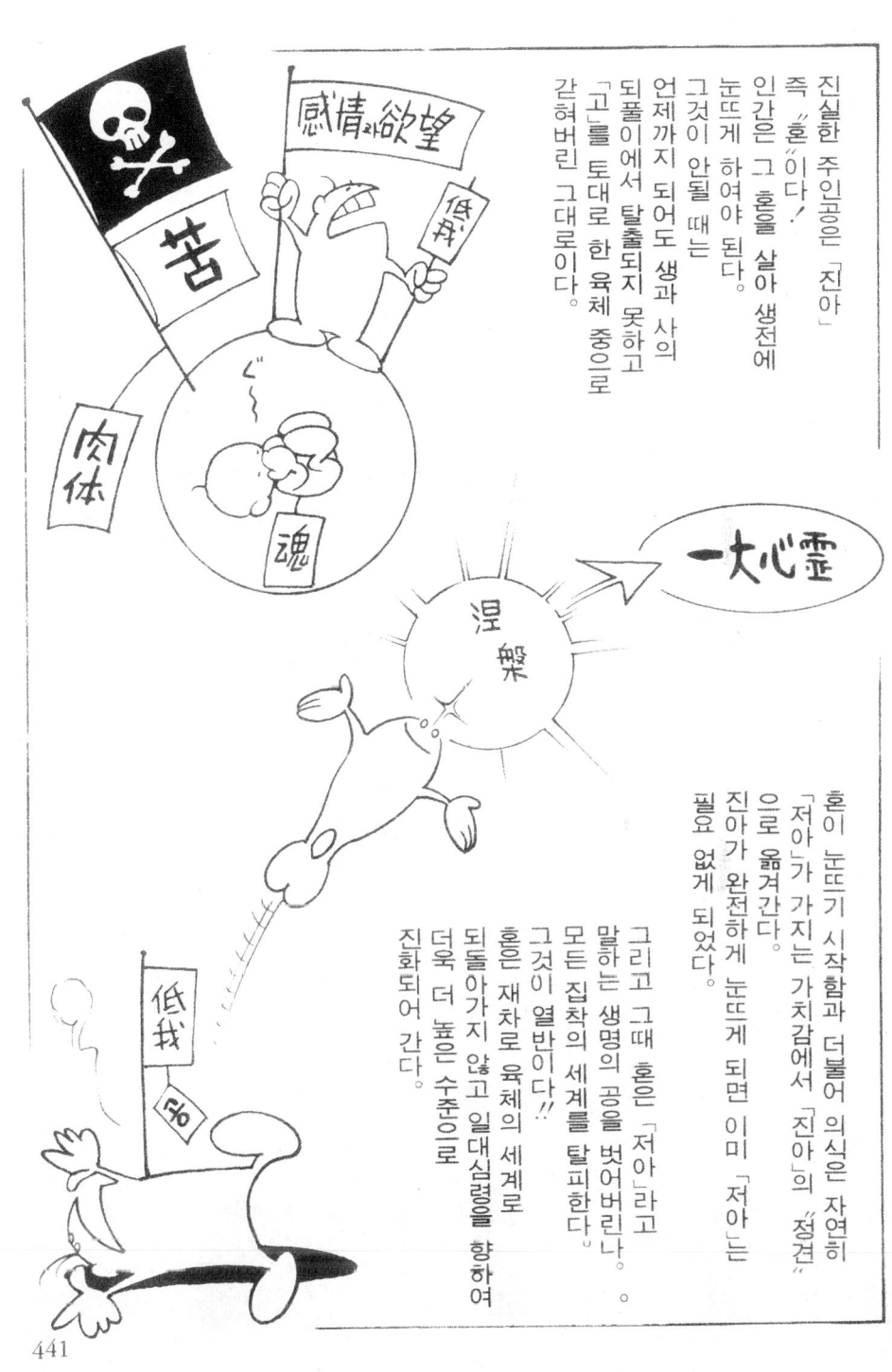

진실한 주인공은 「진아」
즉 "혼"이다!
인간은 그 혼을 살아 생전에
눈뜨게 하여야 된다.
그것이 안될 때는
언제까지 되어도 생과 사의
되풀이에서 탈출되지 못하고
「고」를 토대로 한 육체 중으로
갇혀버린 그대로이다.

혼이 눈뜨기 시작함과 더불어 의식은 자연히
「저아」가 가지는 가치감에서 이미 「저아의 "정견"」
으로 옮겨간다.
진아가 완전하게 눈뜨게 되면 이미 「저아는
필요 없게 되었다.

그리고 그때 혼은 「저아」라고
말하는 생명의 공을 벗어버린다.
모든 집착의 세계를 탈피한다.
그것이 열반이다!!
혼은 재차로 육체의 세계로
되돌아가지 않고 일대심령을 향하여
더욱 더 높은 수준으로
진화되어 간다.

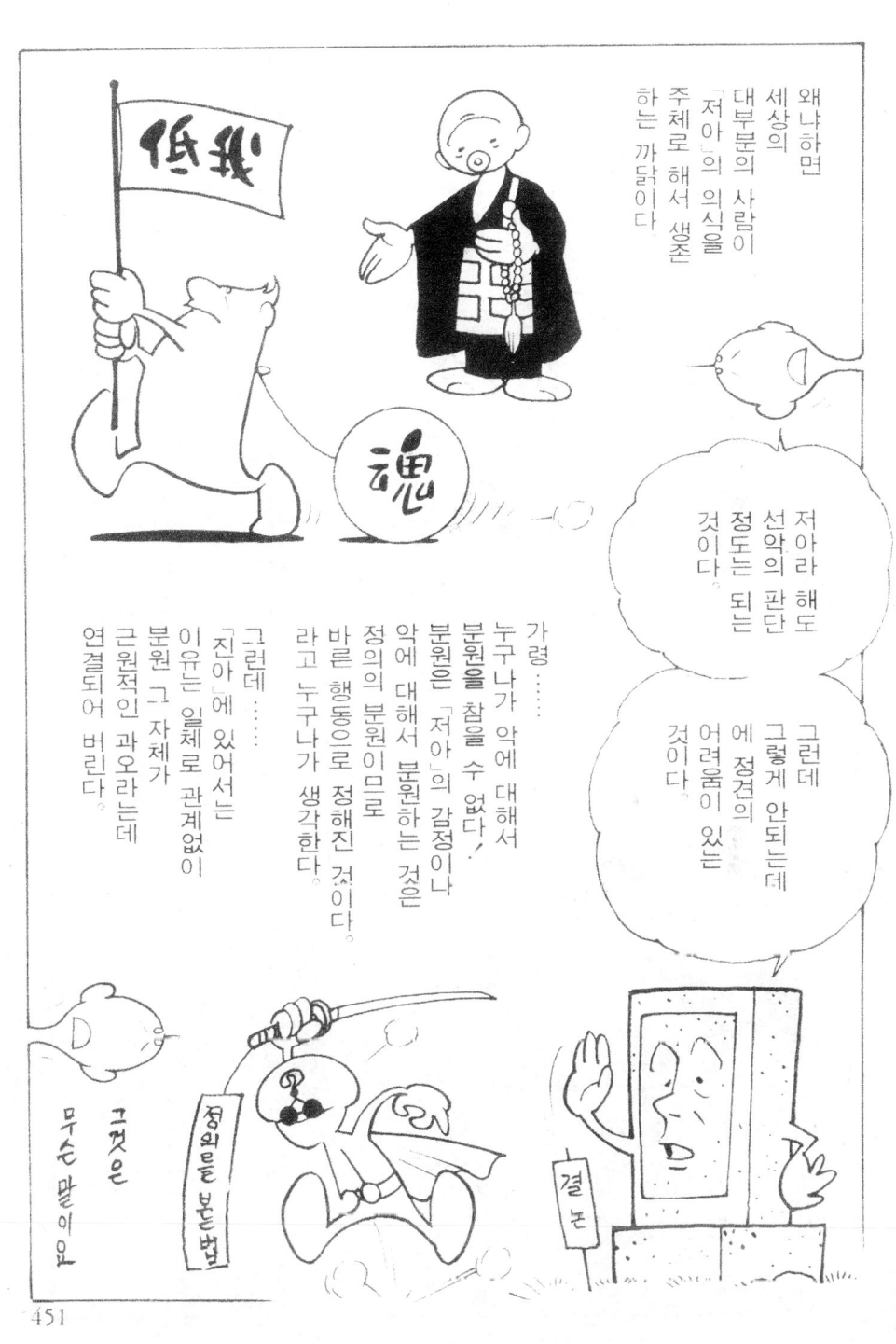

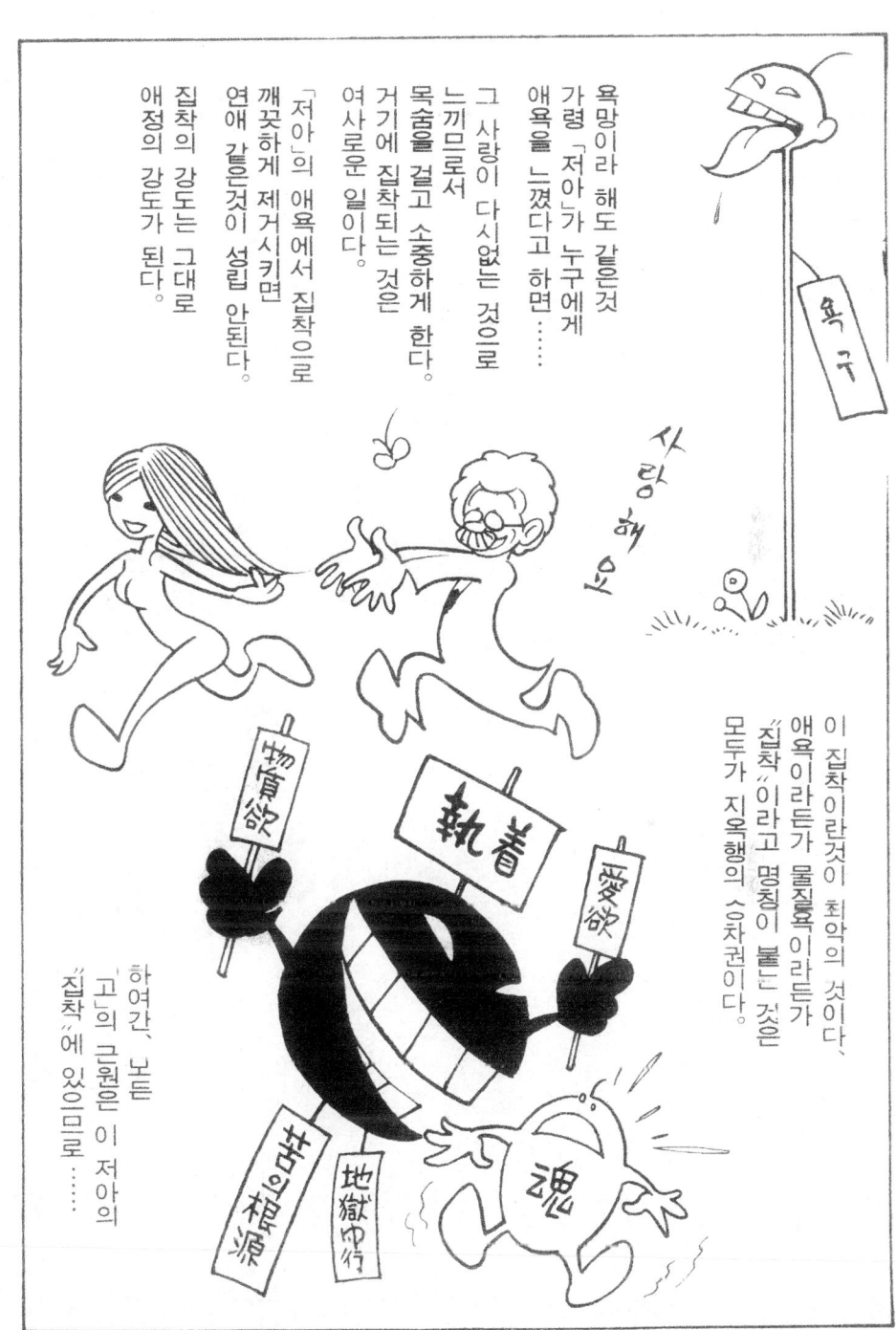

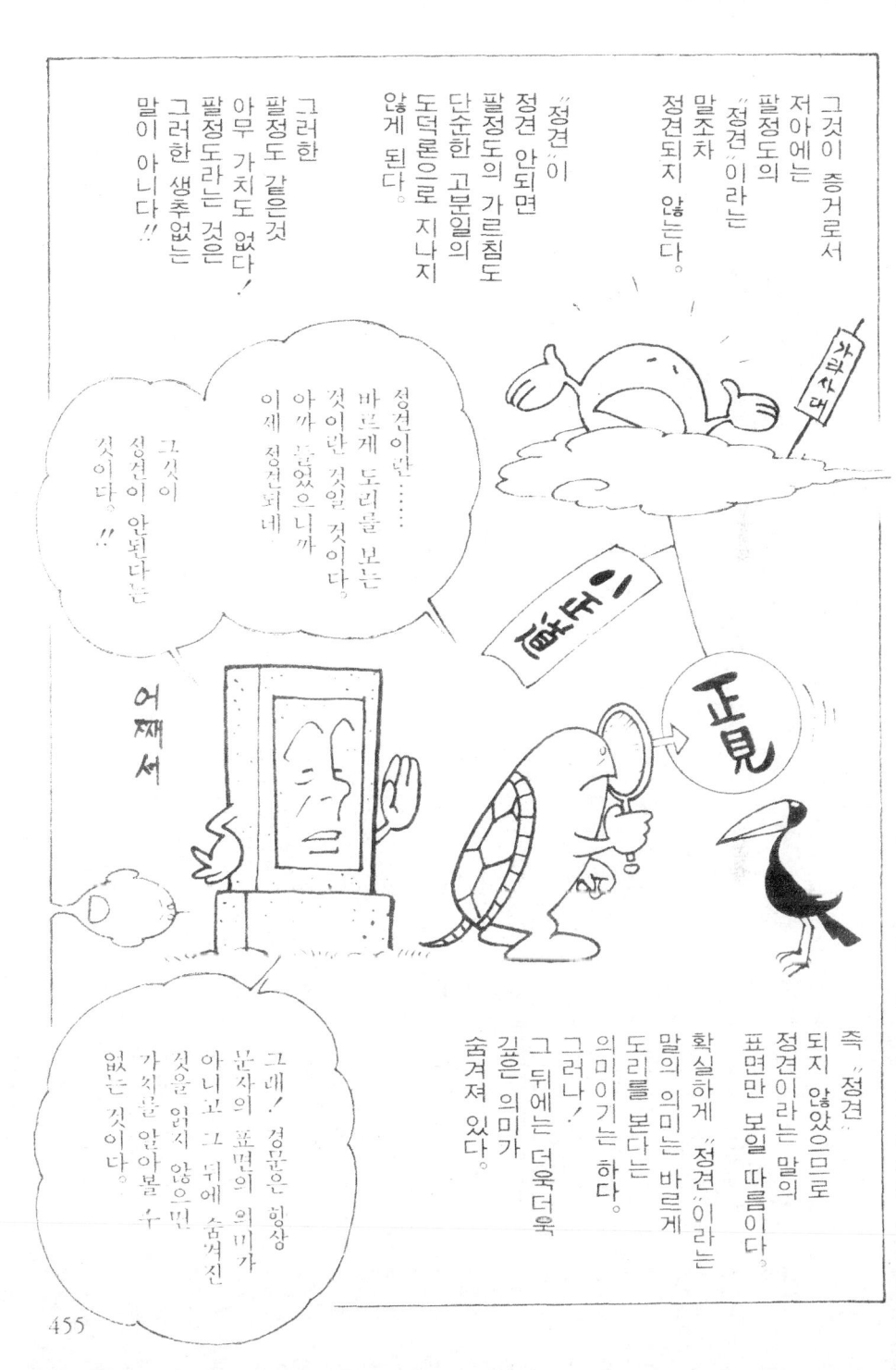

거기에 느끼지 못하므로 대부분의 사람이 틀린 견해! 틀린 의식! 틀린 언동! 틀린 운명 등을 여사로 보고 생존하고 있다. 그래서 석가부처님은 일러 「정」이라는 말을 붙이고 있는 것이다.

거꾸로 입니다~!

「저아」의 의식이 생명의 주인공이 되어있을 때는 진실한 올바름을 느끼지 못한다! 당연하게 「정견」 등이 안된다! 「정견」이 안되면 「정사유」도 되지 않는다 「정어」의 의미도 모른다 「정업」도 불가능하다 「정명」도 어지러워진다 「정정진」도 「정념」도 탈선해서 겉돌게 될 뿐이다.

팔정도의 1에서 7까지 어느 하나 안되는 것 뿐이다.

정 정

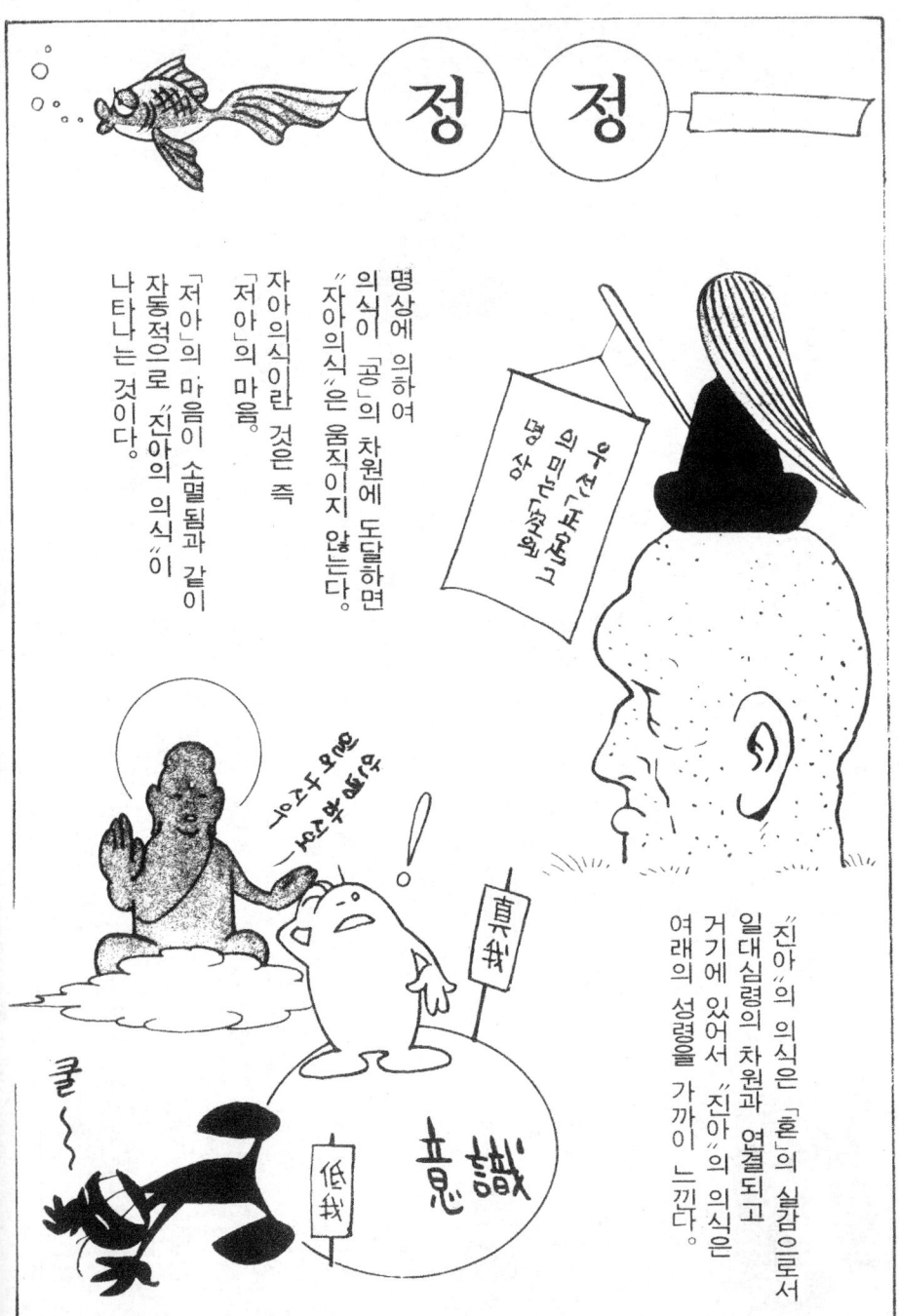

명상에 의하여 의식이 「공」의 차원에 도달하면 "자아의식"은 움직이지 않는다.

자아의식이란 것은 즉 「저아의 마음」.

「저아의 마음」이 소멸됨과 같이 자동적으로 "진아의 의식"이 나타나는 것이다.

"진아"의 의식은 「혼」의 실감으로서 일대심령의 차원과 연결되고 거기에 있어서 "진아"의 의식은 여래의 성령을 가까이 느낀다.

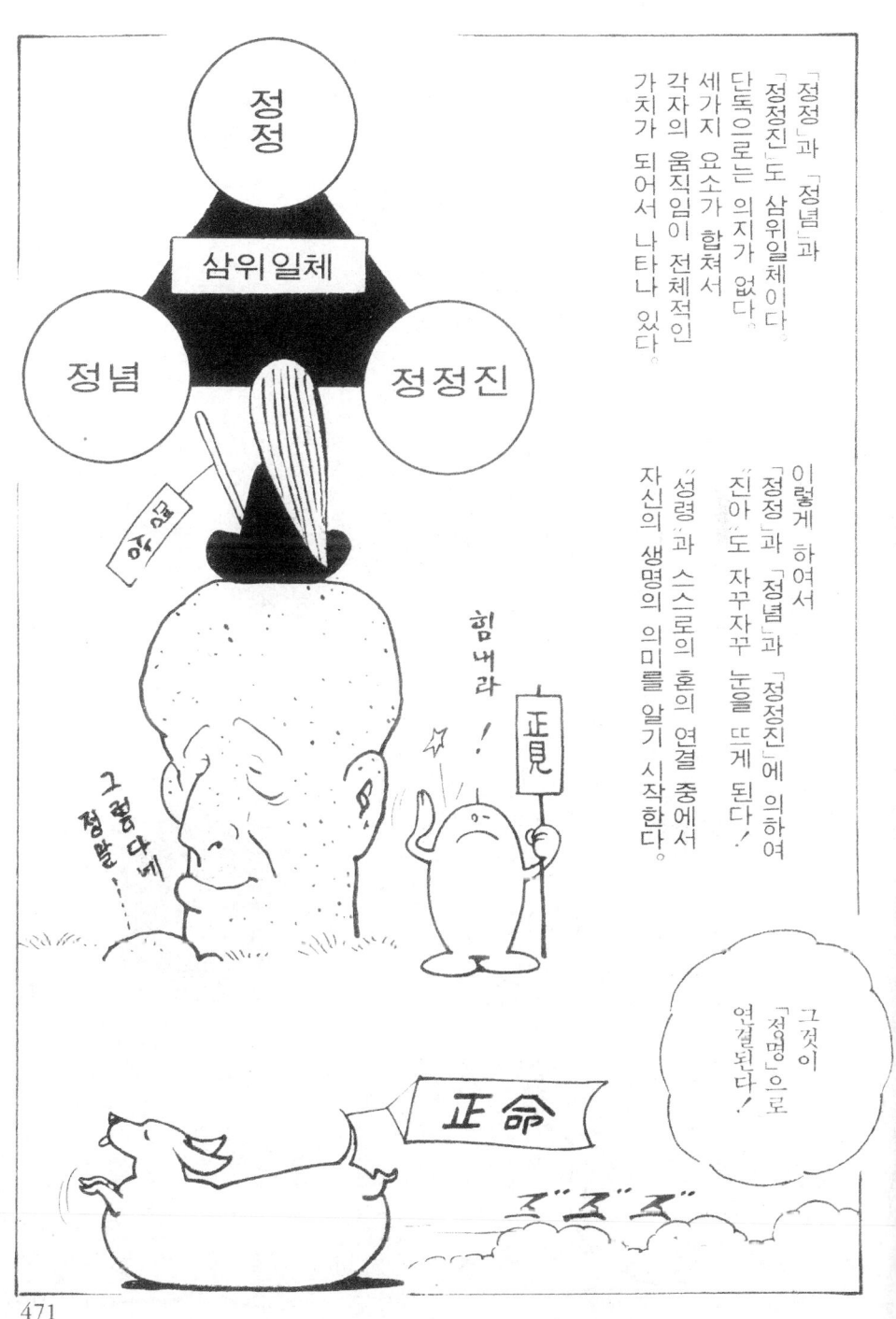

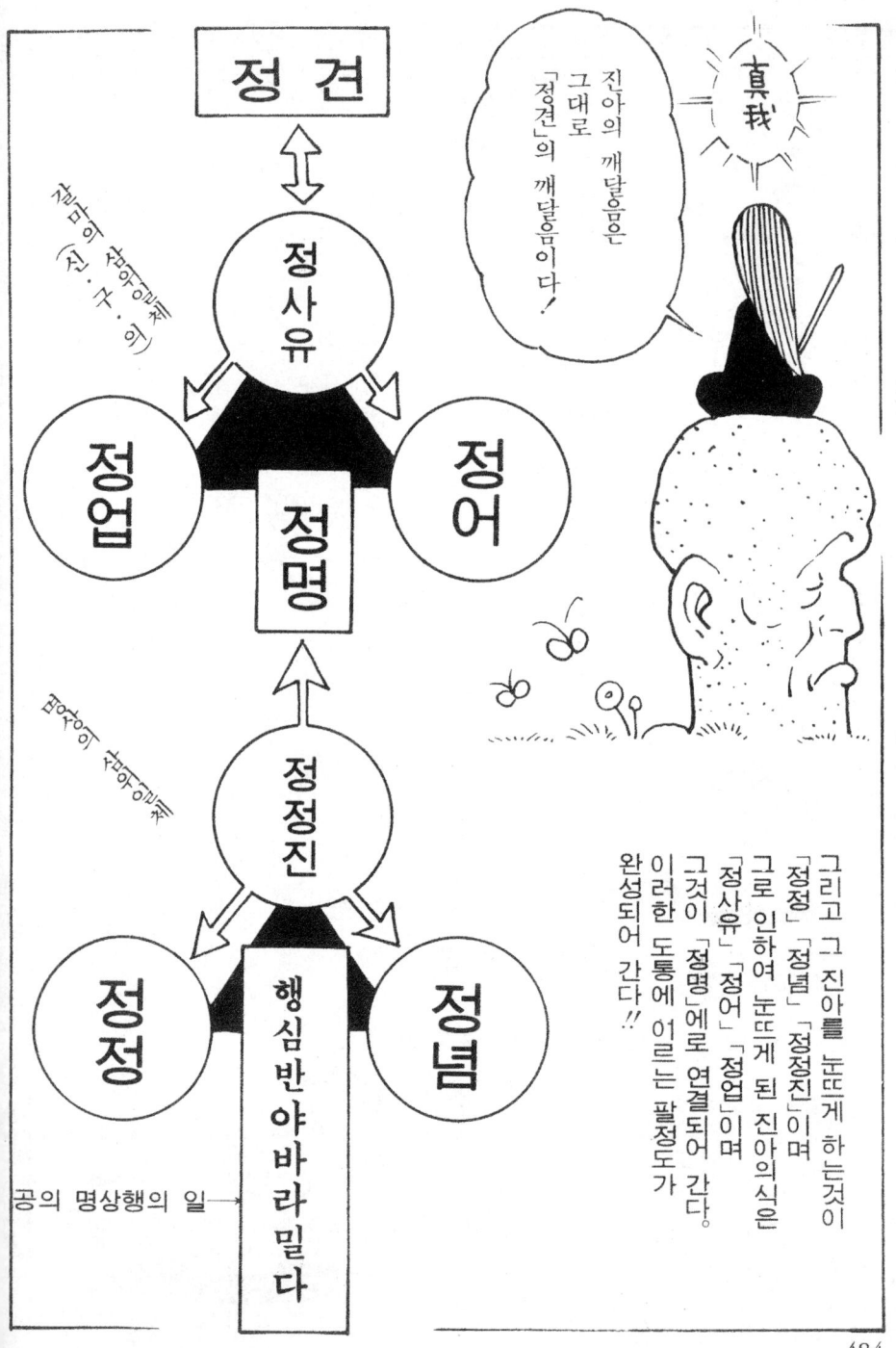

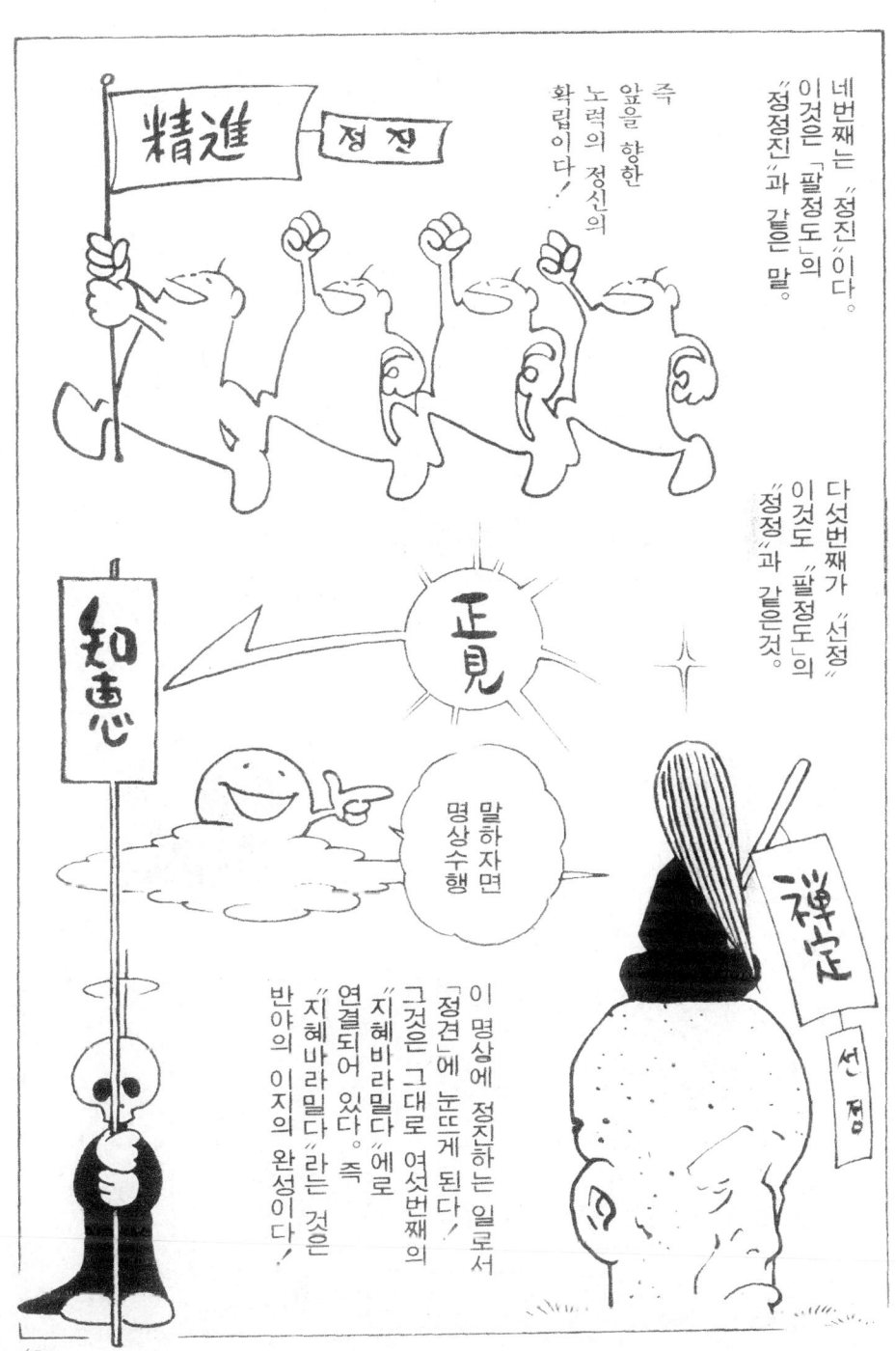

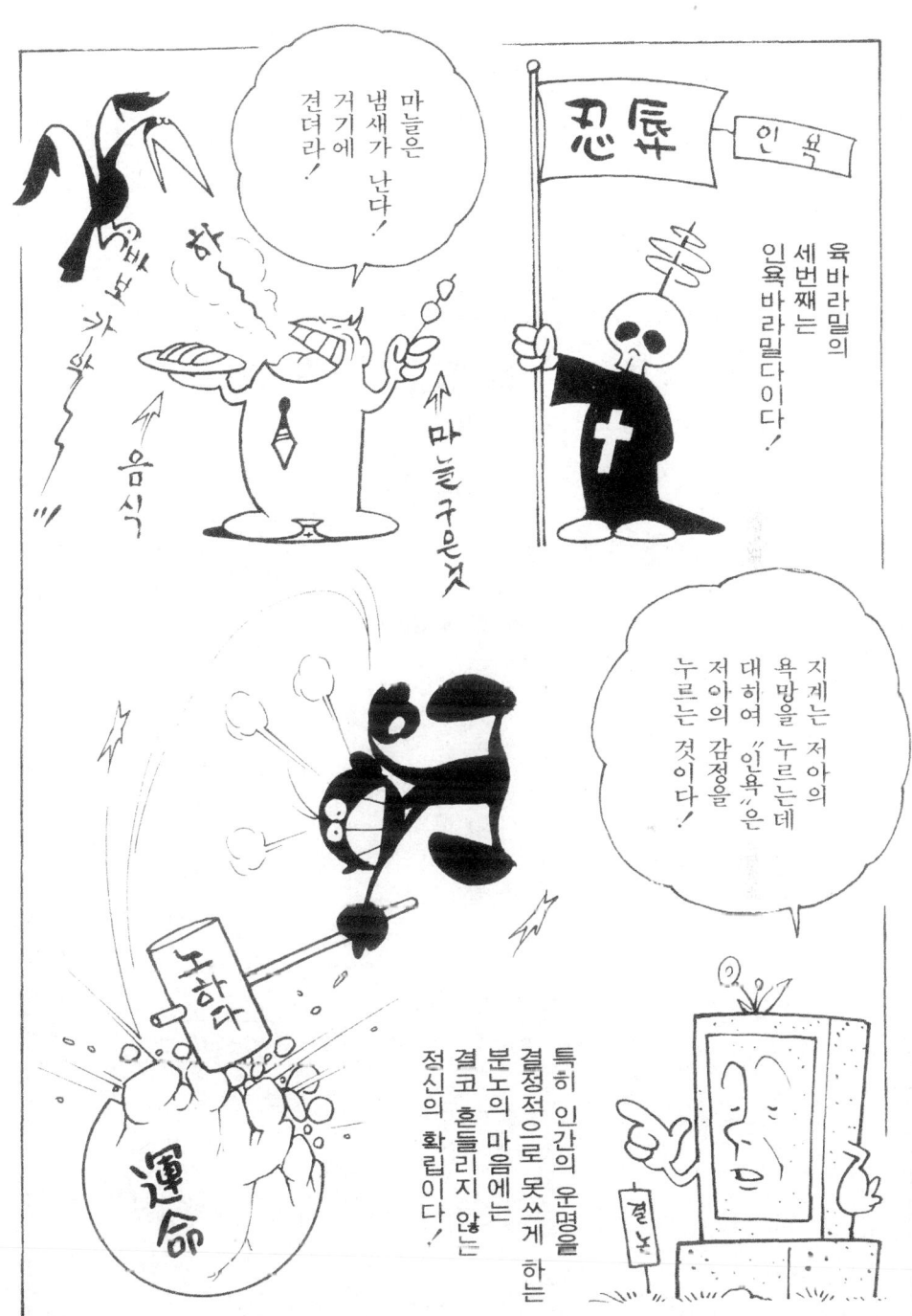

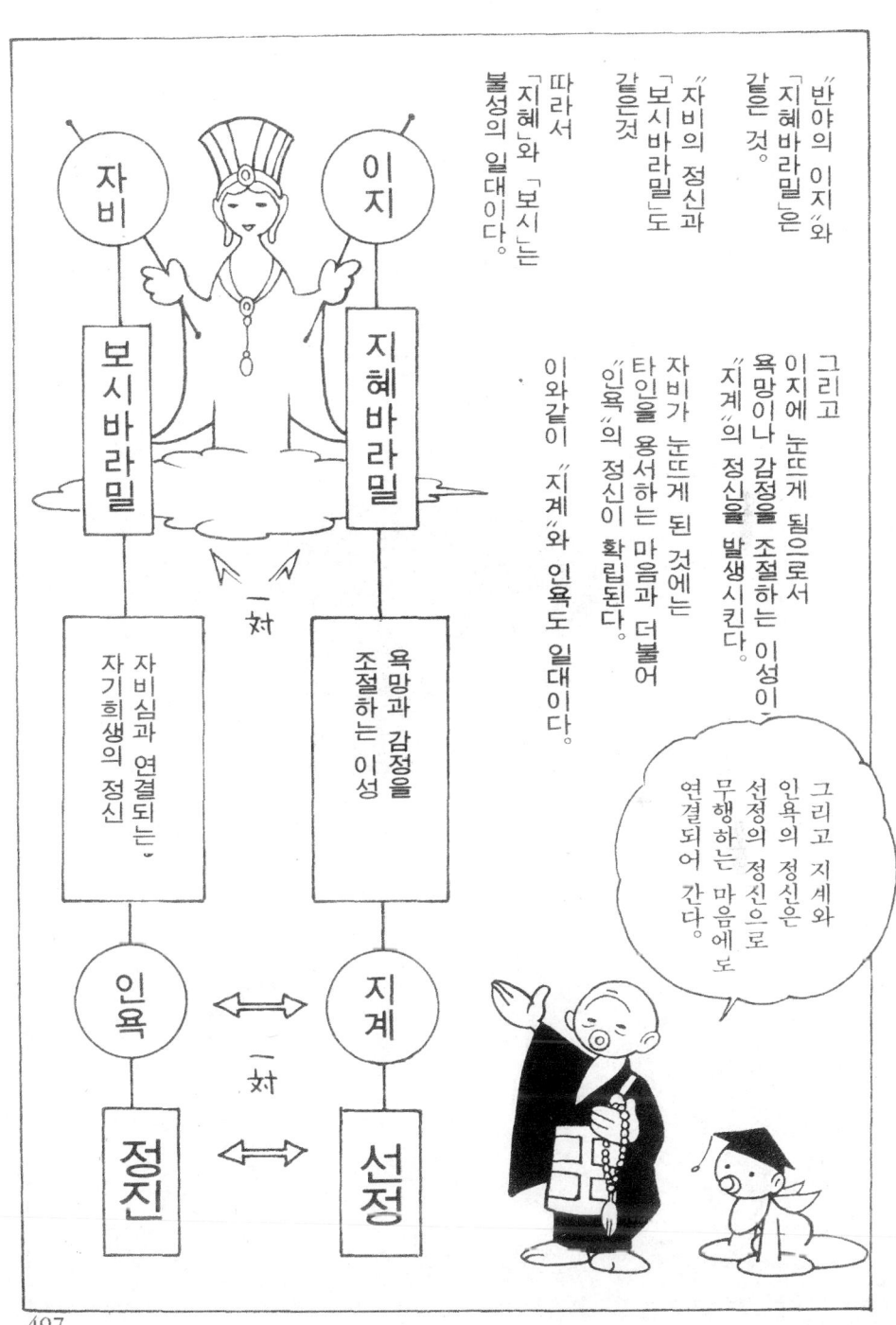

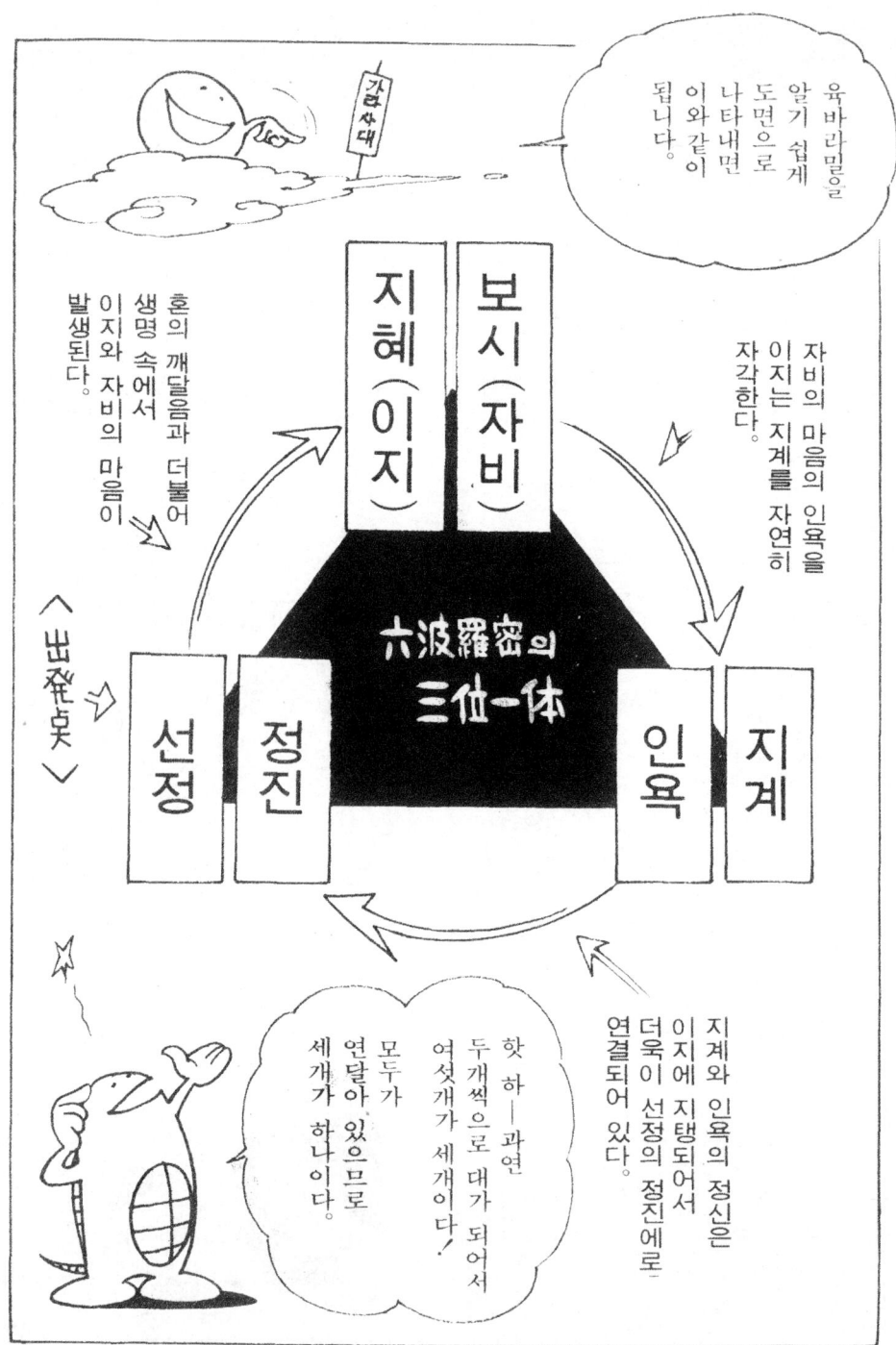

육바라밀의 도면을 보도 알아볼 수 있듯이 모든 출발점은 명상에서 시작된다.

왜냐하면 보시나 지계나 인욕이나 정진도 이지가 수반되지 않으면 전혀 형식뿐인 것으로만 되는 것이다. 그것은 모두가 겉도는꼴 밖에 안되는 것이다.

① 보시
② 지계
③ 인욕
④ 정진
⑤ 선정
⑥ 지혜

六波羅密

육바라밀의 최초에 보시, 즉 「자비심」이 들추어져 있으나 그 자비심은 시와 노래 불러서 되는 것이 아니고 이지의 깨달음과 더불어 발생되는 것이다.

그 이지를 완성시키는 것이 「지혜바라밀」이나 지혜라는 것이 얻고저 한다고 얻을 수 있는 것이 아니라, 이지와 명상(선정)과의 수난을 통하여 비로소 생명 중에 나타나는 것이다.

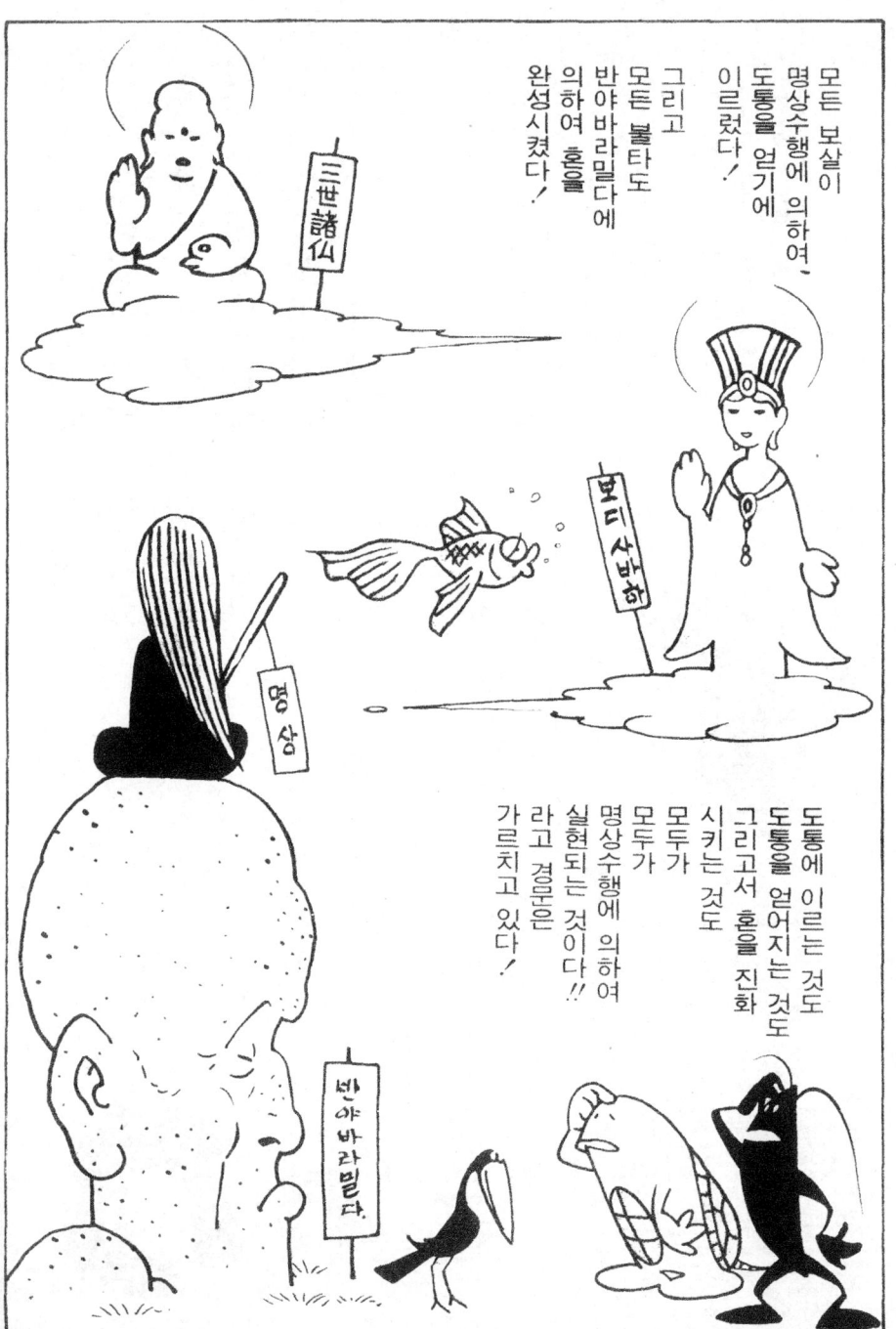

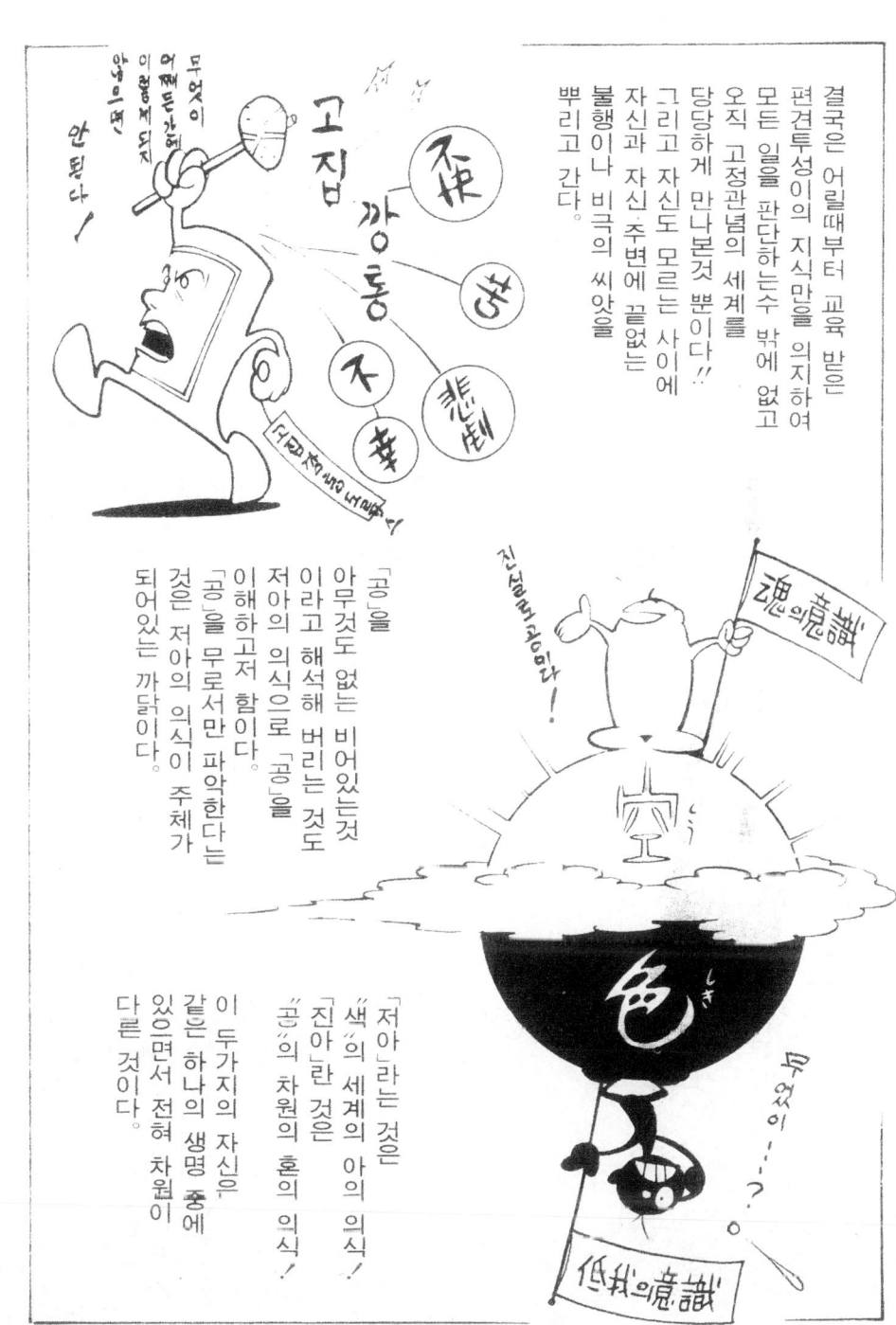

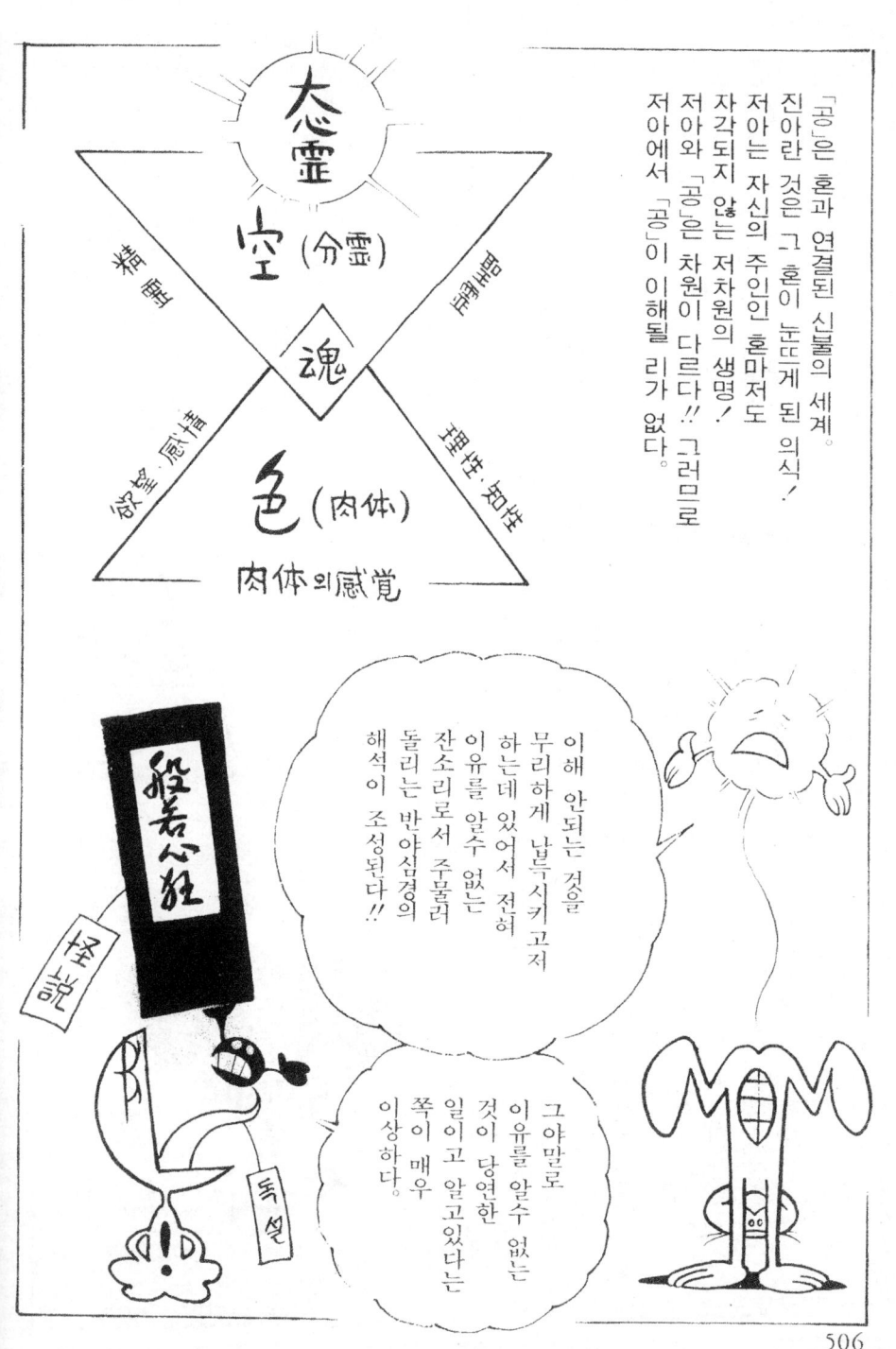

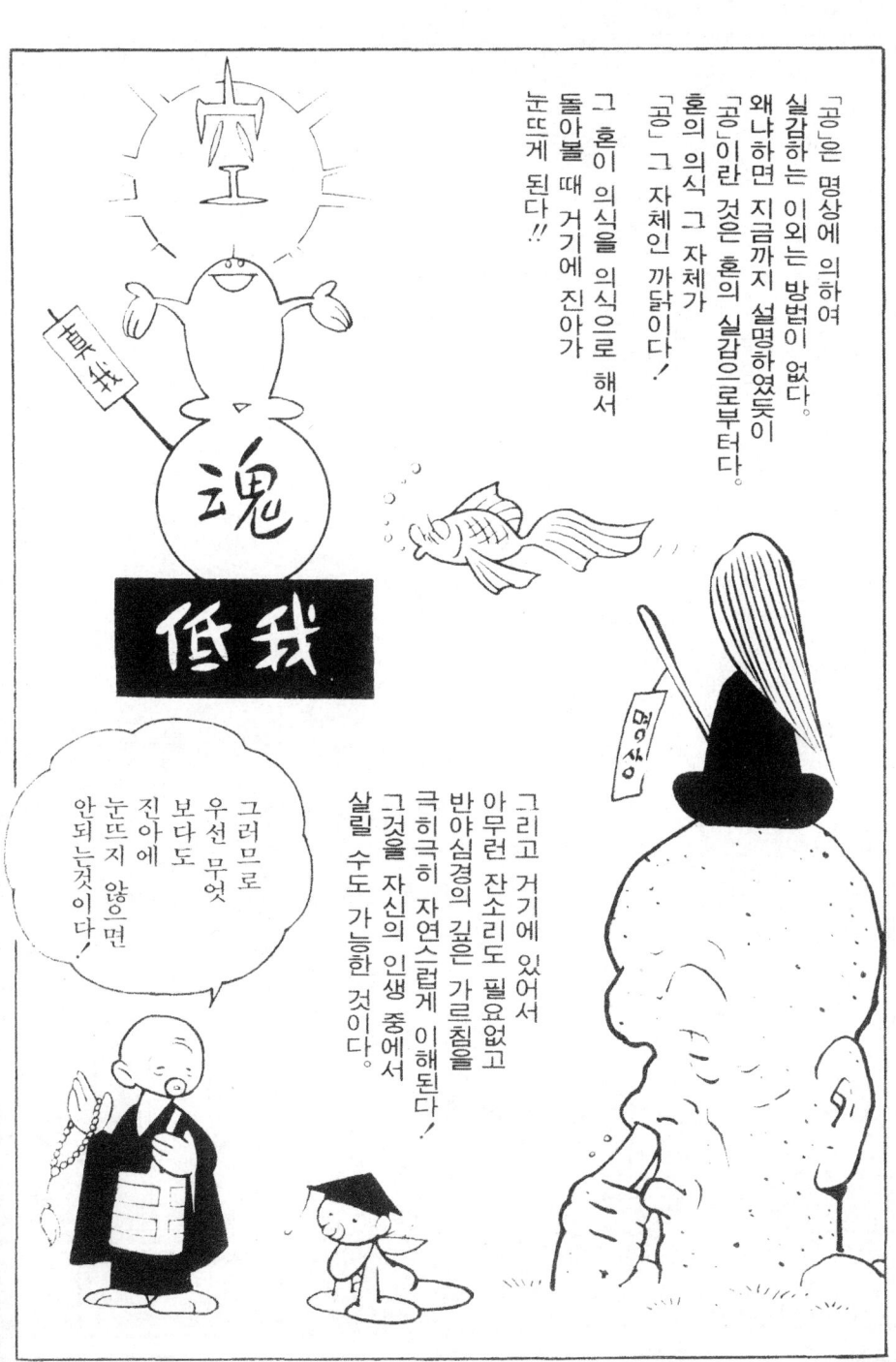

진실불허고설반야바라밀다주.

그것은 거짓과 속임수가 없는 완전한 이지에 의하여 설교된 "주문"이다.

사도야무아미갸도바쯔갸프라주어라파라미다야우구도안도라하

真実 ─── 不虛故 ─── 般若波羅蜜多 ─── 說呪

이쪽은 산스크리트의 원문이네!

즉, 이 주문은 거짓없는 진실한 "완전한 진아"에 눈을 뜬 성자의 이지에 의하여 설교되고 옛날부터 오늘날까지 전해진 「주문」이라고 한다.

무엇때문에 반야심경의 "주문"이 보통주문이 아니라고 설명 하는것이 여기에 계속되는 경문입니다.

요컨대 천박한 「저아」가 기분 안정을 위하여 만드는 덤덤한 부적이나 어리석은 미신의 주문과는 이유가 다르다라고 하는 일이다.

여기서 한마디 양해를 받고저 하는 일이 있다! 이 책에 있어서 반야심경의 해석은 우리나라에 전해진 한자경문을 근본으로 해서 그 중에 되도록 의미를 본래의 산스크리트 원문의 미용에 가까이 해 두었다.

반야심경의 한자 경문은 말활 나위도 없이 산스크리트 원문을 삼장현장이 한자로 번역한 것이나 거기에는 문장을 구분하는데 「, 」와 「。」가 일체 붙여져 있지 않다.

옛날부터 전해진 경문을 보면 알 수 있듯이 한자가 계속해서 나란히 되어있고 거기에는 아무런 구분이 없다. 그래서 경문을 해석할 때 어디서 구분을 하느냐가 중대한 문제가 된다! 그것도 당연한 일이고! 구분을 약간이라도 다르게 하면 경문의 의미가 원래것과는 전혀 다른 것으로 되고 틀려버리고 마는 것이므로 그렇게 되면 본래의 반야심경의 의미는 잃어버리게 된다.

두개로 접어서 손목에 걸치는 것이다
두개로 접어서 목에 걸치는 것이다

이와 같이 구분점이 한군데 엮어짐으로서 선혀 의미가 달라진다.

그런데, 과거에서 현재까지 전해진 반야심경의 해설을 보면 모두가 바야흐로 그렇게 하고 있음을 느낀다.

즉, 산스크리트 원문에 달려 있는 「,」와 「。」의 구분을 일체 무시하고 다만 덮어놓고 한자를 근본으로 해서 적당하게 판단하여 말씨가 되도록 보기좋게 구분해버렸으므로 본래의 의미와는 전혀 다른 해석이 되어버린 것이다.

일부, 예를 들추어 보자.

〈원문대로의 구분으로는……〉

고지。 반야바라밀다시대신주시대명주 시무상주시무등등주능제일체고。 진실불허고설반야바라밀다주 ──계속

〈이것이 과거로부터 일반적인 해석에서는……〉

고지반야바라밀다。 시대명주。 시대신주。 시무상주。 시무등등주。 능제일체고。 진실불허。 고설반야바라밀다주。 ──계속

이 「고」도 해설서에 따라서 "진실불허고설반야──라고 되어있다든지 조각조각으로 흩어진다든지 원문에서는 「진실불허고설반야바라밀다주」로서 어디도 구분이 없다. 도중에 구분이 있는것과 없는것에 따라서 그 의미도 전혀 달라진다.

반야심경의 주문을 바르게
이용함에 있어서
"공"의 명상을 실현할 수 있다!
의식을 "공"이란 차원으로
도달시킬 수가 있다!

"공"이란 차원에 있어서
진아는 부처님의 성령에서
도통에 이르는 지혜가 주어진다.

"공"이란 차원에 이르러 혼은
여러 신들의 정령을 실감한다!

혼은 이 세상에서는 표현 안된다.
혼의 깨달음을 얻는다!
"주문"이 가지는 신비의 힘에 의하여

진화의 길로 나아간다.
혼은 "공"이란 차원에 향하여

그래서 생과 사를 초월한 세계
모든 고에서 이탈된
눈부신 세계가 기다리고
있다.

즉설주왈

즉, 주문을 설파해서 가라사대……

그 "주문" 이란 것은 다음과 같은 진언입니다.

大神呪
大明呪
無上呪
無等等呪

아제아제바라아제바라승아제보리승사하

가 가
디 디 파
　 　 라
가 가 가
디 디 디
　 　 보
파 　 디
라 　 수
　 　 바
　 　 하

(梵字)

반야심경·주문

가자……가자……
진실로 피안으로 가자……
진실로 피안으로 가서…… 깨달음을 성취하자!

이야말로 반야심경의 "주문"이다.

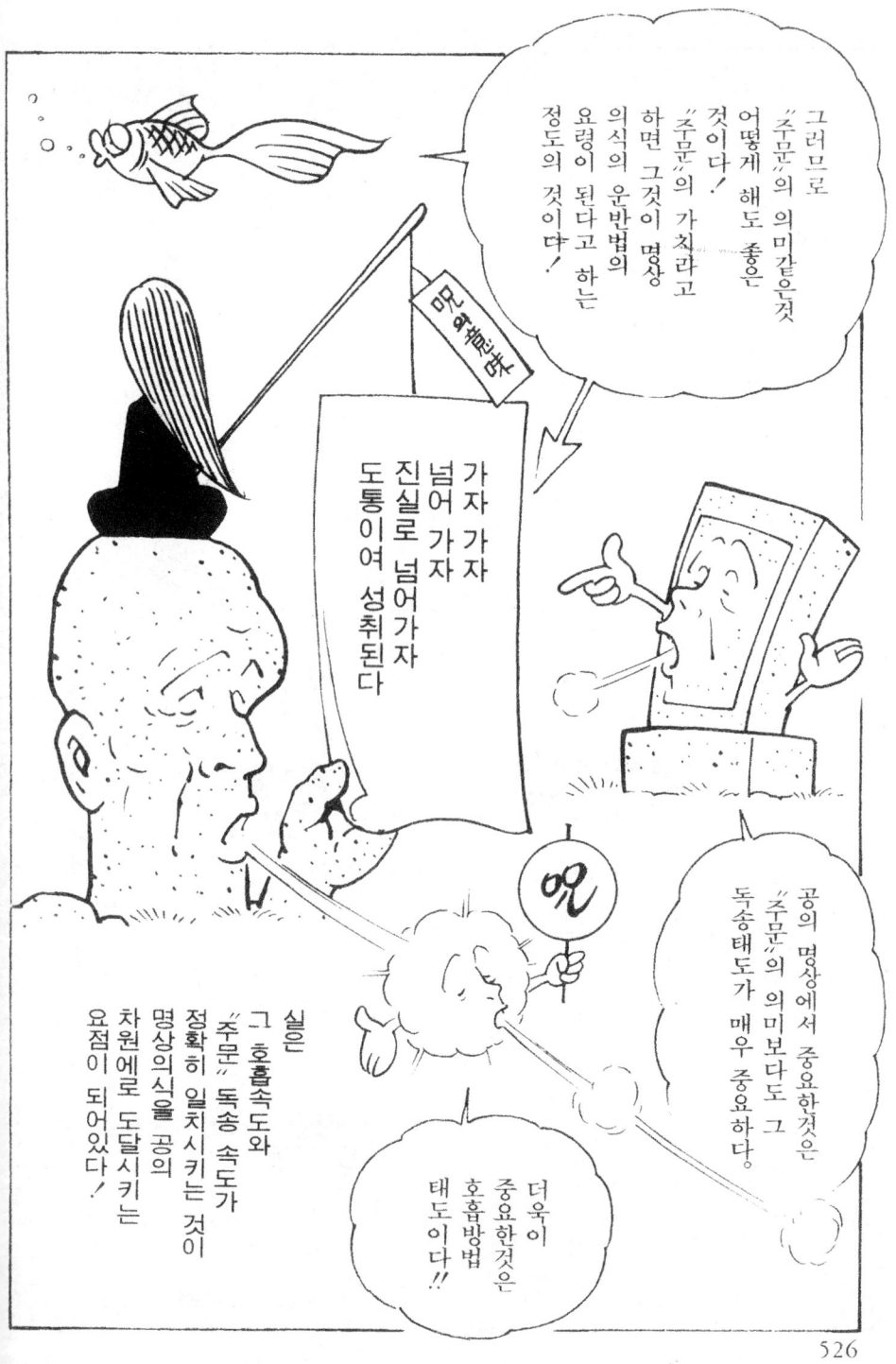

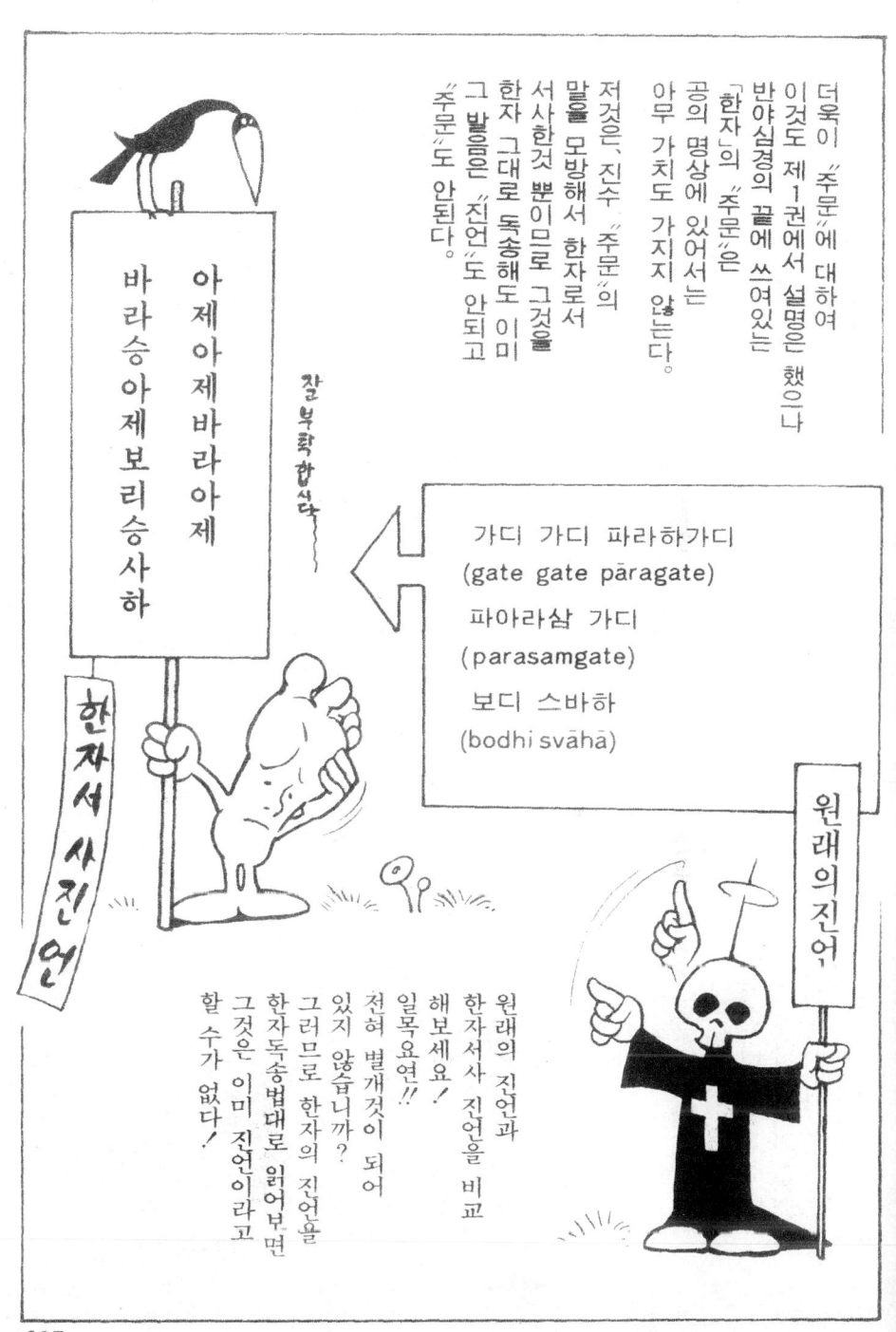

이것은 자신만의 체험이므로 정말로 자신을 가지고 말을 할 수 없으나……

다만 장시간 참선만 하고 있어도 확실하게 마음이 비게 된다.

그러나 다만 그것만으로서 챠쿠라 비치는것도 아니고

그래서 군다리니 현상 등이 나타난 예가 없었다.

즉 「공」에는 익숙해도 생명 근원의 「공」이라는 차원을 체험할 뿐이고 생명 근원의 「공」을 실감하는 것은 도저히 불가능하다.

그러나 거기에 호흡법을 보태면!
생명 속으로 별세계가 나타난다!!

즉 「공」이란 차원의 실감!!
그때 강렬한 감동과 더불어 「공」이란 신불을 생명 그 자체로서 실감한다!
「공」이란 차원의 성령이나 정령에의 경의와 감사가 덮어놓고 진품이 되어간다…….

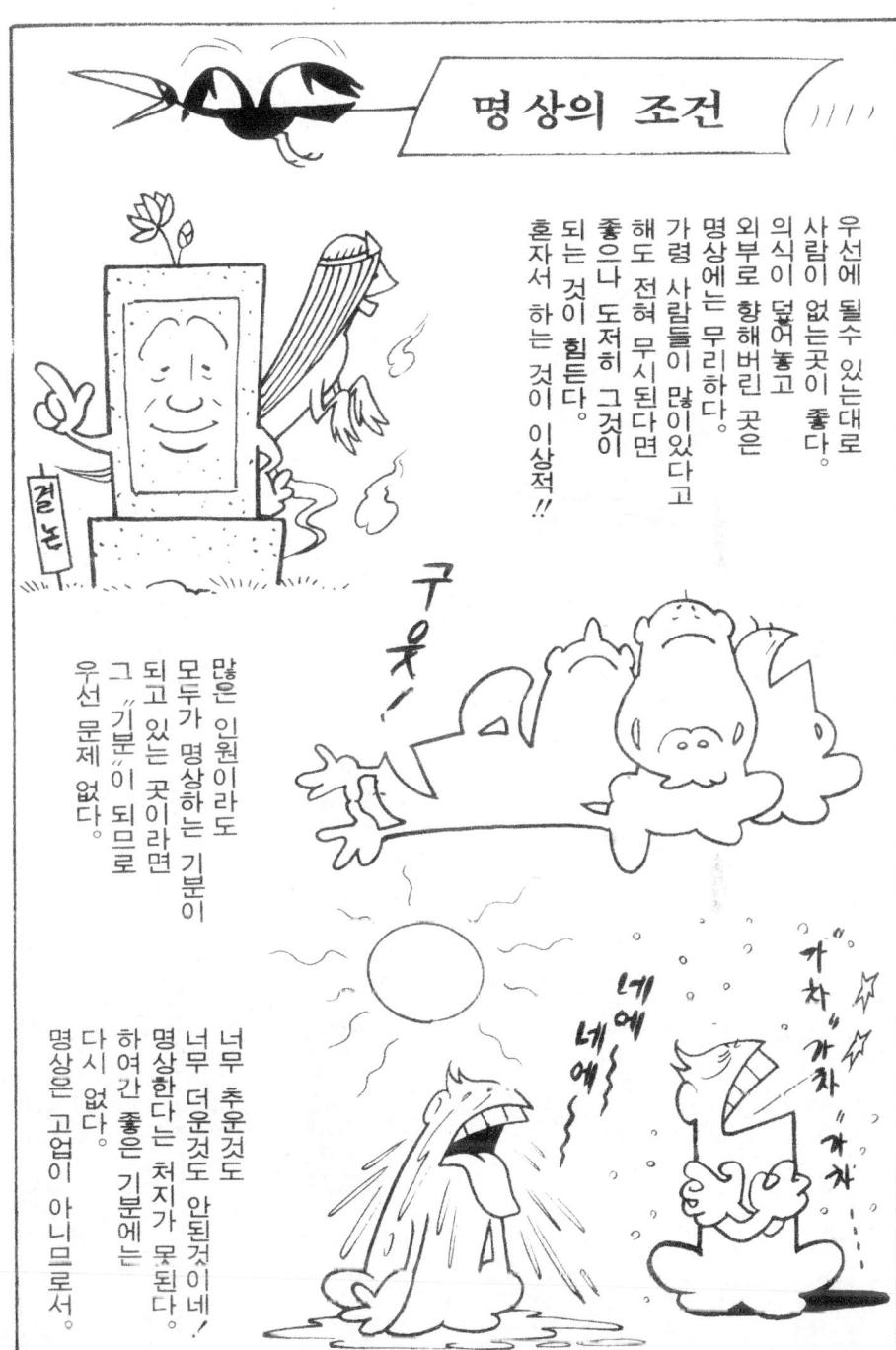

바닷가. 특히 잔잔한 파도소리는 명상시의 잔잔한 호흡의 요령을 가르쳐 준다.
——템포로서
긴——
그것은 되돌아가는 파도소리……
몰려와서는 깊은 명상때의 호흡의 템포와 실로 일치된다.

그때 의식은 까마득한 태고의 바다로 비로소 생명체가 되어서 떠돌면서 파도에 흔들리는 시절까지 거꾸로 올라간다.

(요가 중)

말씀이 났으니까 따라서 말하는데 해 돋을때와 일몰때의 태양에게 무감각이면 정말 아깝다.
때로는 태양은 실로 혼이 날아갈듯한 훌륭한 정경을 보여주는 수가 있다.
자주 있는것은 아니나……
그러한 정경을 만나는 것은 정말 행운이다.
왜냐하면 그것은 실로 신으로부터의 계시 그 자체이므로 그러한 정경을 체험할때 자신 몸속의 추한 마음이 거짓말같이 정화되어 버린다.

태양은 물질 차원에서의 대심령의 표현이다.
그 열에너지만이 생명을 육성하는 것이 아니다.
「프라아나」라고 하는 생명 근원의 활기도 태양광선과 더불어 지상에 쏟아져 모든 생명을 생명답게 만들고 있다. 우주 중의 하나의 령!
지구도 더욱 거대한 생명체.
태양은 더욱 더 거대한 생명체다!
태양은 보통의 화학반응물질이 아닙니다!!
태양은 "공"이란 차원과 연결된 더욱 더욱 의미깊은 존재인 것이다.

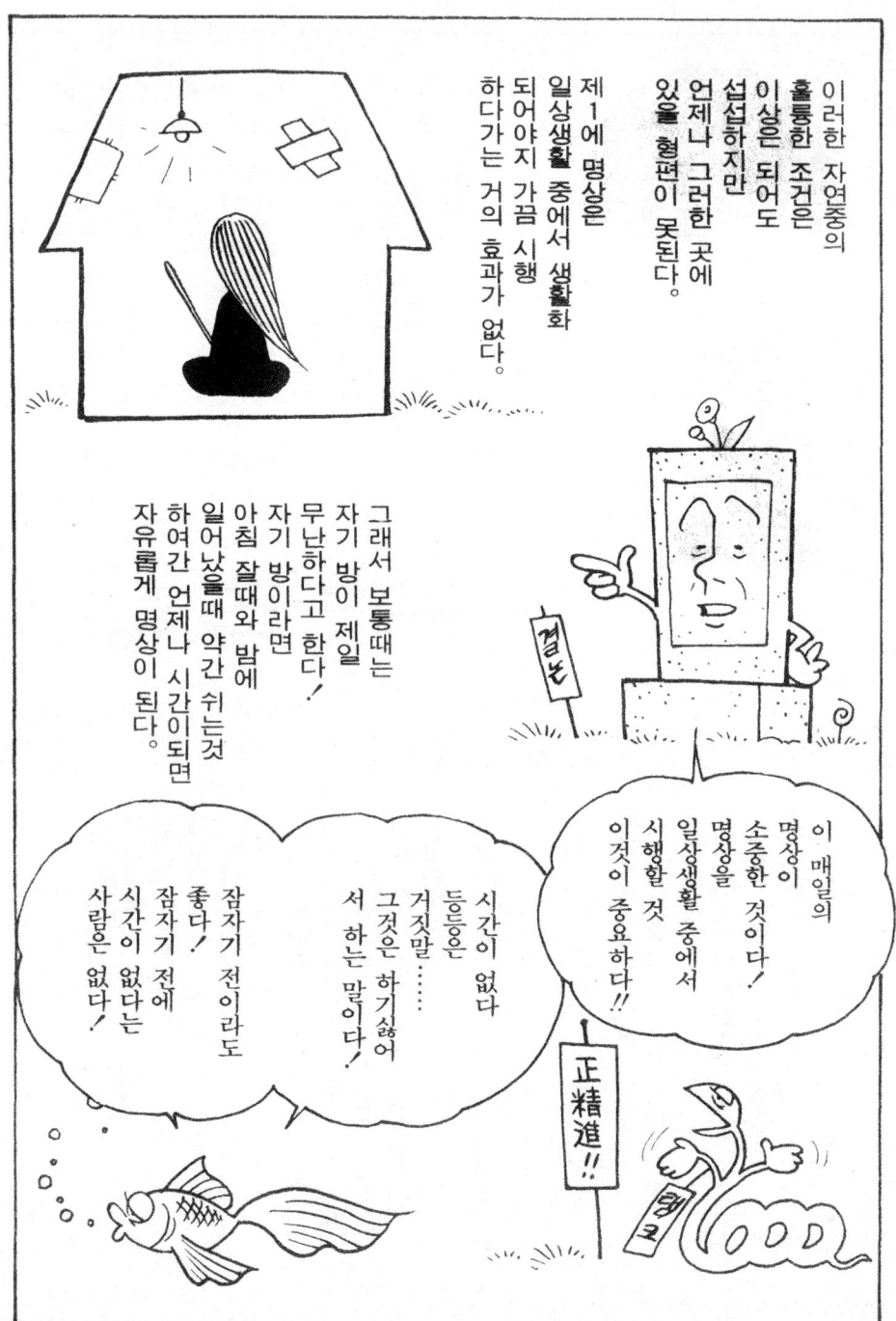

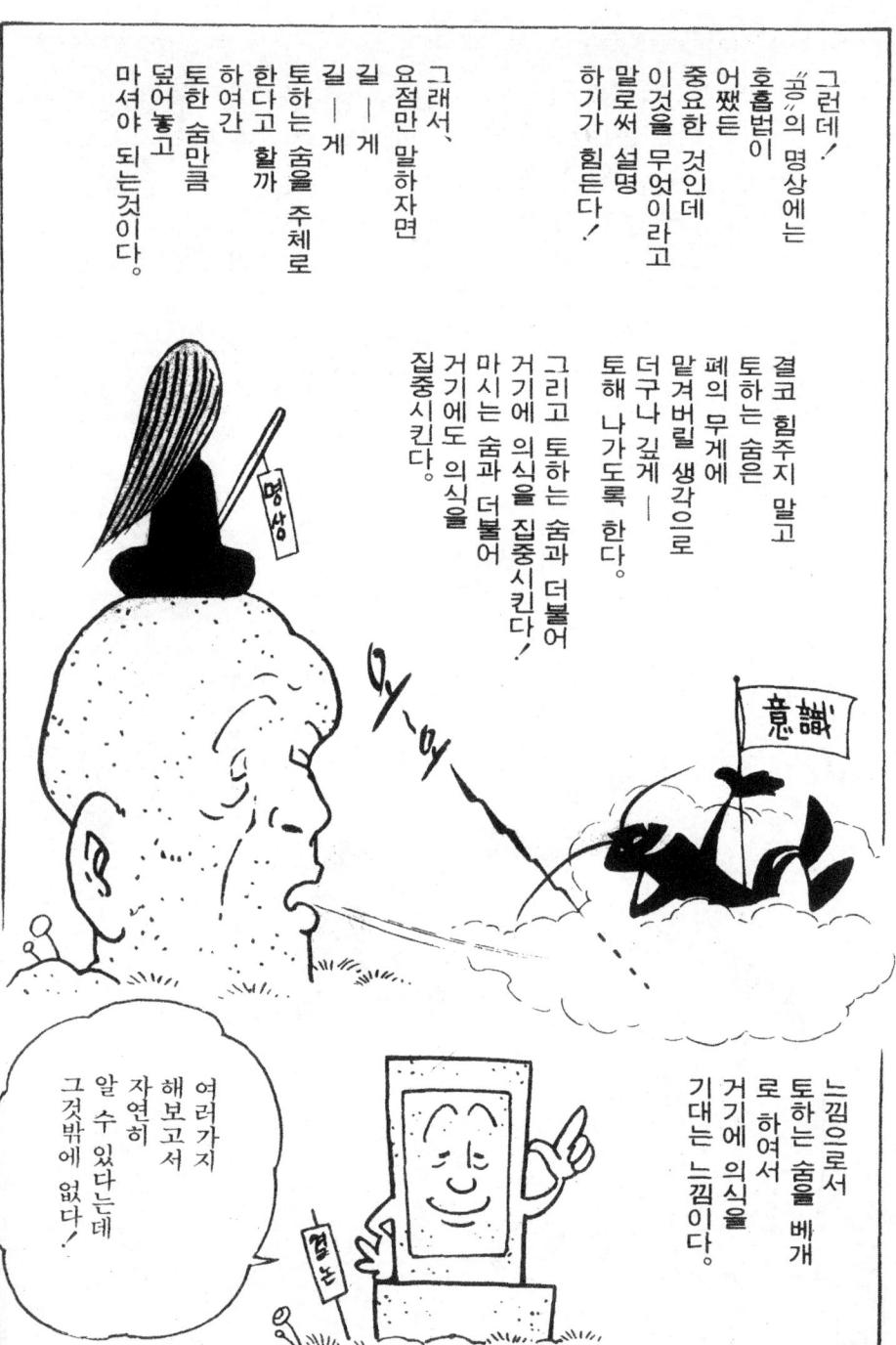

하여간 큼직하게 생각않는것이 좋다 크게 생각함으로 하는 일이 귀찮게 생각되는 것이다. 실천이야말로 중요한 것이다.

하여간 하기 좋은 것이다. 하다가 보면 자연히 어떻게 하면 좋을지 알게 되는 것이다.

생각해 보게. 제일 처음에 해본 사람은 누구에게 배운 것이 아니지 않나?

반야심경명상법

그래, 호흡법을 어쨌든 알게 되면 그 호흡법에 반야심경과 연결된 명상법이 될 수 있는 것이다.

하기사 독경 자체가 이미 명상이기는 하는데……

그러나 반야심경 명상법의 특징은 끝머리의 "주문"에 호흡법을 따라서 "주문"에 숨겨진 부처님의 지혜로부터 신비한 영력을 최대한으로 끄집어 내는 데 있는 것이다!! 거기에 "챠쿠라"라든가 "군다리니"라고 하는 생명의 신비현상이 나타난다!

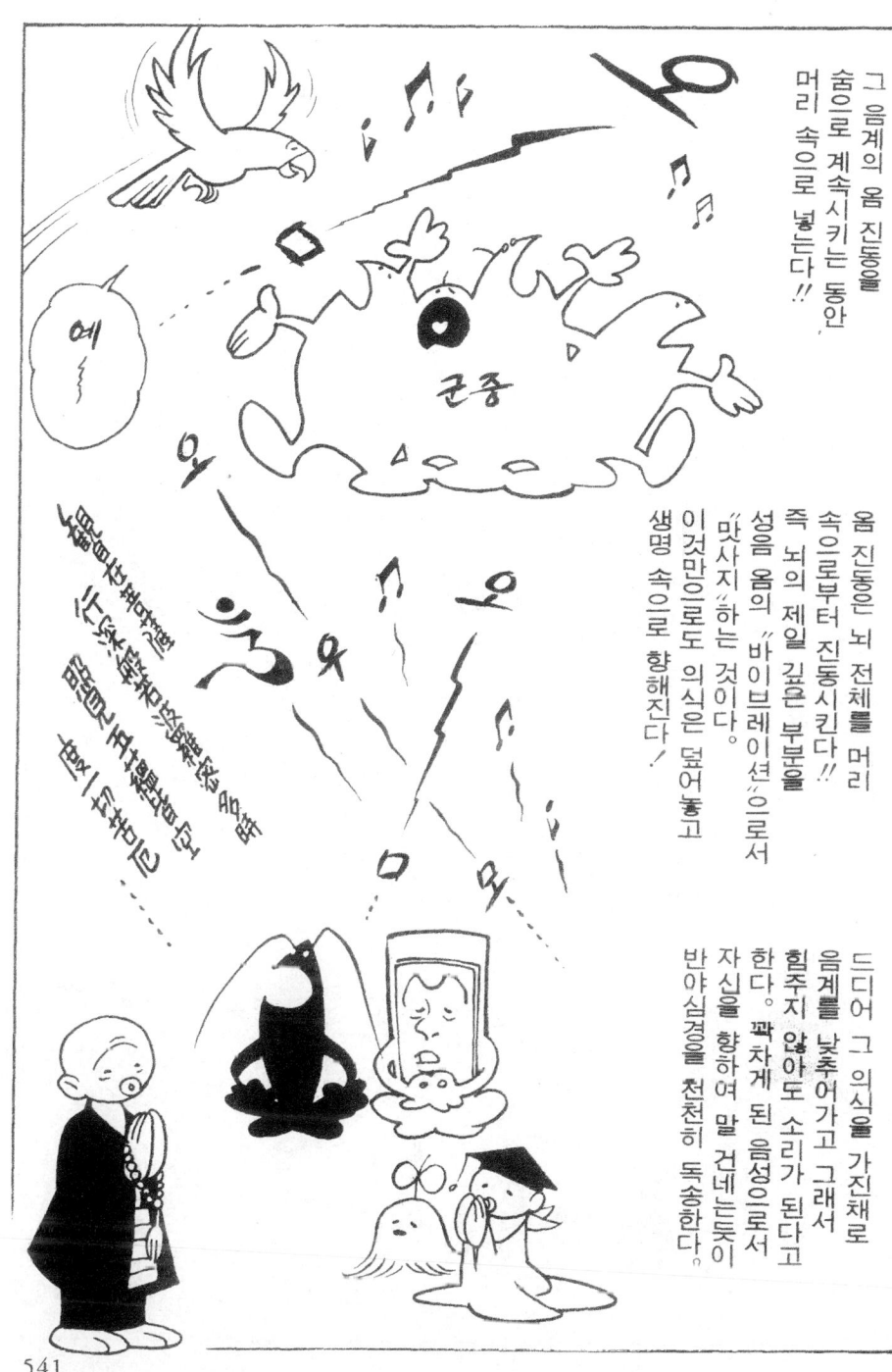

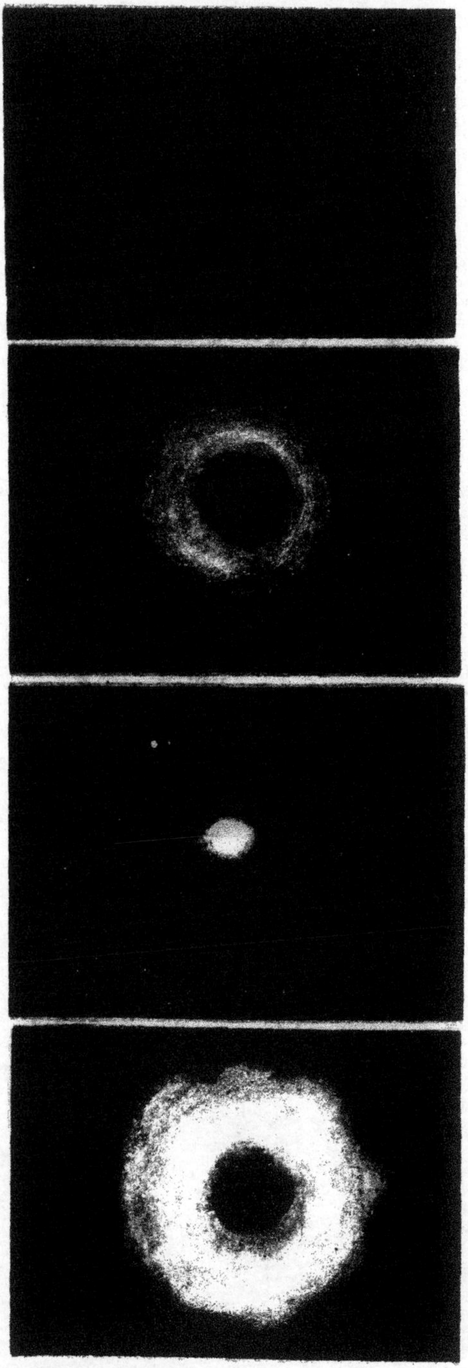

드디어 감은 눈꺼풀 뒤로 이마 속으로 청자색으로 흔들거리는 빛을 느끼게 된다.
그것은 회전하면서 신비의 빛남이 증가되어 간다.
챠쿠라의 출현!!

챠 쿠 라

"챠쿠라"라 함은 명상시에 있어서 "공"이란 차원의 움직임을 「색」의 세계에 있어서 감응될 때 나타나는 신비현상이다.

최초에는 소용돌이 오로라와 같이 흔들리는 빛의 환이 시각 바로 앞에 나타나다가 멀리의 공간으로 빨려가듯이 소멸되어간다.
그러한 일이 여러번 되풀이되어 간다.

546

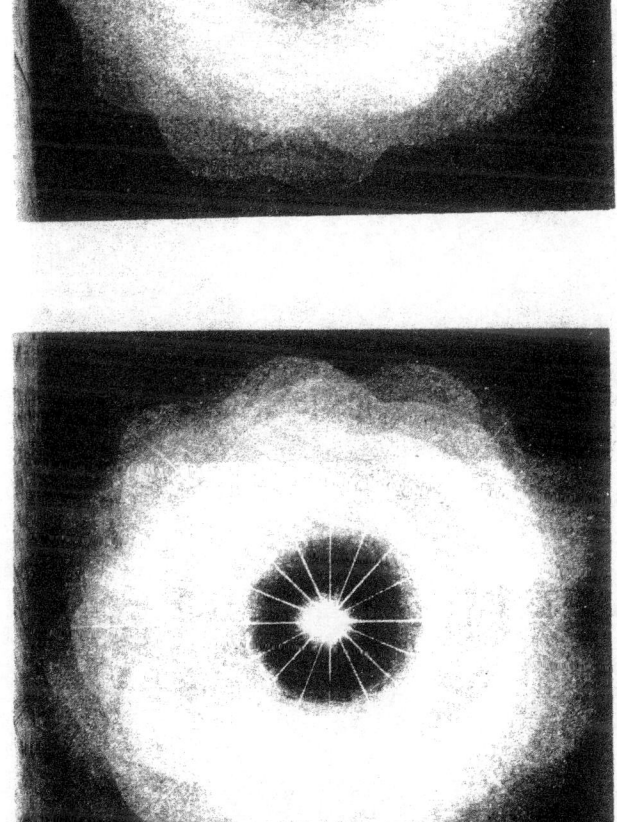

드디어 흔들리는 빛의 환은 이마 있는데서 안정하게 있다. 그것은 마치, 파인애플을 옆으로 둥글게 한 구도로서 중앙은 어두운 그림자와 같이 우거지고 빛환 둘레에는 오로라와 같은 빛의 파도가 흔들려간다.

그러나 이 단계에서는 빛도 희미하게 보이고 전체적으로 확실하지않다. 도너츠모양의 빛환이라고 하는 느낌이다. 그것이 점점 확실해지면……

챠쿠라의 가운데 우거진 그림자 속에 바늘끝으로 꽂은 듯한 빛의 점이 나타난다. 그 빛의 점을 바라보면…… 거기에서 그림으로서도 표현하기 어려운 정도로 가늘고 날카로운 황금색의 「빛의 화살」이 사방팔방을 향하여 방사상으로 뻗쳐지고 있다!

그러하니 챠쿠라 전체는 그 방사상의 빛 화살로 여러개로 구분되어서 많은 꽃변을 가진 연꽃모양의 모습이 된다.

더욱 비치는 것이 강하게 되면 챠쿠라의 둘레에도 대소 여러가지 빛나는 별이 나타나서 흔들린다!

그 광경은 정말 청자색으로 빛나는 태양을 중심으로 한 "생명 속의 우주"의 출현이라고도 할 수 있다.

챠쿠라는 생명을 생명답게 하고 있다. 우주의 근원적인 활력이다. 프라아나하고 밀접한 연결이 있다고도 한다.

그러나 지금에 있어서 과학적으로서는 구명되지 않는다.

군다리니의 이미지

이러한 명상을 계속하고 있던 중에
드디어 어느때
이때까지 체험하지 못한
불가사의한 압력이 전신에 충만해가고 있다.
돌연 압력으로서 숨이 정지되고
그 압력이 요골 저변에서 등허리를 따라서
소용돌이 모양으로 쳐올라간다!!

그것은 타오르는 금색의 용이 지중에는 눈떠서
자신의 신체중을 소용돌이 쳐가면서 빠져나가서
천공으로 날라가는 듯하다.
용이 소용돌이쳐서 올라가고 그대로 자신의 몸도 졸여서 강렬한
쾌감과 더불어 몸은 경직해지고 자유도 없어진다!!
용은 등허리를 상승하고 목을 빠져나가서 두개 속에
도달하여 거기서 금색 빛이 되어서 작열한다!!
이야말로 "군다리니"라고 하는 생명의 신비현상!

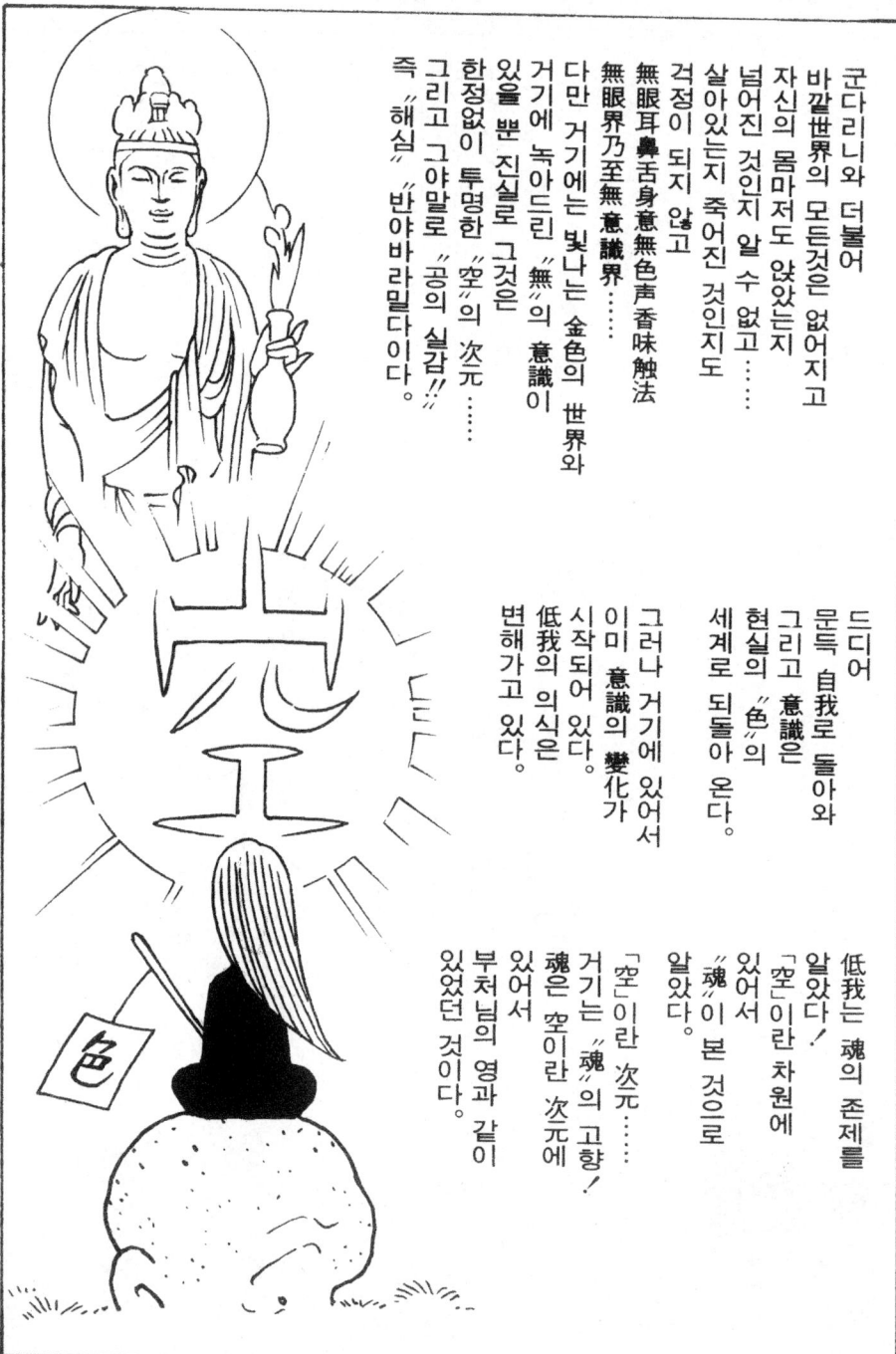

군다리니와 더불어
바깥세계의 모든것은 없어지고
자신의 몸마저도 앉았는지
넘어진 것인지 알 수 없고……
살아있는지 죽어진 것인지도
걱정이 되지 않고
無眼耳鼻舌身意無色声香味触法
無眼界乃至無意識界……
다만 거기에는 빛나는 金色의 世界와
거기에 녹아드린 "無"의 意識이
있을 뿐 진실로 그것은
한정없이 투명한 "空"의 次元……
그리고 그야말로 "공의 실감"!!
즉 "해심" "반야바라밀다이다.

드디어
문득 自我로 돌아와
그리고 意識은
현실의 "色"의
세계로 되돌아 온다.

그러나 거기에 있어서
이미 意識의 變化가
시작되어 있다.
低我의 의식은
변해가고 있다.

低我는 魂의 존재를
알았다!
"空"이란 次元……
거기는 "魂"의 고향!
"空"이란 次元에
있어서
魂은 空이란 次元에
있어서
부처님의 영과 같이
있었던 것이다.

화신 아구니의 "샴두"라고 함은 천계의 태양(프라나), 공계의 전광(전기·자기), 지계의 제화(군다리니)의 표현이다.
우주에 많이 존재하는 생명의 원동력이란 것을 나타내고 있다.

그리고 "칠설"이란 것은……! 부정을 태워버리는 화염으로서 그것을 "설"에게 비유한 것이다. 그야말로 군다리니 그 자체다!!
즉 「불뱀」의 혀이나!
그리고 「칠」이란 숫자는 군다리니에 의하여 개안되는 7개의 챠쿠라를 의미하고 있다.

「천안」이란 것은 군다리니에 의하여 눈뜨게 된 이지를 말한다!!
즉, 관자재의 령안!!
요컨데 「색」의 세계의 저아가 군다리니에 의하여 이지에 눈뜨고 「공」이란 차원으로 의식을 연결한다!!
그것이 「화신」 아구니의 샴두, 칠설, 천안의 모습으로서 표현되어 있다.

이것으로 알았을 것이다.

"수바하ー"는 생명중의 화신 아구니를 근접하는 "주문"이다. 군다리니를 체현시키는 "주문"이다.

그러한 "주문"에 대하여 그 의미가 "행복"하라 라든가 "성취"라든가로 번역하여도 잘못된 것도 분수지 전혀 넌센스인 것이다.

그뿐 아니라 그러한 잘못된 번역으로 인하여 "주문"이 가지는 신비력까지도 잃게 되어있다! "주문"은 번역하지 말라!! 라는 의미가 여기에 있다.

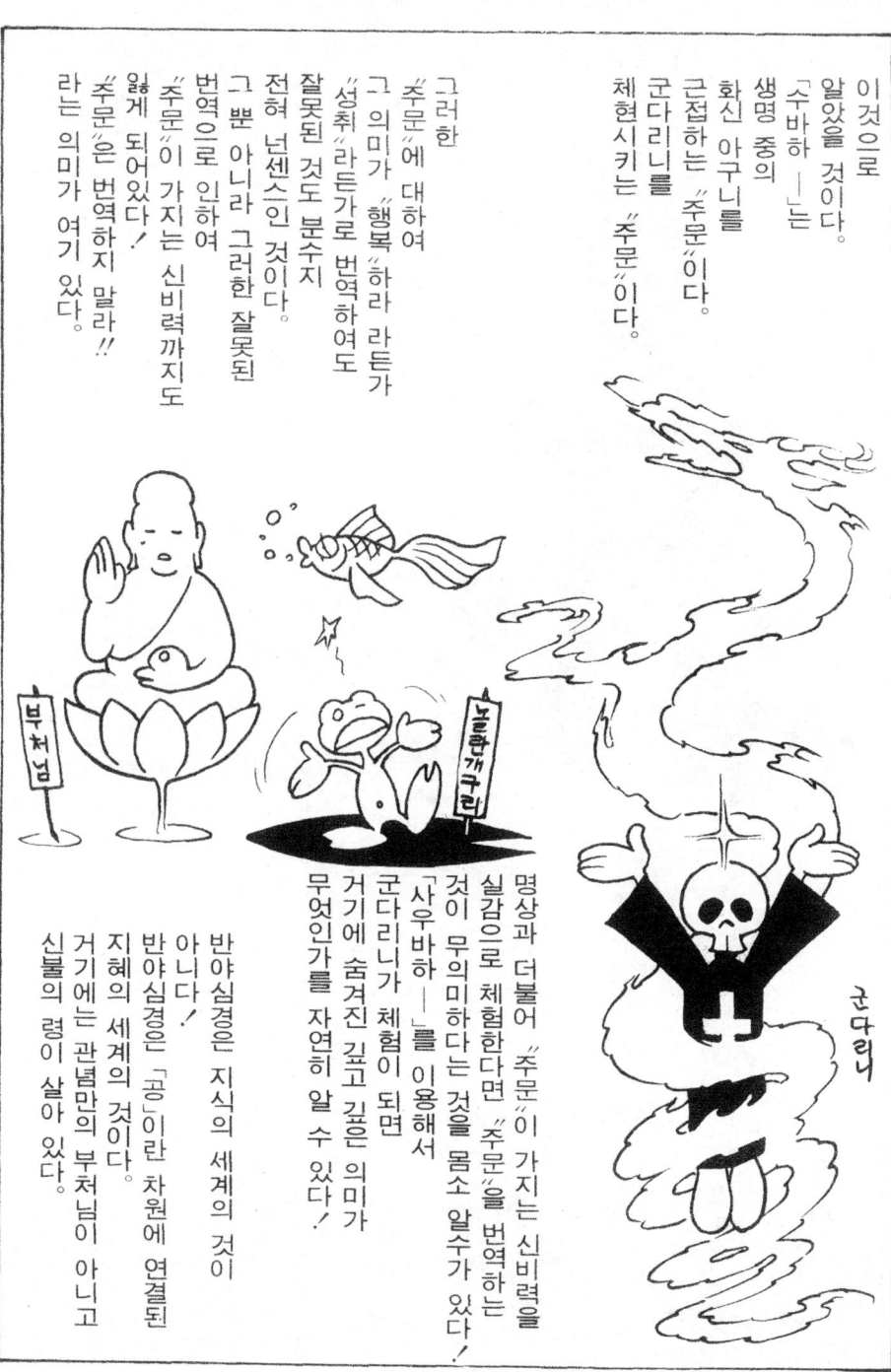

명상과 더불어 "주문"이 가지는 신비력을 실감으로 체험한다면 "주문"을 번역하는 것이 무의미하다는 것을 몸소 알수 있는 것이다.

"사우바하ー"를 이용해서 군다리니가 체험이 되면 거기에 숨겨진 깊고 깊은 의미가 무엇인가를 자연히 알 수 있다!

반야심경은 지식의 세계의 것이 아니다! 반야심경은 "공"이란 차원에 연결된 지혜의 세계의 것이다. 거기에는 관념만의 부처님이 아니고 신불의 령이 살아 있다.

일대심령의 분령

① 육체와 감각이라는 생명(세포의 생명의식)
② 감정과 욕망이라는 생명(아스토탈의식)
③ 정신과 이성이라는 생명(멘탈의식)

"알" 속에서는 세가지의 따로따로의 생명이 하나의 생명이 되어서 "저아"라는 의식을 만들고 있다.

육체는 살기 위하여 감각에 움직이고, 그 감각에서 발생된 감정은 욕망을 움직이고 그 감정에서 깨달은 정신은 이성을 움직이고 각각이 각각의 차원으로서 각각을 이용해 가면서 살고 있다.

실은 이들 세가지의 생명은 "혼"이 깨달은 아래 준비로서 일대심령의 의지에 따라서 삼단계로 순서를 쫓아서 진화해 온 것이다.

거기에 자연의 법칙이 움직이고 생명은 「고」의 상태에서 피하고저 한다. 즉, 「고」에서 「쾌」로 되돌아가고저 한다. 이러한 육체는 항상 쾌감을 구하여 계속 살아가는 경향을 나타내는 것이다.

이 "감각·지각"이라고 하는 생명차원에는 생각한다든지 추억하는 능력은 없다. 다만 주변의 조건에 반응하고 고통에서 피하고 쾌감을 구하여 살고 있을 뿐이다.

육체는 「고」에 의하여 멸망하고 「쾌」를 얻음으로서 활기찬다. 즉 육체에 있어서는 쾌감은 생명의 절대의 바른 것이다. 그것이 육체의 생명의 조건인 까닭이다. 그러한 중에서 생명진화의 제일보인 "감각"은 날들해서 완성되어 간다.

가장 하등생물이나 육체내의 여러가지 세포들 그리고 식물 등도 지금도 이 생명차원으로서 살고 있다.

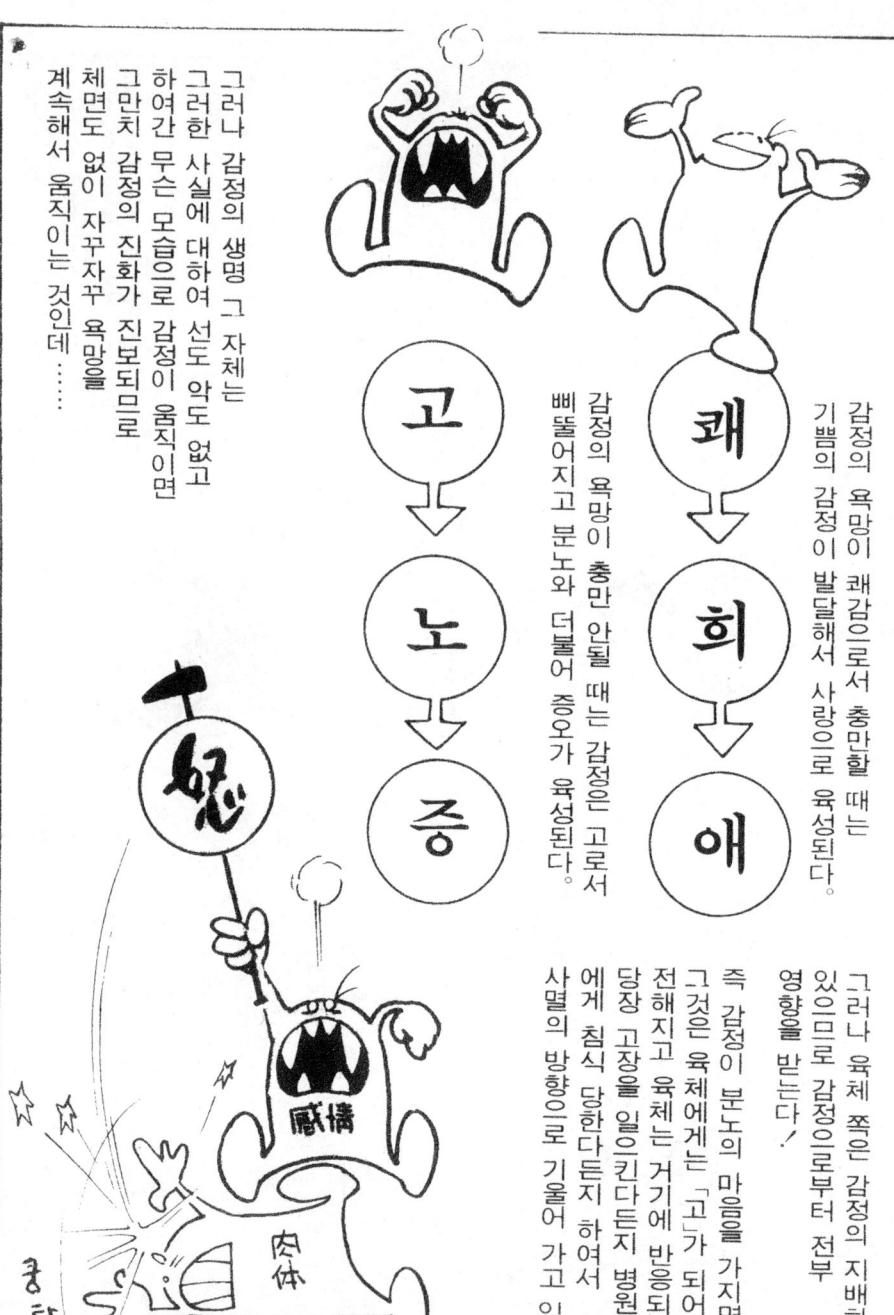

그러나 감정의 생명 그 자체는 그러한 사실에 대하여 선도 악도 없고 하여간 무슨 모습으로 감정이 움직이면 그만치 감정의 진화가 진보되므로 체면도 없이 자꾸자꾸 욕망을 계속해서 움직이는 것인데…

감정의 욕망이 쾌감으로서 충만할 때는 기쁨의 감정이 발달해서 사랑으로 육성된다.

감정의 욕망이 충만 안될 때는 감정은 고로서 삐뚤어지고 분노와 더불어 증오가 육성된다.

쾌 ⇨ 희 ⇨ 애

고 ⇨ 노 ⇨ 증

그러나 육체 쪽은 감정의 지배하에 있으므로 감정으로부터 전부 영향을 받는다!

즉 감정이 분노의 마음을 가지면 그것은 육체에게는 「고」가 되어서 전해지고 육체는 거기에 반응되어 당장 고장을 일으킨다든지 병원균에게 침식 당한다든지 하여서 사멸의 방향으로 기울어 가고 있다.

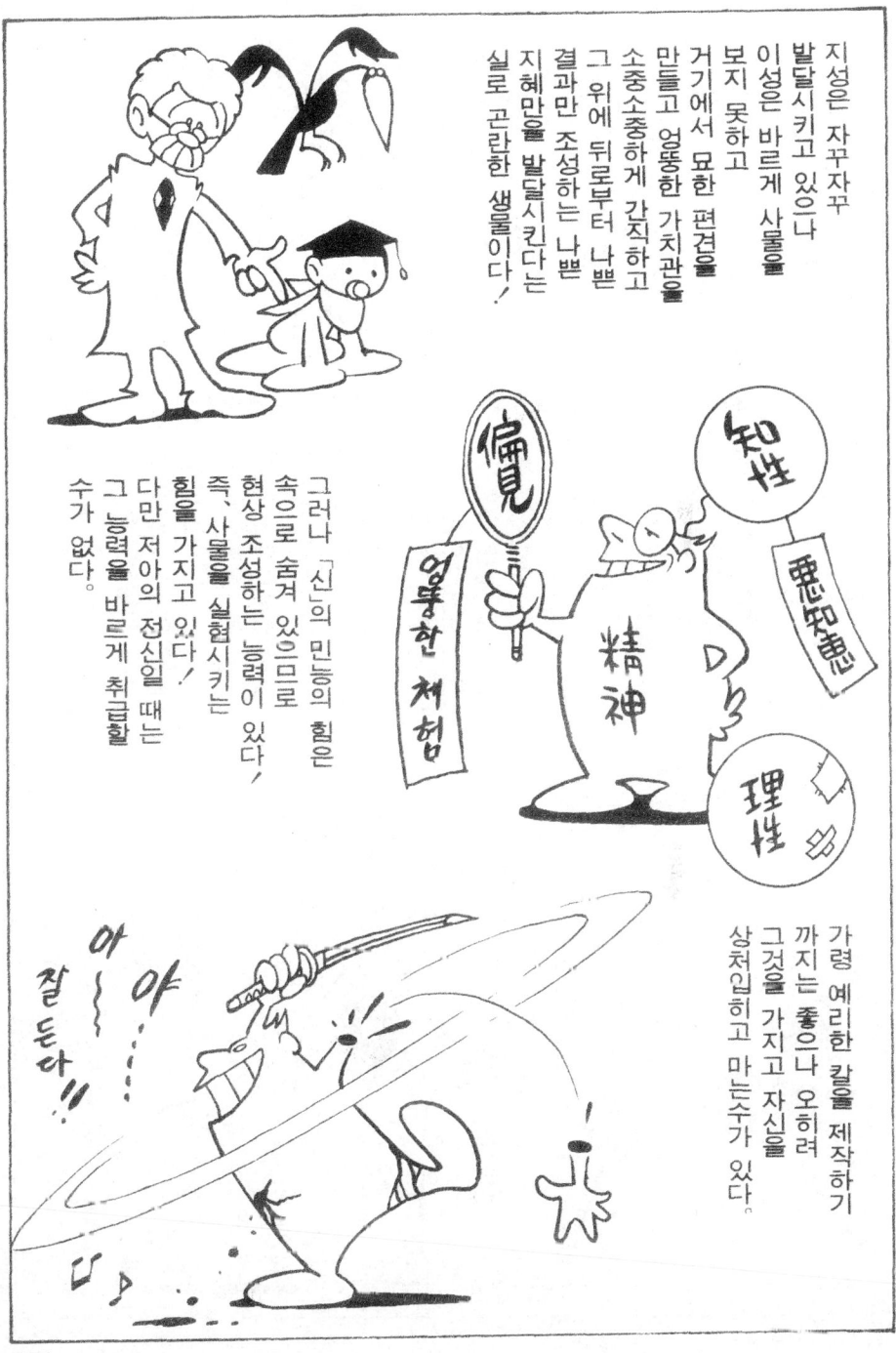

라고 하는것도 본래는 정신이 이성을 사용해서 욕망이나 감정을 바르게 조종하고 정신 그 자체를 발달시켜야 하는데 거꾸로 정신이 감정이나 욕망에 끌려가고 있는 것이다.

즉, "혼"의 깨달음이 따르지 않음으로서 감정이 분노하면 분노에 따라서 분노를 만족시키기 위하여 지혜를 움직이게 하고 욕망이 무엇인가를 요구하면 그것을 실현시키기 위한 지혜를 발생시킨다.

그것이 나쁜 지혜이든 무엇이든 관계없다!! 이성이 봉사이므로 할수 없는 노릇이다.

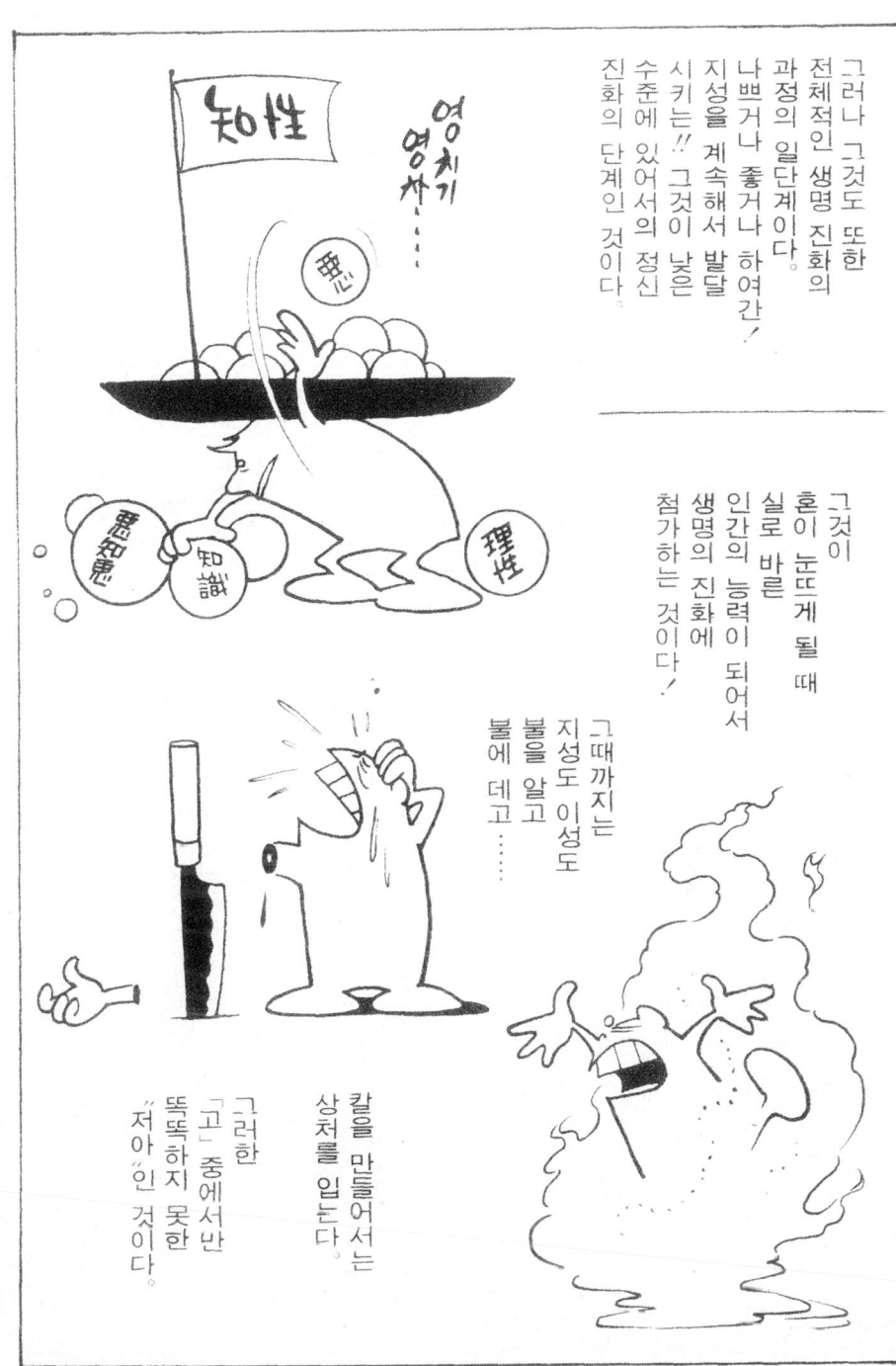

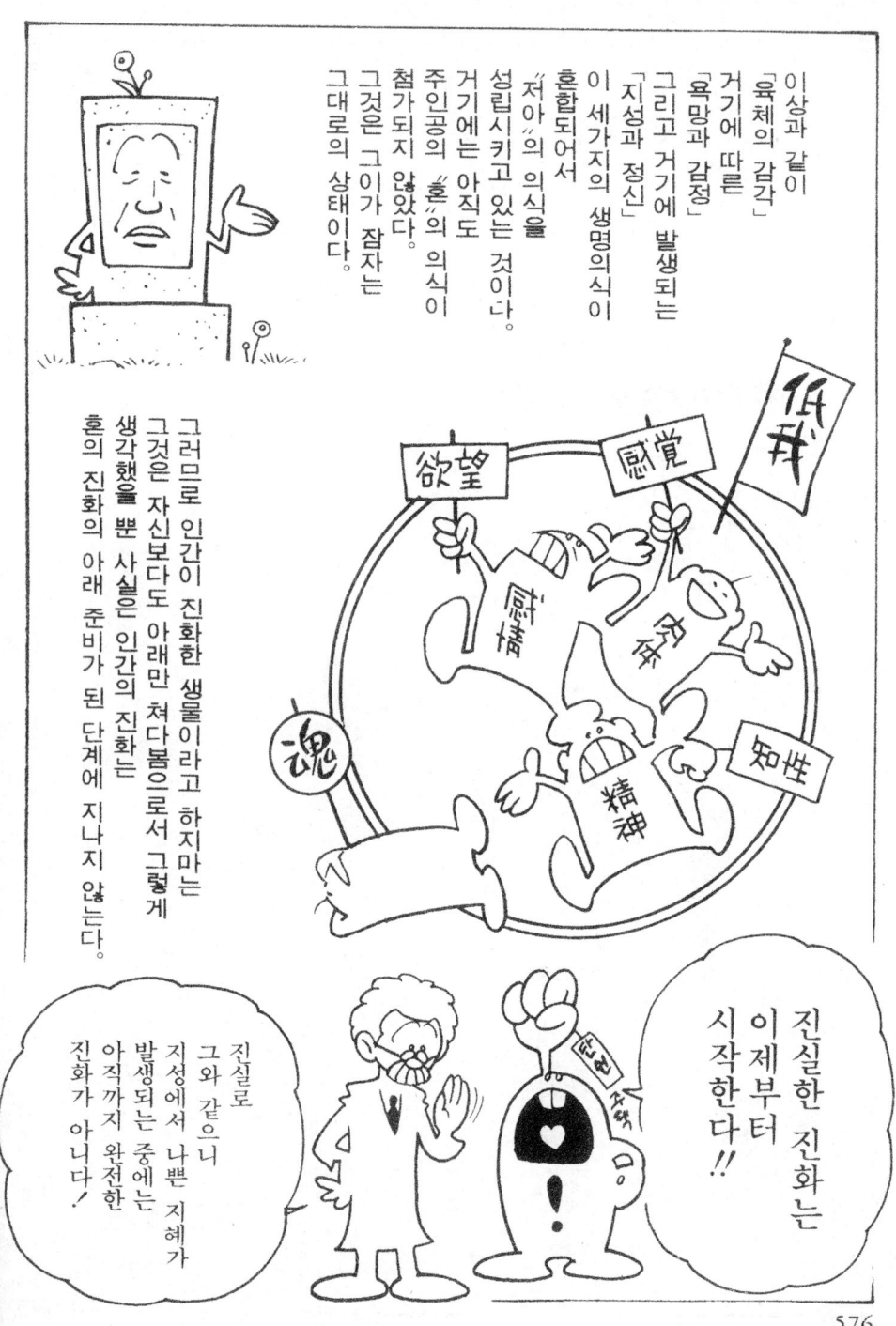

이상과 같이 「육체의 감각」 거기에 따른 「욕망과 감정」 그리고 거기에 발생되는 「지성과 정신」 이 세가지의 생명의식이 혼합되어서 "자아"의 의식을 성립시키고 있는 것이다. 거기에는 아직도 주인공의 "혼"의 의식이 첨가되지 않았다. 그것은 그이가 잠자는 그대로의 상태이다.

그러므로 인간이 진화한 생물이라고 하지마는 그것은 자신보다도 아래만 쳐다봄으로서 그렇게 생각했을 뿐 사실은 인간의 진화는 혼의 진화의 아래 준비가 된 단계에 지나지 않는다.

진실로 그와 같으니 지성에서 나쁜 지혜가 발생되는 중에는 아직까지 완전한 진화가 아닙니다!

진실한 진화는 이제부터 시작한다!!

과거의 인류는 나쁜 지혜를 주체로 하는 곳에서 물질문명을 이룩했다.

눈앞의 안가한 기쁨을 실현시키기 위하여 결과로서는 거대한 재화에로 나아갔다!!

실로 악마와 계약한 그 자체이고!!

따라서 지금 그 갈마가 나타남으로서 기쁜 문명에서 거꾸로 여러가지 비극이 발생되고 더욱 거대한 불행에로 부풀어지고 있다.

많은 유명한 예언자들이 가까운 장래에 세계적 규모의 무서운 대재해가 일어날 것을 예고하고 있다!! 아마도 그것은 정말 일어날 것이다!

일대심령의 의지가 "혼"의 바른 진화를 실현시켜가는 과정으로서 그러한 일이 일어나는 것도 당연한 일이다.

인간의 정신을 가지는 범과 지구나 우주 전체의 현상은 관계가 없는 것이 아니라 같은 일대심령의 의지와 더불어 움직이고 있으니까.

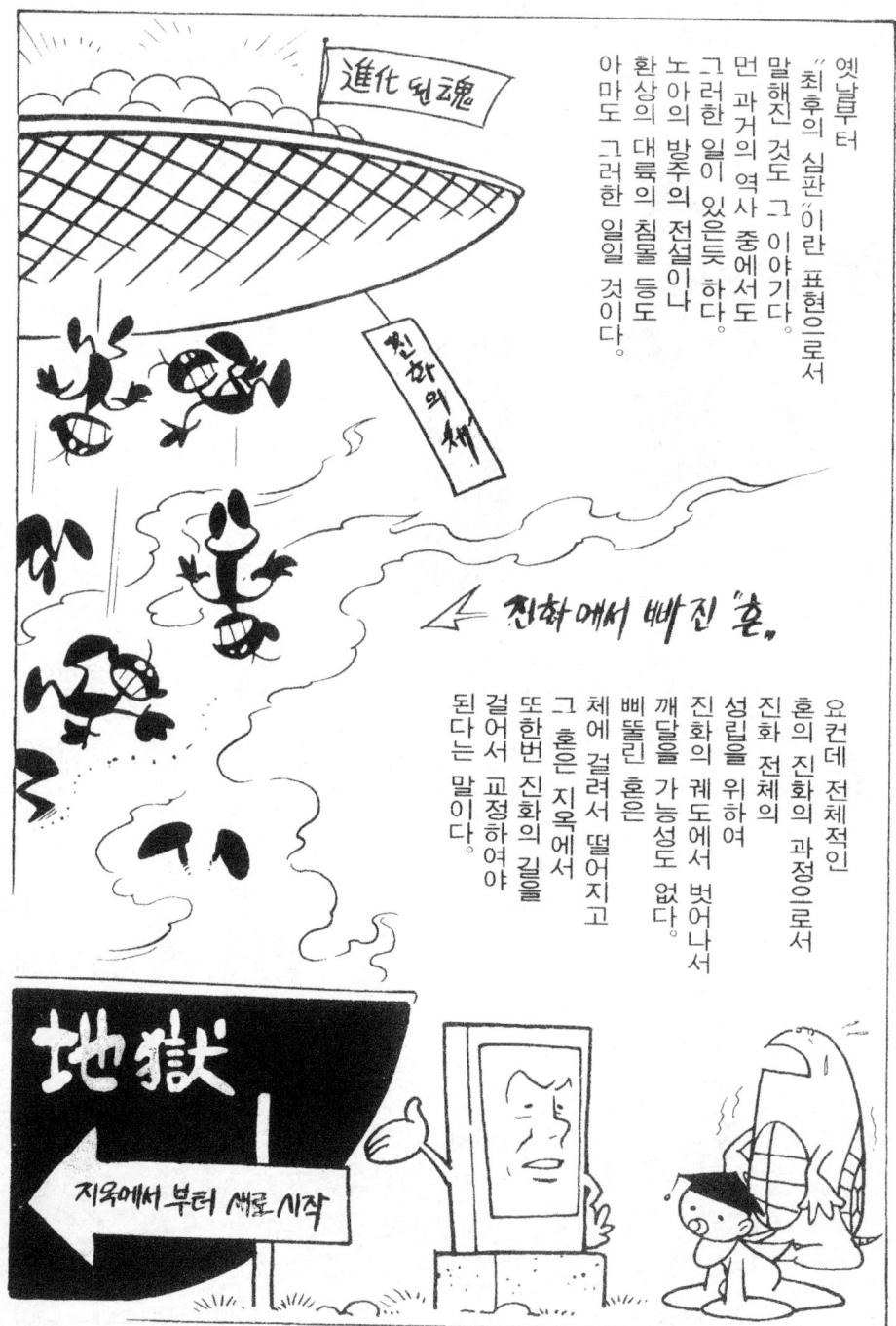

육체의 감각은 "실감"이라는 훌륭한 능력을 가지고 있고 우리들은 이 실감을 통하여 느낀 것을 「확실한 것」으로서 납득이 된다.

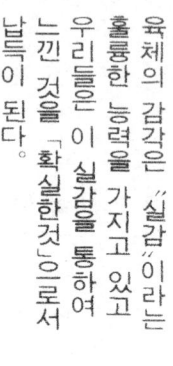

따라서 명상시에 공이란 차원의 불의 성령을 생명의 실감으로서 느낄 때 신불의 존재를 보다 더 "확실한 것"으로서 받아둘 수가 있다.

즉, 혼의 깨달음과 더불어 일어나는 "감각"의 변화라는 것은 육체의 감각이 「공」이란 차원에 향하여 감성을 움직이는 능력을 「색」의 세계에서만 움직이던 몸에 지닌다.!! 라고 말하는 것이다. 거기에 챠쿠라가 나타나고 군다리니 현상을 실감하고 성령의 움직임에 감응되고 혼이 나아갈 방향을 구체적으로 잡는다./ 혼도 그와 더불어 더욱 진화해 간다./

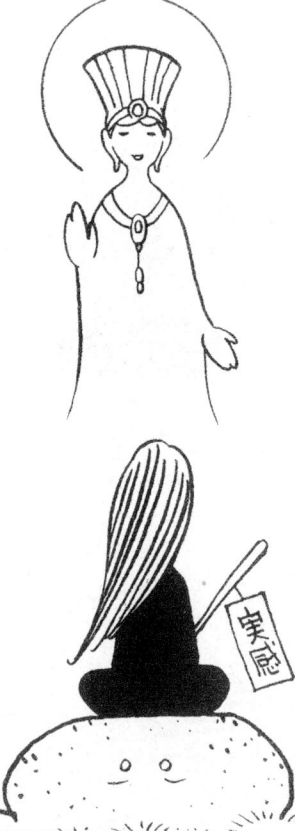

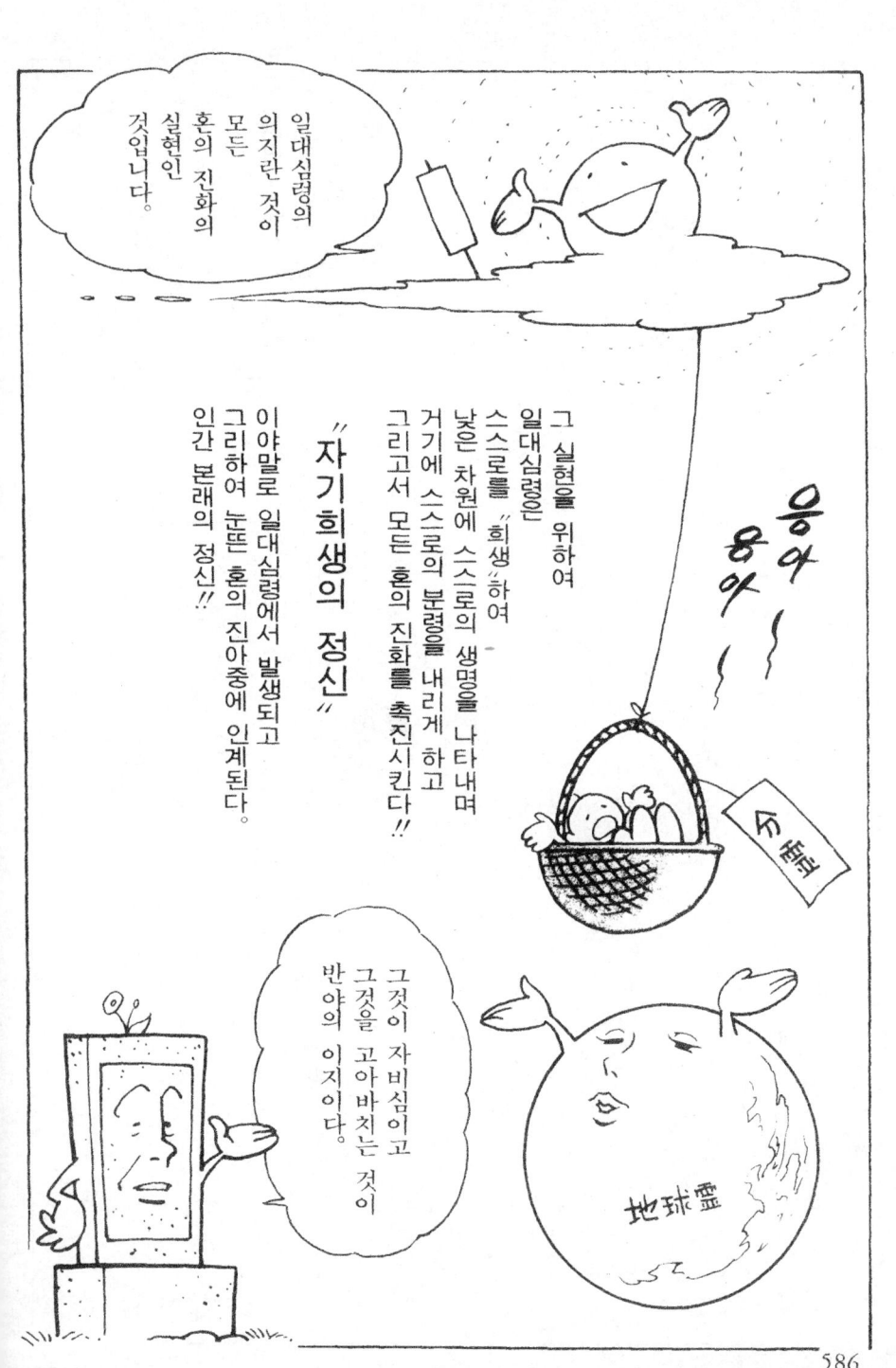

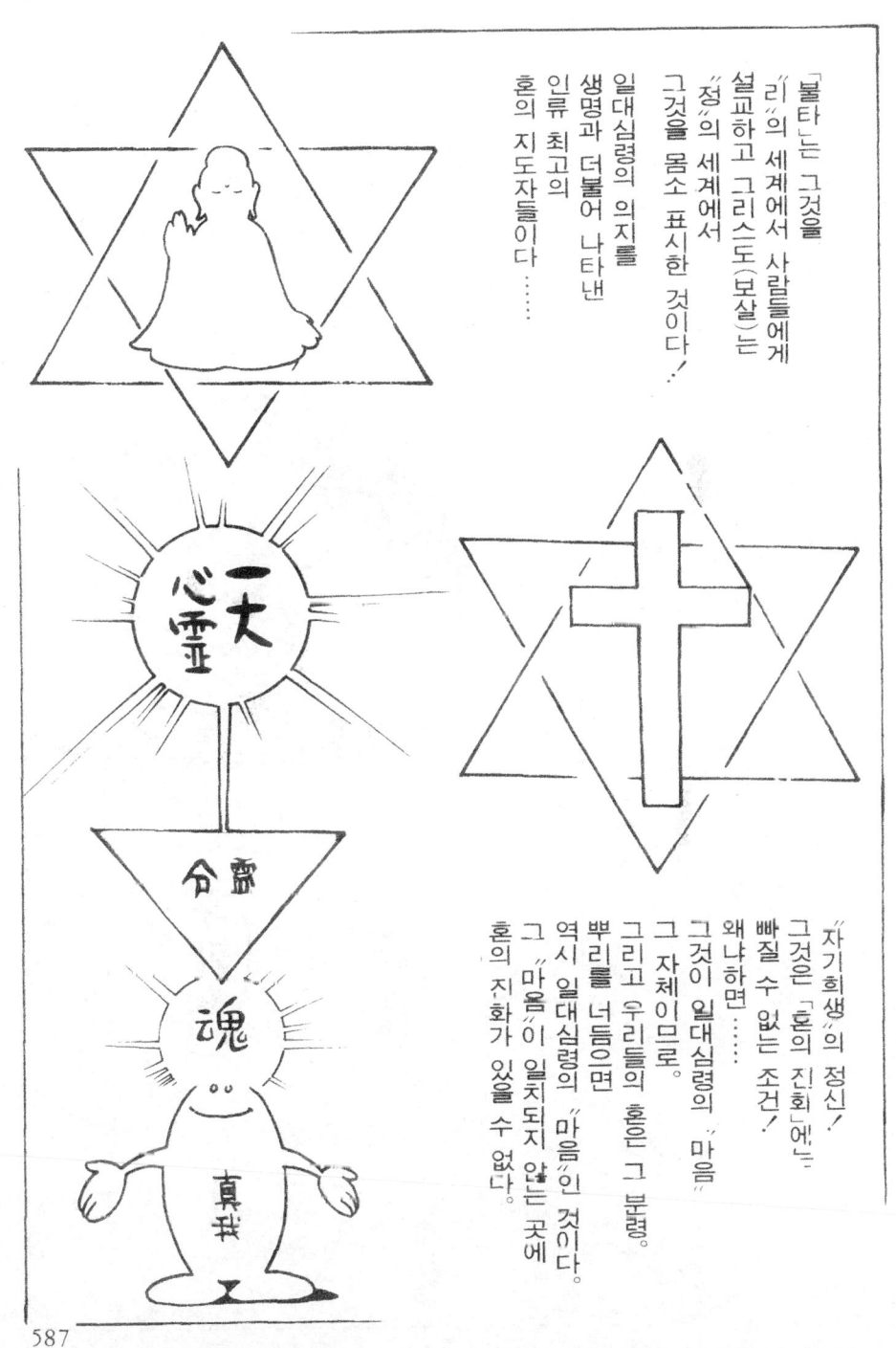

그러나 저아심이 혼자서 나아갈 때는 일대심령의 마음을 거절한다.!
그러나 저아심이 일대심령에서 멀리 떨어질수록 현실의 생명 중에 "고"가 나타나는 사실을 저아는 모른다.

그것이 지옥계이고 아귀·축생계 수라계인 것이다!

그러므로 "자기희생"의 정신이란 것은 보통 말의 "곱다"는 뜻이 아니다. 인간 한명 한명의 행, 불행의 문제다.
더구나 이 일평생 문제 뿐만 아니라 생과 사를 초월하여 영원하게 계속되는 생명현상 중에서 "현실로서 맛보는 쾌와 고" "행복과 불행"에 직접 연결되는 갈마나 숙명의 문제인 것이다.

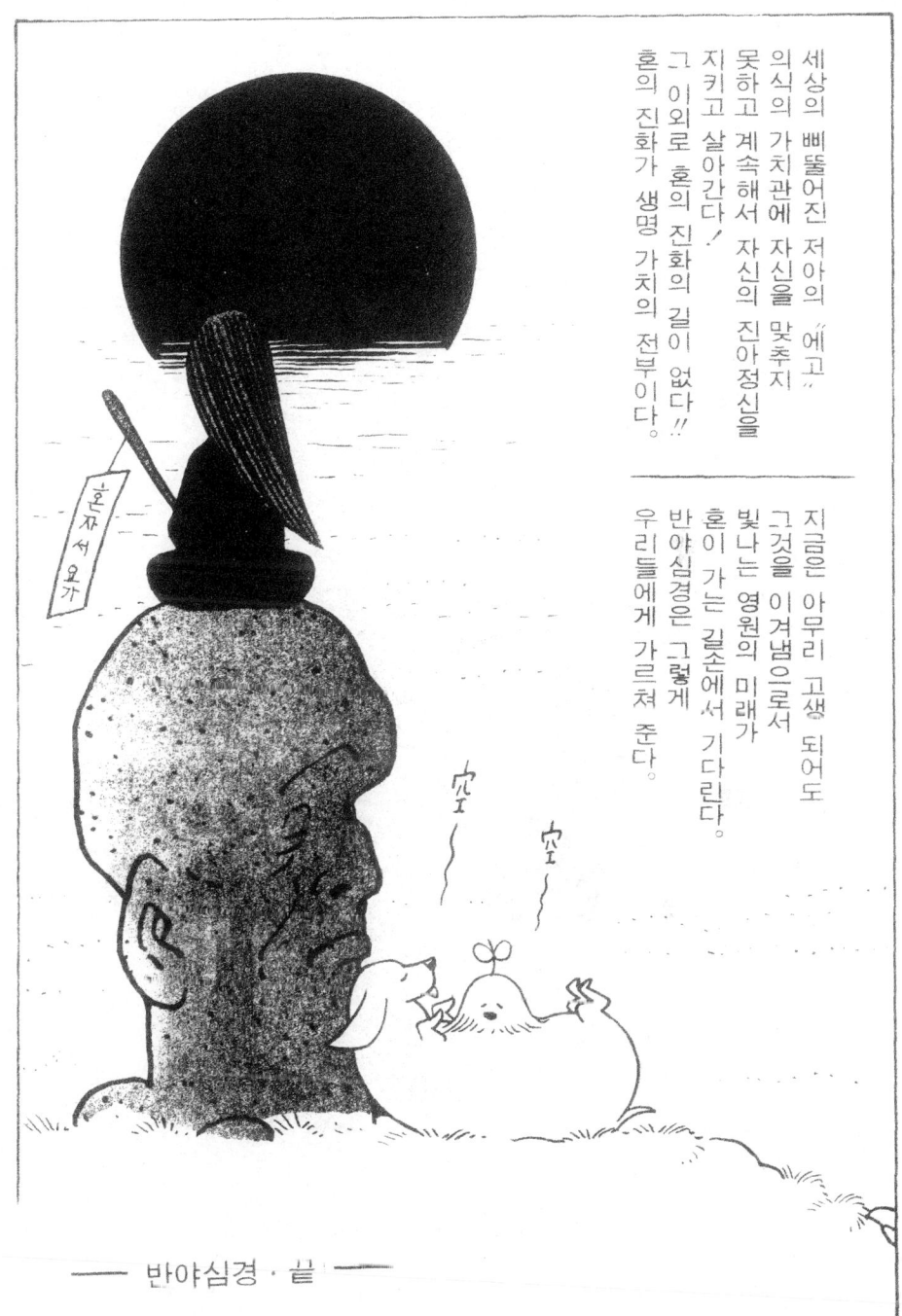

세상의 삐뚤어진 저아의 "에고" 의식의 가치관에 자신을 맞추지 못하고 계속해서 자신의 진아정신을 지키고 살아간다! 그 이외로 혼의 진화의 길이 없다!! 혼의 진화가 생명 가치의 전부이다.

지금은 아무리 고생 되어도 그것을 이겨 냄으로서 빛나는 영원의 미래가 혼이 가는 길손에서 기다린다. 반야심경은 그렇게 우리들에게 가르쳐 준다.

— 반야심경 · 끝 —

그러한 것이다. 특히 八正道의 "正見"에 대해서는 평상시 우리들은 가까이 일어나는 여러가지 悲劇이나 不幸의 문제를 구체적인 예로 들추어서 무슨 까닭으로서 이러한 悲劇이 일어나는지! 무슨 까닭으로서 이렇게 되어버렸는지! 등등으로 追求하여서 얼마나 世上의 상식이나 觀念, 썩어빠진 價値感을 土台로 해서 설립된 것인가를 확실하게 하고저 했는데……!! 올바른 일과 바르지 않는 일이 이리저리로 역전해 버린 事實을 여러분에서 알아주시기를 바랬는데……!! 페이지가 모자라서 결국 아무것도 쓰지 못했다!! 아아— 섭섭하도다.

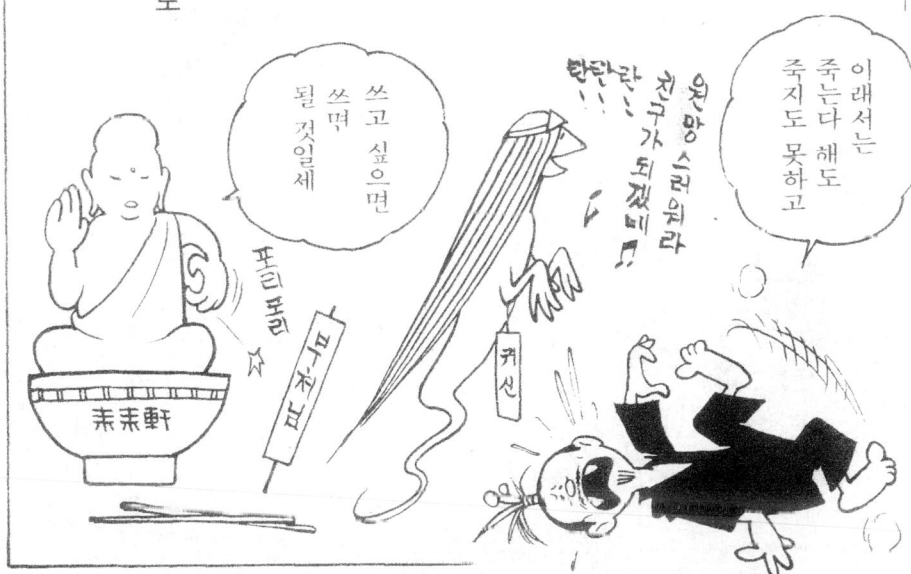

라는 이유이므로서
이빠진 저자는
기저귀 낀 체로
무엇인가 바보같이
힘내고 있습니다.
만약 아니 약간이라도
정말 쓸것입니다.
죽어버리면 사정이 다르기는 하
어쨌든 그 句節은
또다시 읽어보시오. 열심히!
반야심경……
아니 經文 시리즈
후유——
부탁 드립니다.
이빠진 발음이
옮겨진 것 같다.

般若心經 친구의 모임
(別名 즉석에서 먹는 모임)
發足의 통지 ~~~
때……미정?
장소……믿지못함
회비……공짜!
월급……없음
보오너스……뭘 말하느냐.
보오나스!
입회자격……
좋은 마음 가진 사람
싫은 마음 가진 사람
즉 마음 단정안해도 좋은
모습
(마음놓았지요)
지금회원 1명
선착순 2명분에게
즉석라면의 큰 서비스
問儀는 支署로
(단 꾸중들어도
責任지지 않음)
농담하더라도
착실해요.

성령으로부터의 메세지
經文의 가르침은
그 옛날의 위대한 성자가
인류의 모든 사람들을 위하여
남겨 주신 다시없는 소중한
"지혜의 유산"이다.
그것은 인간의 혼의 깨우침과 진화를
바르게 인도해 주시는 것.

그 의미를 이해하고 얻은 것은
아직도 모르는 다른 사람에게
한 사람이라도 더 많이
전해주는 의무가 있다.

가치있는 유산을
모든 사람에게 고루고루 퍼지도록
노력하여야 한다.

◆ 편저 김 용 진 ◆

- 저서
  - 현대 불교 의범
  - 현대 불교경문명감
  - 불교 극락과 지옥의 실제

| 정통 만화 반야심경 | 定價 28,000원 |

2021년 4월 10일 2판인쇄
2021년 4월 15일 2판발행

편 저 : 김 용 진
감 수 : 서 인 왕
발행인 : 김 현 호
발행처 : 법문 북스(한림판)
공급처 : 법률미디어

1|5|2|-|0|5|0|
서울 구로구 경인로 54길4(구로동 636-62)
TEL : 2636-2911~3, FAX : 2636~3012
등록 : 1979년 8월 27일 제5-22호
Home : www.lawb.co.kr

▮ ISBN 978-89-7535-589-9 03220
▮ 이 도서의 국립중앙도서관 출판예정도서목록(CIP)은 서지정보유통지원시스템 홈페이지(http://seoji.nl.go.kr)와 국가자료공동목록시스템(http://www.nl.go.kr/kolisnet)에서 이용하실 수 있습니다.(CIP제어번호: CIP2017008825)
▮ 파본은 교환해 드립니다.
▮ 본서의 무단 전재·복제행위는 저작권법에 의거, 3년 이하의 징역 또는 3,000만원 이하의 벌금에 처해집니다.